U0504121

2019 年度教育部人文社会科学研究规划基金项目"量刑证明庭审实质化问题研究"（19YJA820033）

中国海洋大学一流大学建设专项经费资助

量刑证明论

吕泽华·等著

中国社会科学出版社

图书在版编目（CIP）数据

量刑证明论／吕泽华等著. -- 北京：中国社会科
学出版社，2024. 7. -- ISBN 978-7-5227-3971-7

Ⅰ. D924.134

中国国家版本馆 CIP 数据核字第 2024FU0542 号

出 版 人　赵剑英
责任编辑　郭如玥
责任校对　李　莉
责任印制　郝美娜

出　　　版　中国社会科学出版社
社　　　址　北京鼓楼西大街甲 158 号
邮　　　编　100720
网　　　址　http：//www.csspw.cn
发 行 部　010-84083685
门 市 部　010-84029450
经　　　销　新华书店及其他书店

印　　　刷　北京明恒达印务有限公司
装　　　订　廊坊市广阳区广增装订厂
版　　　次　2024 年 7 月第 1 版
印　　　次　2024 年 7 月第 1 次印刷

开　　　本　710×1000　1/16
印　　　张　14
插　　　页　2
字　　　数　237 千字
定　　　价　78.00 元

前　　言

量刑规范化改革源起于 2004 年江苏、山东、上海等地的量刑规范化改革的探索，之后纳入 2008 年中央司法改革纲要，成为人民法院"二五改革纲要"和"三五改革纲要"的重要内容。发展至今，量刑规范化改革已近十年，以最高人民法院、最高人民检察院《关于常见犯罪的量刑指导意见（试行）》等相关法律法规的出台，实现了量刑适用上的规范指引，甚至精准量刑。又以定罪与量刑相对分离的刑事诉讼程序设置，实现了程序上的量刑规范化改革成效，凸显了量刑在刑事司法上的重要地位。

"证据乃正义之基。"量刑事实的证明是量刑规范化适用的前提与基础。因此，作为沉潜或者说包容于定罪证明中的量刑证明问题也得到了学术界与实务界的关注。从刑事证明的基本理论范畴，学界对量刑证明对象、量刑证明模式、量刑证据规则、量刑证明责任、量刑证明标准等方面都展开了多角度的分析与论证，推进了量刑证明的规范化发展。但仍然存在诸多的理论争议焦点，比如量刑证明对象是量刑事实情节的证明还是量刑的证明，量刑证明应该是严格证明还是自由证明，量刑证明责任是谁主张谁举证还是检控主导的证明责任分配体系，非法证据排除规则、意见证据规则等是否在定罪与量刑证明上有规则差异性适用，量刑证明标准是多元、层级的，还是单一、规范的，无罪推定是否指引量刑证明等问题亟待系统性的研究与论证。

依托国家社科、教育部、最高检的相关课题经费支撑，中国海洋大学法学院吕泽华教授带领其研究生团队组成了"量刑证明问题研究"的课题组，对量刑证明的基础理论问题展开了一系列的研究，并形成多篇学术论文发表。为了系统展现量刑证明的研究成果，形成《量刑证明论》的基础理论学术著作。《量刑证明论》前四章集中研究了量刑证明活动的本质、定罪与量刑证明的基本关系和域外量刑证明的引进介绍，为量刑证明的学科定位以及研究范畴进行了清晰与全面的厘清。第五章至第十章分别从量刑证明对象、量刑证明模式、量刑证据规则、量刑证明责任、量刑证明标准五大证据法范畴展开了专题性的学术梳理研究，形成了有关量刑证明诸范畴的基本理论观点。《量刑证明论》是对量刑证明基础理论的一次全面、系统的梳理性研究，有助于夯实量刑证明的理论基础，推进量刑证明的学科体系构建，服务于我国的量刑规范化改革，助推"让人民群众在每一起案件中感受公平正义"的中国特色法治目标的建设。

对量刑证明基础理论的梳理研究，本书形成了有关量刑证明的一些基本的理论观点：

（1）量刑公正是司法公正的有机组成部分，量刑证明也与定罪证明一样应受到同等的重视。量刑证明与定罪证明都是对司法事实的证明活动，证明本质是一致的，真实性是其本质；量刑定量活动与定罪定性活动两者不可偏颇，否则实体公正难以实现。

（2）量刑证明不应是自由证明，而应该是体现我国诉讼模式特点的规范证明，而且随着理论和实践经验的提升，量刑证明会更加规范。套用严格证明或者自由证明不能真正反映我国量刑证明的现阶段特色，这是因为，首先，对这种分类的认识因国情、法系、诉讼模式、学理认识等方面的差异而有所不同；其次，严格证明与自由证明是体现层次性定性特征的证明模式，不能体现诉讼证明发展的连续性特色；最后，自由证明向法定证明发展体现出法治发展的进步状态，我国量刑证明应属于法定证明，以体现量化发展的规范证明来概括量刑证明更为恰当。量刑证明应基本同于定罪证明规范，但有细节性的规范差异。

（3）量刑证据属于证据法学体系的有机组成部分，具有证据的基本属性，适用证据资格的基本属性。经过对学界量刑证据非法定证据种类的观点进行理论分析之后，认为证据法学应该具有一脉相承的理论共通性，量刑证据也属于法定证据种类，也符合证据的基本属性要求。品格证据、传闻证据、意见证据在量刑阶段被使用，并不表明它们不属于法定的证据种类，这些证据仍然属于法定的证据种类。

（4）证据资格规则在量刑证明中体现出一些特殊之处，定罪证明适用的意见证据规则、品格证据规则、非法证据排除规则、最佳证据规则等在量刑证明中也应该适用，只是规则内容会有些差异。意见证据、品格证据等的量刑适用，并不表明意见证据规则、品格证据规则等在量刑程序中不适用。证据学理论体系的统一性表明，品格证据规则、意见证据规则是标准的证据规则，其既然在定罪证明中适用，量刑证明中也应该适用，且更应该规范。

（5）量刑证明证据来源的多样性和丰富性需要获得更多的证据，应构建证据协力义务、客观公正义务、中立义务等证据提出义务。量刑证明在司法公正中的重要地位决定量刑证明不能仅仅是简单的"谁主张，谁举证"的责任分配。也就是说不能简单地套用英美对抗制诉讼模式下的证明责任分配规则，也不能简单套用民事诉讼中平等主体的证明责任规范。应立足国情，构建我国多元主体参与下的证据提出义务、证据协力义务，丰富我国量刑证明的"责任"规范。

（6）量刑情节的证明属于事实证明，证明标准是解决事实真伪问题的，因此，证明标准的设计应以事实观为指导。证明标准的层次不应过多，为体现多重价值衡量，以二层设计为宜，基本的证明标准仍应符合定罪证明标准的要求，仅对酌定量刑情节可降低处理。

本书的量刑证明理论研究成果具有以下创新性：

（1）明晰了定罪证明与量刑证明的相互关系，确立了各自在证据法学学科体系中的地位。定罪证明与量刑证明同属于诉讼证明理论体系，两者在证明模式、证据资格、证据规则、证明责任、证明标准等方面都有共通之处；同时，由于是不同的事实证明活动，又体现出一定的差异性与特殊性。

（2）提出了量刑证明规范化的证明方式，强调量刑证明对实现司法公正的重要性。质疑学界提出的自由证明的量刑模式思想，提出量刑证明也应受法律规范，并因其对实现司法公正的重要性，应在定罪证明规范化的基础上，体现量刑证明的特色。

（3）辨析了量刑证据、量刑证据规则与传统定罪证据及其证据规则一脉相承的关系和特殊之处。质疑量刑证据非法定证据种类和品格、意见证据规则等不适用于量刑的观点，提出品格证据、意见证据属于证据的理论分类，也都属于法定证据种类，在证据属性上量刑证据与定罪证据应是统一的。意见证据、品格证据等在量刑阶段可以使用，并不表明这些证据规则不再适用了，而是证据规则的更加具体与完善的体现。而且正是因为量刑证明适用了品格证据、意见证据等，为实现量刑公正，其证据规则才应更加规范。

（4）提出了多元量刑证据的提出义务。质疑量刑证明适用"谁主张、谁举证"的证明责任分配模式，提出量刑证明应适应我国诉讼模式特色，在检察客观义务、控诉职能强大的特色基础上，构建多元主体参与的量刑证据的提出义务。

（5）提出了量刑证明标准设计在借鉴定罪证明标准内容基础上，兼及酌定情节弱化标准的设计思想。量刑证明与定罪证明同为司法事实证明的本质决定了对量刑公正与定罪公正不可有偏颇认识，量刑证明标准不能降低要求。法定量刑情节均应与定罪证明标准等同，因为事实认知要求不同，会导致量刑刑罚适用上的不公；而对量刑的酌定情节，因法定法官拥有量刑裁量以求平衡的理性、良知，可适度降低证明标准要求。

（6）提出了量刑证明与量刑刑罚、量刑方法之间的逻辑体系关系。构建了量刑证明事实观、量刑刑罚的价值观、量刑方法的方法论的基本指导思想；明确了量刑证明是解决量刑的事实依据问题，量刑刑罚体现量刑的价值观选择，量刑方法是量刑刑罚的合理计算的路径，并运用系统论的观点融合三者逻辑体系关系，在各自体系逻辑范畴清晰的基础上，进行综合性的三者关系的系统性协调以体现量刑公正在三个具体范畴内的综合。

本书前三章由吕泽华教授完成，彭海青教授完成了域外量刑证明的相关研究。其他章分别由袁铭、周玮佳、王翰纾、张嘉怡、张雪、孙镶钰、刘奕喧、甄静、杨亚飞、张钰玮、杨雨青、牛涵林、焦龙等完成。全书的校对工作由刘荣完成，全书统稿工作由成沁蓉完成。《量刑证明论》的出版是对我们课题组研究工作的有力见证，感谢各位课题组成员的辛勤付出。

目　录

第一章

量刑规范化的逻辑层次关系解析

——以规范量刑证明为要[*]

吕泽华

引 言

"量刑是否公正问题不仅关系到国家刑事法制的统一和人权的保障，而且关系到能否在刑事司法领域实现公平正义，关系到人民法院的公信力和权威性……"[①] 量刑与定罪是实体裁判的两个组成部分，相较于刑事司法定罪裁判的普遍性，量刑因其刑罚的不确定性而日益受到关注，如何实现量刑的公正成为近十年来司法改革的热点之一。2013 年的《刑事诉讼法》确立了量刑程序与定罪程序相对分离的程序设计，如何规范量刑成为理论研究的重点。笔者试图剖析量刑证明的本质属性，进一步研究量刑的理论体系逻辑关系，为量刑的进一步立法完善提供思想认识上的统一。

量刑的完成离不开三个方面的要素：量刑情节、量刑幅度和量刑方法。其中，量刑情节是量刑的事实依据，量刑幅度是量刑的规范依据，量刑方法是量刑的技术路线。量刑三个方面的要素通过具体的法定量刑规则组成了量刑活动的规范体系，并在量刑程序的制度环境中运行。量刑过程由量刑情节的证明活动、刑罚幅度的规范适用以及量刑方法的综合量化有机组成。明确量刑证明的事实观本质，确立量刑刑罚标准的价值观指导，构建科学与理性相结合的量刑裁量制度是量刑规范化逻辑体系明晰的关键

* 本章是 2019 年度教育部人文社会科学研究规划基金项目"量刑证明庭审实质化问题研究"（19YJA820033）的项目成果。
① 李玉萍：《程序正义视野中的量刑活动研究》，中国法制出版社 2010 年版，第 195 页。

性指导原则，唯此方能实现量刑活动在量刑情节证明、量刑刑罚设立、量刑方法上的范畴清晰，指导思想明确，进而实现各自范畴内逻辑体系的深层构建，以及范畴之间的逻辑关系清晰，避免各种量刑概念认知上的混淆，尤其是对量刑证明诸概念及其内涵的错误认知。

一　事实观——量刑证明的本质论

量刑证明活动是实现量刑情节准确认知的法定之路。传统认知中，量刑证明由证明主体、证明客体、证明对象、证明责任、证明标准、证明程序、证据规则等组成。为准确把握量刑证明活动的本质属性，笔者试图从另一个角度剖析量刑证明活动，即从量刑证据、量刑情节和量刑请求三个角度研究量刑证明活动。借此，揭示量刑证明活动的事实观本质，明晰量刑证明在量刑中的地位和价值所在。笔者认为，量刑是由量刑证明和量刑计量两个阶段组成，量刑证明是量刑计量的前提和基础，量刑计量是量刑证明结果的量刑适用与司法裁量。量刑计量根据量刑情节，依据量刑幅度标准，运用量刑的方法和价值衡平，最终形成量刑裁判。

（一）真实为本——量刑证明活动的本质属性揭示

刑罚的最终确立需要以量刑证明证实的量刑情节为依据，通过刑罚的量化标准进行计量，最后通过价值衡平的司法裁量确定最终的刑罚。从最终的求刑角度，广义理解量刑证明活动，有学者认为，量刑请求也是量刑证明的组成部分。① 依据该观点，量刑请求是诉讼一方对量刑活动的最终诉求，所有的活动都是为量刑请求服务的，整个量刑过程就是一个为量刑请求进行证明的过程。这样，量刑请求是量刑证明的对象，量刑程序运行就是为了让司法裁判最终采纳量刑请求。笔者认为，此种泛化地理解量刑证明对象不利于对量刑证明活动的本质属性认识，也不利于量刑证明活动与量刑活动的关系厘清。量刑请求是诉讼各方量刑活动的目的诉求，此目的是否达成，需要中立裁判者以量刑情节为根据，以法定量刑标准的法律规范为准绳，依法进行量刑计量和衡平裁量，确立最终的量刑。其中，有关量刑标准的法律规范是法律的明确规定，不需要进行司法证明，而量刑

---

① 闵春雷：《论量刑证明》，《吉林大学社会科学学报》2011 年第 1 期。

的计量活动是司法的量刑裁量和计算方法，也不是本来意义的证明活动。唯有量刑情节的证明才是量刑证明的真正对象，量刑情节的证明揭示了量刑证明的本质属性和核心价值。因此，笔者在这里采取狭义理解量刑证明活动，以求探索本源意义的量刑证明活动本质属性。

量刑情节从不同的角度可以进行多样的分类①：从有无法律明确规范的角度划分，有法定量刑情节和酌定量刑情节之分；从是否犯罪构成要件事实的角度划分，有犯罪事实情节和非犯罪事实情节；从刑罚轻重角度划分，有罪重情节和罪轻情节（也可以进行更为细致的分类：死刑情节、加重情节、从重情节、从轻情节、减轻情节和免除刑罚情节）；从刑罚方向角度划分，有有利被告的情节（自首、立功、从犯、坦白等）和不利被告的情节（主犯、累犯等）；从情节证明的危害性类型角度划分，有证明社会危害性大小的情节（死伤人数、财产损失大小、侵害客体类型等）和证明人身危险性大小的情节（年龄、成长经历、犯罪动机、身份、学历、道德品行、犯罪前后的表现等），等等。无论是何种分类，量刑情节都体现出一个基本的特征，量刑情节是与量刑有关联的事实，事实是其本质属性。任何虚假的、不真实的量刑情节都不能、也不应纳入量刑的活动，否则必然导致量刑适用了不真实的事实根据，致使量刑失衡与不公正。量刑证明就是去伪存真，发现量刑真实的过程，因此说，从狭义、本源意义上讲，查明量刑情节的事实面貌是量刑证明的本源和诉讼生命力所在。

事实观在量刑证明活动中的确立，为量刑证明活动的本质属性做出了基本定性，这非常关键，直接决定了量刑证明的各个方面，是量刑证明具有根本指导性的理论。它将直接决定量刑证据的属性、量刑证明的方法、量刑证明的标准与证明责任的分配等一系列量刑证明理论体系的构建。更为关键的是，量刑证明事实观为厘清量刑证明与量刑刑罚标准、量刑方法等量刑活动的关系，确立各自在量刑中的地位找准了方向。当然。强调量刑证明的事实观，并不是否定量刑证明具有法律价值属性的一面。在事实发现和人权保障、国家安全、个人隐私等方面的冲突，需要量刑证明体现出价值选择的属性，但这是量刑证明事实属性之上的价值权衡。

---

① 参见李玉萍《量刑事实证明初论》，《证据科学》2009 年第 1 期。

（二） 量刑证据——量刑证明的基本单元

以事实观为指导，量刑情节的证明离不开量刑的基本单位——量刑证据。量刑证据与定罪证据一样都是脱胎于司法证明的证据范畴，都是以证据的真实属性为其存在的根本。也就是说，量刑证据也具有证据的客观性、关联性和合法性的基本属性。为了确保量刑事实观的确立，量刑证明必须以量刑证据为基础，量刑证据要具备确保真实发现的根本素质——客观性、真实性。关联性和合法性则将量刑证据与定罪证据进行了类型化区分。能够证明量刑情节事实的证据即具有了量刑证据关联性的基本属性。为了获得充分的量刑信息，量刑证据的关联性程度大小有了法定的程度性要求，可能会比定罪证据关联性标准要低，但不能因此否认其关联性的本质属性。最后，量刑证据要用合法的方式取得，任何侵犯人权、破坏司法公信、不利司法秩序和司法公正的证据行为都将会失去证据的基本资格。

现在学界有一些观点认为，因为量刑事实的特殊性，意见证据、传闻证据、社会调查报告、品格证据在定罪程序不适用，在量刑程序可以适用。[①] 由此，得出的结论是，量刑证据因为采纳了社会调查报告、品格证据、传闻证据、意见证据，甚至是非法证据[②]，则量刑证据很多都是不具备完整证据资格属性的，也就是说，量刑采纳了非法定的证据。甚至认为，鉴于量刑程序的简易运作，则传闻证据规则、意见证据规则、最佳证据规则、品格证据规则等方面的证据规则不再适用了。[③] 笔者认为，这些认识都是有一些问题的，值得商榷。首先，量刑公正和定罪公正一样，都是司法实体公正的有机组成部分，而且，现在有越发受到民众和司法关注的趋势，岂可忽视。其次，量刑证明与定罪证明一样都是司法证明活动，证明事实的真实是其根本属性和目的，确保真实发现的那些证据规则岂能在量刑证明中不适用呢？最后，量刑证明活动中也有真实发现与其他诉讼价值的衡量问题，非法证据排除规则，岂能不适用？也许在规范的内涵和实质上有区别，但法律进行量刑证明的价值权衡的规则不能忽视。

---

① 闵春雷：《论量刑证明》，《吉林大学社会科学学报》2011 年第 1 期。
② 参见闵春雷《论量刑证明》，《吉林大学社会科学学报》2011 年第 1 期。
③ 陈瑞华：《量刑程序中的证据规则》，《吉林大学社会科学学报》2011 年第 1 期。

（三）量刑情节——量刑证明的直接对象

量刑情节是量刑裁判的事实根据，刑罚规范是量刑裁判的法律依据。量刑情节的证明是量刑裁量的基础和前提，没有量刑情节的存在，即没有量刑裁量的活动。作为量刑事实的最终表现形式——量刑情节的证明构成了量刑证明的直接的目的性活动。量刑情节的证明是以量刑证据为基础，以量刑证明的模式、量刑证明标准和量刑证明责任等证明要素组成的完整量刑证明体系。

1. 规范证明——量刑证明的发展趋势

量刑证明脱胎于传统定罪、量刑一体证明体系，理应具有与传统定罪证明相一致的证明模式。学界有观点认为，基于量刑证明的特殊性，主张量刑证明适用"自由证明"。① 笔者认为，严格证明与自由证明是一种学理上的证明模式分类方式，具有一定的抽象性和特征突出性。如果仅仅是简单套用自由证明模式来指导量刑证明，未免过于随意。首先，严格证明的概念域各国法律会有差异，标准掌握上会有不同，也就是说何种证明方式、方法和程度才算严格证明并不明确。其次，自由证明和严格证明的界限如何划分？是否不是严格证明的就一定是自由证明？还是两者代表着两种证明模式的极端，中间还有空间域广阔的缓冲地带，比如"适当证明"②。最后，量刑证明是一个不断完善的证明过程，而且会因为证明对象的多样性，出现量刑证明的严格程度上的差异，因此，机械、僵化地套用严格证明或者自由证明来涵盖量刑证明略显粗疏。在此，笔者主张我国的量刑证明应该是向严格证明不断前进的规范证明。首先，量刑证明的初始阶段，需要有一个量刑证明的不断完善的过程，从略显粗疏的证明方式不断向规范、严格的证明方式转变。其次，量刑公正与定罪公正共同组成司法公正，重要性不应有差异，任何一个方面发生不公正，都将影响到最终的司法公正。因此，量刑公正的重要性使然，量刑应该走向规范化的发展道路，而且会越来越规范、严格。再次，规范化是法制发展的基本趋势，是人类诉讼认识水平不断提高的必然结果。最后，司法公正应体现为

---

① 陈瑞华：《量刑程序中的证据规则》，《吉林大学社会科学学报》2011 年第 1 期；林钰雄：《刑事诉讼法》（上册总论篇），台北：元照出版有限公司 2004 年版，第 414 页；闵春雷：《论量刑证明》，《吉林大学社会科学学报》2011 年第 1 期。

② ［日］田口守一：《刑事诉讼法》，刘迪等译，法律出版社 2000 年版。

司法的统一性，统一性的实现需要量刑证明活动的规范化运作，赋予更多的自由必然导致个案量刑适用上不平等、不公正。

2. 二层标准——量刑证明标准的分层设计

量刑证明的规范化要求，量刑证明标准应该明确、具体、统一。如果适用分层设计①，会带来很多的弊端。首先，证明标准本身就是主观性很强的认知标准，难以确定的量化，是"乌托邦"式的概念。其次，证明标准的分层会造成标准把握上的困难，如何确立分层上的差异给司法者带来了判断难题。再次，证明标准分层设计，会带来标准认知上的复杂性，不利于证明标准适用上的统一性与规范性。因此，量刑证明标准应该向统一、规范方向发展。首先，作为犯罪构成要件体系组成部分的量刑情节，应当适用与定罪一致的证明标准，此点应无异议。其次，法律明确规定从重处罚的情节应当适用定罪证明的标准，此点也为法律所明定②。再次，从轻、减轻、免除处罚的罪轻情节应否适用同于定罪的证明模式或标准未有定论，但作为量刑情节的组成部分之一，理应也适用统一的证明标准要求。因为任何一个量刑情节，都将成为量刑刑罚确立的有机组成部分，任何一个量刑情节证明标准适用上的不平等，必然会导致量刑适用上的差异对待。比如罪重情节证明标准高，罪轻情节证明标准低，则刑罚会倾向罪轻判处。如此，也许有人会认为，这体现了对被告人的保护。其实，这是将价值衡量不当地运用到了量刑证明活动。其实，价值选择完全可以通过量刑刑罚幅度上的不等设计来实现，而不是扭曲量刑事实的证明上。也就是说，罪轻的情节，在刑罚适用上可以通过扩大其量刑轻刑化的幅度，罪重的情节可以通过减少其加重（或从重）的量刑幅度来实现。我们的立法、司法需要进行观念调整，以恢复证明活动的事实证明的本质属性。当然，基于刑罚的理性衡平，应该赋予审判者一定的刑罚裁量权力，那么裁量刑罚的适用依据应是酌定量刑情节，对酌定量刑情节可适用不同于规范量刑情节的证明标准，仅优势证明即可。因为，这是法律赋予司法裁判者利用自己的理性和良知对量刑裁量做最后的微调，没有必要再设置很严格

---

① 参见闵春雷《论量刑证明》，《吉林大学社会科学学报》2011年第1期；李玉萍《量刑事实证明初论》，《证据科学》2009年第1期；范登峰、易慧琳、何志远《构建我国多元化量刑证明标准》，《武陵学刊》2011年第2期；陈虎《提高死刑案件证明标准：一个似是而非的命题》，《中外法学》2010年第3期，等等。

② 具体参见最高人民法院、最高人民检察院、公安部、国家安全部和司法部联合发布的《关于办理死刑案件审查判断证据若干问题的规定》第五条。

的证明标准要求。更重要的是，出于司法成本的考虑，此部分酌定量刑情节的证明标准不宜做严格要求，但从司法发展的未来来看，此部分也应逐步过渡到统一的证明标准要求。因此说，二层分类的证明标准，实质是以一层量刑证明标准为主，兼采两层量刑证明标准为辅的模式，而且会逐步完善、过渡到统一的量刑证明标准的模式。

事实的证明不能忽略推定在司法证明中的特殊作用。因为事实真实的证明总会出现真伪不明的状态，此时，就需要做出价值上的选择。对此，我国的立法已经有了初步的一些规定，比如对年龄的证明，从有利被告，保护未成年人和老年人的角度出发，《最高人民法院关于适用〈中华人民共和国刑事诉讼法〉的解释》第一百一十二条规定："证明被告人已满十四周岁、十六周岁、十八周岁或者不满七十五周岁的证据不足的，应当认定被告人不满十四周岁、不满十六周岁、不满十八周岁或者已满七十五周岁。"通过推定、拟制等方式实现证明标准上的润滑，体现价值在诉讼证明标准上的功效。

3. 多元参与——量刑证明的责任分配

随着量刑程序相对分离的诉讼程序设计，学界开始有观点主张依据国外对抗制诉讼模式的证明责任分配方式，我国量刑证明也实行"谁主张，谁举证"的证明责任分配原则[1]。量刑证明责任分配的问题既需要对证明责任进行准确的内涵理解与界定，还需要结合我国诉讼模式特点展开证明责任的立法实证研究和学术探索。在此，笔者不想纠缠于纷繁复杂、晦涩深奥的证明责任理论的分析，而是立足我国立法实际和诉讼模式现实，提出我国量刑证据的来源与途径，进而立体展示我国量刑证明的举证义务分配情况。一般而言，量刑情节包括社会危害性情节以外的人身危险性情节，因此，量刑证明的信息获取途径增多了，学界多主张量刑证明多元主体参与的模式[2]。基于我国职权主义特色的诉讼模式，对抗制并不强烈的诉讼制度以及实质不平等的控辩关系，我国的检控机关应当成为量刑证明的主体责任者。我国公安司法机关的客观、公正义务使然，其也应当承担罪重、罪轻情节的全面收集义务和公示义务，甚至举证义务。并且，检控

---

[1]　李玉萍：《量刑事实证明初论》，《证据科学》2009 年第 1 期；闵春雷：《论量刑证明》，《吉林大学社会科学学报》2011 年第 1 期。

[2]　李玉萍：《量刑事实证明初论》，《证据科学》2009 年第 1 期；闵春雷：《论量刑证明》，《吉林大学社会科学学报》2011 年第 1 期。

机关应该转变证明观念，不仅应注重定罪证据的收集，更要重视量刑证据的发现、固定与举证工作，由"定罪为核心"的证明观转向"定罪、量刑并重"的证明观。随着辩护权利的完善，辩护方应与被害人方拥有平等的证明权利而不是证明义务或者责任，其证明行为是权利的宣示而不是义务、责任的驱使。随着诉讼法制的进步，辩护方的取证、举证权利会得到进一步的丰富与强化，这会反促检控方证明责任承担，推进量刑情节证明标准的实现。对酌定情节，比如人身危险性的情节证明，法定扩展了证据类型——社会调查报告，这也是量刑证明在证据资格来源上的又一特色之处。为此，立法已经确立了中立机构的证据提供义务，比如未成年被告人居住地的县级司法行政机关、共青团组织以及其他社会团体组织的社会调查报告提供义务①。此义务并非证明责任分配，而是证据协力义务，是中立机构辅助我国检控机关量刑举证，乃至服务法院量刑裁判的配合义务。对此，中立机构有法定的义务提供客观、真实、合法的调查报告。最后，作为我国的审判机关，其庭审证据调查、核实义务并不是证明责任的体现，而是其主持庭审质证、认证行为的具体展开②。在此证据调查活动中，如果发现新的证据来源，则审判机关有通知控辩双方及时取证的义务，如果没有取证，也可直接取证，双方无异议的可直接采证。③ 此种取证行为，仅仅是代为取证的特殊表现，并不是审判机关具有举证证明义务的明证，审判机关还是认证的机关。这样，量刑证明就形成了检控方、中立机构、当事人三方参与的证据来源的取得途径。

（四）量刑请求——量刑证明的目的

为了明晰量刑证明事实观的指导地位，有必要对控辩双方的量刑请求活动性质进行分析。量刑请求，是控辩双方基于量刑情节和主观价值倾向做出的量刑主张，检控方作为客观中立机关，有义务为法院正确量刑提供参考建议——量刑建议④；而双方当事人从其诉讼立场也有权利提出倾向性的量刑意见。这里，统一称之为量刑请求。笔者认为，量刑请求是诉讼

---

① 2021年《最高人民法院关于适用〈中华人民共和国刑事诉讼法〉的解释》第五百六十八条。

② 《中华人民共和国刑事诉讼法（2018年）》第一百九十六条。

③ 2021年《最高人民法院关于适用〈中华人民共和国刑事诉讼法〉的解释》第七十九条。

④ 2021年《最高人民法院关于适用〈中华人民共和国刑事诉讼法〉的解释》第二百八十二条。

一方的量刑目的，而不是量刑证明的证明对象。明确此点非常关键，前文已述及，这将会让量刑证明恢复其事实证明的本质属性，防止概念混淆和观念混同，有利于量刑活动与量刑证明的关系划分。

量刑请求以量刑证明所得的量刑情节为事实根据，以法律规范的量刑标准为法律依据，以主观的目的诉求和价值判断作为量刑倾向，形成了最终的量刑主张。量刑请求不代表最终的量刑裁判。量刑裁判是审判组织做出的最终的量刑裁决，具有法律效力。一案中可以有两个甚至三个量刑请求，检察院的称作"量刑建议"，被害人方和被告人方的称作"量刑意见"，法院的量刑裁判才是最终的具有法律效力的量刑结论。三者的关系须厘清。

二 价值观——量刑的衡平论

量刑情节具有价值无涉性，事实为何，情节即为何，量刑情节表明的是客观的有关量刑的事实，并不代表具体的刑罚适用。量刑情节与刑罚的关联通过价值权衡来实现。刑罚幅度的轻重、刑罚正反的取向由刑罚的价值观来决定，价值观直接决定刑罚确立的量化标准。

（一） 价值观——确立刑罚量化标准的指导思想

此处的价值观是一个广义的概念，意指刑罚确立的所有考量因素，比如社会危害性大小、人身危险性大小、社会治安的形势、国家政策的取向、有利被告人的价值取向、老幼病残孕的特殊保护，等等。举一个简单例子，如果注重被告人的权益保障，则罪轻情节适用的从轻、减轻量刑幅度加大，如果突出被害人的权益保障，则罪重情节的量刑幅度加大。或者，更准确地说，是量轻幅度与量重幅度的比例关系，反映了价值选择的倾向。

价值观决定了刑罚的量化标准。一般而言，成文法国家，量刑标准都由法律进行了明确规范，比如具体犯罪构成中，从重情节应判何种徒刑都有法律的明确规定。判例法国家则通过遵循先例或者裁判者对价值理念的司法裁量来确定。我国既有成文法的量刑幅度的法律规定，也有《量刑指南》对量刑情节应赋予的刑罚量度的指导性规范，这些构成了我国量刑情节与刑罚幅度相互关联的具体指导标准。现在，最高人民法院发布指导性案例的制度有望在量刑判例上对量刑幅度确立做出有益尝试。

此外，价值观也可以通过量刑活动的原则来指引，比如"无罪推定"原则所体现的保障被告人权利的价值在量刑情节证明标准和证明责任上的影响。具体如对未成年人和老年人年龄的推定：没有充分证据证明犯罪时已达到法定刑事责任年龄，推定未到达；能充分证明已达法定刑事责任年龄，但具体日期无法查明的，认定达到法定刑事责任年龄。①

因价值的多元性、变动性，量刑幅度并不是僵化的，因此，量刑标准兼具法定性和裁量性的统一，往往给予裁判者一定的裁量范围，由裁判者结合具体的国家政治、社会形势、社会舆情、政策、道德伦理等进行具体衡量纠正。

总之，是刑罚的价值观将一个个量刑证明了的量刑情节与刑罚幅度建立起了联系，是价值选择而不是量刑情节决定了刑罚的量化标准。

（二）刑罚单位——量刑计量的基本单元

刑罚的种类分为主刑和附加刑，主刑又具体细化为管制、拘役、有期徒刑、无期徒刑和死刑；附加刑又具体细化为没收财产、罚金、驱逐出境、剥夺政治权利。死刑是刑罚的最高级别，其他的主刑刑罚虽然有种类上的区别，但都以人身自由的限制为主要的刑罚执行方式。这样就有了刑罚计量的基本单位，比如年或者月。年和月就构成了刑罚计量的基本单位，价值选择为量刑情节与刑罚的种类、刑罚的幅度建立了直接的对应关系，那么价值选择也可以为量刑情节对应的刑罚单位的数量关系建构直接的对应关系，而不仅仅是刑罚种类粗略的对应关系。

量刑的基本单元究竟是"年"好还是"月"好，还是更为细致的小时、分、秒，这取决于量刑经验的丰富程度和量刑价值理念研究的细化程度。这不仅是一个主观性的价值观共识的达成问题，而且是一项机械计算的数理统计分析的问题。专业性很强，需要人文社科经验的积累，还需要数理科学逻辑运算的合理设计。如何确保量刑的公正，刑罚计量的基本单位非常重要，这是刑罚最终确立，实现量刑积累的计量基础，如何构建合理、公正的刑罚计量标准将是更为具体、细致的理论探

---

① 《最高人民法院关于审理未成年人刑事案件具体应用法律若干问题的解释》第四条。

索和实践总结。

(三) 刑罚幅度——刑罚轻重的量化程度

刑罚幅度是有关量刑情节对应的量刑单元的数量关系和刑罚方向关系的综合。价值观决定了量刑情节与刑罚幅度的对应关系的正反方向和幅度大小。大的刑罚幅度可以是刑罚种类上的差异，小的刑罚幅度可以是附加刑的有无和类型的适用。刑罚幅度更主要的是通过刑罚单元的数量关系确立的：比如某一个量刑情节对应三年的刑罚幅度，即为三个以年为刑罚计量单位的量刑幅度。

目前，最高人民法院的《人民法院量刑指导意见（试行）》（以下简称《量刑指南》）并没有建立量刑情节与量刑幅度的直接对应关系，而是采取了根据基本犯罪构成确定量刑起点，根据其他影响犯罪构成的情节确定基准刑，以基准刑为个案的刑罚计量的基本单位，通过其他量刑情节对基准刑进行比例调节的方法确定量刑幅度。这是立足我国刑罚总体刑期有限（不超过二十五年）确立的灵活方式，这种方法建立在我国犯罪构成总体刑罚幅度和犯罪构成一体构建的立法模式基础上，兼顾了罪刑罚与量刑情节的相互关联影响关系。究竟何种情节对应何种量刑幅度是一个价值选择的问题。直接的数量对应关系也好，还是比例协调也好，都需要一个量刑情节与刑罚幅度的数量对应关系。如何构建更为合理、科学的量刑情节与刑罚幅度的对应关系需要量刑司法实践经验和理论研究成果的不断丰富与发展。

随着量刑经验的积累、价值理论研究的深入，刑罚轻重的量化程度会更加的明确、细致。但量刑终究是一个价值观的主观判断问题，而不是纯粹的数学计算问题（但又离不开数理计算的辅助），其基本的计量单位所能代表的刑罚程度，具体的量刑情节所应具有的价值观权衡的刑罚幅度都是一个变动不居的动态平衡问题，这也才有了宣告刑的衡平调节的出现。但经验和理念的成熟发展，会让其走向更加的规范与合理，裁量幅度的缩小既是量刑微观化的体现，也是量刑实践与理论成熟的表现。当然，也要警惕量刑机械化和僵化的弊端凸显，防止走入自动取款机式的量刑模式。这终究是一个宏观价值平衡到微观量化平衡的动态平衡。

三 规范与裁量——量刑的方法论

（一） 量化计算与自由裁量——量刑结论的最后衡平

事实观明确了量刑情节的事实本质，量刑情节的真实性是量刑的基础；价值观构建了量刑情节与刑罚幅度的对应关系；这样，量刑活动就成为双方量刑主张的博弈，具体化为一个个量刑情节和刑罚幅度构成的量刑集的集合计算问题。为此，学界有机械加减法、估堆法、电脑计量法、先加和后减除法等不同的计量方式。绝对公正的量刑计算方法是不存在的，也是很难实现的，但我们可以向贴近量刑公正的道路上不断地前进。笔者认为，量刑计量问题需要注意以下几点：（1）刑罚幅度终究是一个主观价值观的综合衡平的过程，永远不能量化到非常明确的具体刑罚点，而永远是一个刑罚量度，因此，量刑的综合计算永远是一个体现时下价值观裁量与法定量刑幅度相互中和作用的结果。（2）机械的数理计算方法永远不会是一个公正的量刑计算方法，因为，主观价值观具有个体性、群体性的双重特点，而且价值观的差异不是一个可以准确量化的比较问题。但是，机械的数理计算方法却可以给我们提供量刑公正的基准参数，因此，电脑的量化计算方法是量刑重要的辅助工具。随着量刑参数的逐渐引入，量刑幅度的确立日益规范、合理，尤其是电脑量刑计量软件的智能性开发，笔者倾向于认为，电脑计量法将给量刑带来无法替代的参酌价值。（3）量刑必须有最后的价值衡平，即需要代表社会价值理念多重考虑的量刑裁量者们运用他们内心的理性、良知进行衡平，以实现量刑的人性化。如何实现量刑价值的最后衡平则需要构建合理的、科学的量刑适用的机制和量刑适用步骤与方法，在这方面，英美法系等国家有比较成熟的做法，值得我们借鉴。

（二） 量刑规则——量刑的方法、过程规制

无规矩则无方圆，量刑计量也应该有规则遵循。这些规则体现了量刑公正和价值选择的精神，是确保量刑公正的规范保障。实际上量刑证据、量刑证明都有规则，既有类同定罪的规则，也有其特殊的规则，比如品格证据规则、非法证据排除规则都会发生与定罪规则不同的规范内容。这里

不做展开研究，此处仅从量刑计量角度谈量刑规则。择其要者有禁止重复评价原则、法定量刑与酌定量刑并行原则。

1. 禁止重复评价原则

禁止重复评价原则，是指已经作为犯罪构成要件评价的事实，不得再作为该案中量刑事实予以评价。① 其实，同一事实不仅不能在定罪证明和量刑证明中重复评价，就是仅在量刑活动中也不能重复评价，这已经在我国《量刑指南》中得到了确立。② 说得更直接些，一个情节事实在定罪与量刑中只能评价一次，不能重复适用。很简单，重复适用将导致同一量刑情节在量刑评价上的重复计算，必然导致不公正。因为，我国的刑法罪名与基本量刑起点，甚至量刑幅度已经浑然一体，罪名的确立往往就是基本刑的确立，因此，同一量刑情节事实不能在量刑计量上两次适用。但是，禁止重复评价原则有例外，在综合评价的过程中，可以成为裁量的参考因素。当然，这种酌定裁量是法律赋予裁判者的权力，其如何参酌更有利于量刑公正则是一个裁判者内心理性和良知的判断问题了。

2. 法定量刑和酌定量刑并行原则

"历史上所有的政府和法律制度，无一不是法律规则与自由裁量共存。"③ 量刑兼具主观性价值判断和司法经验积累的特点使然，完全的法定化，必然陷入僵化，必须在法定量刑之外，确立酌定量刑的补充、调整的功能地位。法定量刑为量刑确立了基本的公正框架，实现了量刑公正的统一性和规范性；酌定量刑为量刑的个案特殊性，个案的具体公正提供权衡的可能性，同时也达成对法定量刑僵化、机械的调整。有学者主张，法定情节外的酌定量刑情节才构成了量刑的特殊性研究。④ 但从量刑活动的整体性角度考虑，我们必须全面地看待量刑活动。不可否认，酌定量刑情节的证明和酌定量刑情节的量刑适用体现了更多的司法裁判者和诉讼双方的自由意志的博弈，因此，在量刑证明和量刑计量中体现出自由证明的鲜明特色，但此处的量刑裁量一定要限缩幅度、限缩范围，酌定量刑要在量刑裁判文书上进行说理解释，指明量刑裁量的诉讼主张的争点，裁量取舍

① 禁止重复评价原则是德国刑法第 46 条第 3 款中明确规定的一项量刑原则。具体参见徐久生等译《德国刑法典》，中国法制出版社 2000 年版，第 57 页。

② 最高人民法院的《人民法院量刑指导意见（试行）》。

③ 王锡锌：《自由裁量与行政正义——阅读戴维斯〈自由裁量的正义〉》，《中外法学》2002 年第 1 期。

④ 陈瑞华：《量刑程序中的证据规则》，《吉林大学社会科学学报》2011 年第 1 期。

的理由，做出裁量修正的价值、理念的理由。

结　语

量刑证明研究是量刑规范化改革不容忽视的重要组成部分，甚至是基础与根基。为了逻辑清晰地把握量刑证明在量刑规范化改革体系中的地位，本章对此进行了范畴逻辑研究工作。首先，要明确量刑证明与定罪证明一样，其实质是事实证明问题，有力澄清了学界事实与法律混同的研究现象，尤其体现在量刑证明对象问题上。其次，量刑刑罚适用问题是量刑情节的法律适用问题，应该体现量刑的价值选择。最后，量刑的计算问题，涉及类案量刑的统计分析、类比使用以及量刑刑罚的计算方法，因此应该是方法论的范畴。

本章研究确立的量刑证明的事实观、量刑刑罚幅度的价值观和量刑裁量的方法论，对深入探索量刑规范化的逻辑层次关系和理论体系构建具有重要的指导意义。最终形成本章的基本观点认识：以量刑证明事实观引导量刑证据、量刑证明的规范化体系构建，排除量刑请求与量刑证明的直接关联；以价值观为指导，确立刑罚的基本单元和刑罚幅度；以量化裁判的理念确立量刑的计量方法。

第二章

一分为二
——定罪与量刑证明纵横论*

吕泽华

引　言

老子在《道德经》中说："道生一，一生二，二生三，三生万物。"世间万物同一而生，差异而别。量刑证明与定罪证明具有证据法学理论体系的同生异体的关系，因此，量刑证明的研究应贯彻"一分为二"的基本理念，才能既看到司法证明的特殊性，更见到证据法学理论体系的统一性，实现彼此的系统性协调发展。自从"量刑规范化改革"[①] 纳入 2008 年中央司法改革纲要，成为人民法院"二五改革纲要"和"三五改革纲要"的重要内容以来，有关量刑方法、量刑程序的改革如火如荼。其中，比例量刑方法、量刑程序分离等量刑规范化改革成果一定程度上得到立法确认。[②] 量刑规范化的改革离不开对量刑的事实依据——量刑情节的证明规范，因此，量刑证明问题也日益得到学界的广泛关注。学者们通过引介中外理论成果，形成了许多新的理论认识，颇值关注的观点有：

* 本章是 2019 年度教育部人文社会科学研究规划基金项目"量刑证明庭审实质化问题研究"（19YJA820033）和 2012 年度最高人民检察院检察理论研究课题"量刑证明研究"（课题编号：GJ2012C12）的研究成果。

① 参见《最高人民法院关于印发〈人民法院第三个五年改革纲要（2009—2013）〉的通知》。

② 2013 年 12 月 23 日，最高人民法院发布《关于常见犯罪的量刑指导意见》（2014 年 1 月 1 日起实施），确立了定性与定量相结合的量刑方法，对一些常见的量刑情节确立了量刑调节比例。2012 年 3 月 14 日颁布的《刑事诉讼法》及其后续的相关司法解释实现了量刑程序与定罪程序的相对分离。

（1）从量刑证明适用的基本原则、理念方面，主张无罪推定原则不适用量刑证明，① 禁止强迫自证其罪原则在量刑适用中受到限制；②

（2）从量刑证据的资格种类方面，主张量刑证据种类多样，可适用品格证据、意见证据、传闻证据，甚至是非法证据；③

（3）从量刑证据规则规范角度，主张鉴于量刑程序的简易运作，则传闻证据规则、意见证据规则、最佳证据规则、品格证据规则等证据规则不再适用量刑证明，④ 并且主张量刑程序中的证据规则重在审查证据的证明力，而不对证据的证据能力做出严格的限制；⑤

（4）从量刑证明的方式角度，主张量刑证明适用自由证明；⑥

（5）从量刑证明责任角度，主张证明责任贯彻"谁主张，谁举证"原则；⑦

（6）从量刑证明标准角度，主张量刑证明标准分层设置，⑧ 等等。不可否认，这些理论研究成果在推进量刑证明的理论繁荣上做出了重要贡献。但是，也必须审慎地看到这些理论观点真知与误解并存，争论与辩驳颇多，难成共识。学术研究的莫衷一是，立法与实践则无所适从，因而亟须继续深入研究，探求共识。为了求证量刑证明的真实本质，推进我国量刑证明的规范发展，笔者将对学界的众多研究成果进行梳理与释疑，从量刑证明与定罪证明理论体系关系、量刑证明模式、量刑证明证据资格、量刑证据规则、量刑证明责任以及量刑证明标准六个方面展开与定罪证明的纵横比较研究，实现量刑证明理论体系的全面性、深入性的探析，使沉潜在定罪证明"阴影"下的量刑证明浮现出来，推进量刑证明规范化改革，促进量刑公正。

---

① 陈瑞华：《量刑程序中的证据规则》，《吉林大学社会科学学报》2011 年第 1 期。
② 陈瑞华：《量刑程序中的证据规则》，《吉林大学社会科学学报》2011 年第 1 期。
③ 李玉萍：《量刑事实证明初论》，《证据科学》2009 年第 1 期。
④ 陈瑞华：《量刑程序中的证据规则》，《吉林大学社会科学学报》2011 年第 1 期。
⑤ 陈瑞华：《量刑程序中的证据规则》，《吉林大学社会科学学报》2011 年第 1 期。
⑥ 闵春雷：《论量刑证明》，《吉林大学社会科学学报》2011 年第 1 期。
⑦ 李玉萍：《量刑事实证明初论》，《证据科学》2009 年第 1 期。
⑧ 闵春雷：《论量刑证明》，《吉林大学社会科学学报》2011 年第 1 期；李玉萍：《量刑事实证明初论》，《证据科学》2009 年第 1 期。

一　统一与分离——定罪与量刑证明关系分析

量刑规范化改革带来了量刑程序的独立设计理念，因之产生了诉讼证明由传统的一体证明向定罪证明与量刑证明的程序分离，由此引发定罪证明与量刑证明理论体系由统一到分离的学术争鸣。对两者关系的研判可为量刑证明与定罪证明的纵横比较确立基本的理论基调或者说指导思想。

（一）从实体一体证明到定罪与量刑证明的程序分离

作为刑事诉讼证明对象的主要组成部分——定罪事实与量刑事实的证明在我国一直以一体化的证明对象出现，在普遍的认识上以"定罪证明"称之，量刑事实的证明隐含其中。定罪证明在实体证明中的主体化倾向，导致量刑事实的证明往往呈现弱化与虚无状态，裁判者的自由裁量权缺乏量刑证据规则与量刑证明规范的约束，基本呈现自由，甚至恣意的状态。为规范量刑裁判活动，使得量刑更为规范、科学、合理，以求得量刑公正，量刑程序的分离研究与司法改革成为近年的趋势。随着司法改革的深入推进，量刑程序与定罪程序从一体走向了分离："《量刑程序意见》确立了我国相对独立的量刑程序。根据《量刑程序意见》的规定，在被告人对起诉书指控的犯罪事实和罪名有异议，自愿认罪且知悉认罪的法律后果的案件中，法庭审理主要围绕量刑和其他有争议的问题进行。对于被告人不认罪或者辩护人作无罪辩护的案件，在法庭调查阶段，应当先查明定罪实施，再查明有关的量刑事实；在法庭辩论阶段，审判人员引导控辩双方先辩论定罪问题，再围绕量刑问题进行辩论，发表量刑建议和意见，并说明理论和依据。从《量刑程序意见》的规定可以看出，无论是在被告人认罪的案件中，还是在被告人不认罪或者辩护人做无罪辩护的案件中，庭审程序都包含专门的量刑程序。"① 可以说，这既是诉讼分工细化的使然，也是定罪与量刑分属定性与定量的质量关系性质的应然，更是量刑日益成为司法公正的瞩目焦点，亟须推进司法改革的必然。其改革成效已经在 2013 年施行的刑事诉讼法中得到了具体体现：法庭调查涵盖定罪调查

---

① 张吉喜：《量刑证据与证明问题研究》，中国人民公安大学出版社 2015 年版，第 22—23 页。

和量刑调查；法庭辩论涵盖定罪辩论和量刑辩论。① 量刑程序的分离开启了学界研究量刑证明独立性的大门，主张量刑证明呈现出在理念指导、证据资格、证据规则、证明方式、证明标准、证明责任上的特殊性。② 量刑证明的独立性品格正在逐步确定，但追根溯源，量刑证明的独立性研究不能脱离司法证明理论体系一脉相承的关系，因为我国现行立法并没有构建如同英美的"二元制"诉讼程序，并没有为量刑设置专门程序，③ 仍与定罪适用相同的审判程序，仅是适用上呈现先后关系，以深化"规范裁量权，将量刑纳入法庭审理程序"的司法体制和工作机制改革目的。

（二）证据法学理论体系的统一抑或分离

证明是以证据进行释明，让人明白、相信之意。④ 有自然科学领域的严谨的推理证明，也有社会科学领域的事实、理论、请求的释明（严格意义上说，证明要比释明更规范⑤）。在法学领域，有关证据（或证明）的学科体系的论争早已有之，比如证据学、证据法学、大证据法学、证据科学、法庭科学的论争曾经如火如荼。⑥ 无论何种争论，法律领域证据（或证明）的统一、独立的品性和"人格"是客观的。法律意义上的证据具有证据的基本属性——客观性、关联性和合法性：客观性、关联性是证据之所以为证据的生命本质；法律性是法律意义上的证据区别于其他领域证据的独有特质。证据法学理论体系在证据的基础理论、证据规则、证明体系上是完整而统一的。落实到刑事司法领域，在 2013年新刑事诉讼法中得到了具体体现：证据是可以证明案件事实的材料，并确立了证据裁判原则、证据质证原则、程序法定原则以及有关证明责任与证明标准的规范等，其中并没有对量刑证明与定罪证明进行过多的区别规范。对此有观点认为我国的刑事诉讼法是以定罪证明为核心构建的证据法学理论体系，量刑证明不适用此体系。但笔者认为，作为证据

① 《中华人民共和国刑事诉讼法》（2018 年修订）第一百九十八条。
② 陈瑞华：《量刑程序中的证据规则》，《吉林大学社会科学学报》2011 年第 1 期。
③ 郎胜主编：《中华人民共和国刑事诉讼法释义》，法律出版社 2012 年版。
④ 《辞海》"根据已知真实的判断来确定某一判断的真实性的思维形式。"古文解字："据实以明真伪"，参见《汉书·儒林传·孟喜》"同门梁丘贺疏通证明之。"颜师古注："证明，明其伪也。"
⑤ 参见何家弘、刘品新《证据法学》（第五版），法律出版社 2013 年版，第 53 页。
⑥ 参见吕泽华、刘品新、何家弘《2008 年度中国证据法学研究报告》，载中国人民大学法学院组编《2008 年度中国法学研究报告》，中国人民大学出版社 2010 年版，第 987 页。

法学学科体系，其基本的理论体系、基本价值、规律是共通的。在进行细化的某一领域的证据或证明体系构建时，我们不能背离学科分离细化上的基因遗传关系，而应该在母体共性共识的基础上进行子体特殊领域的特殊性的研究。唯此，证据法学才是理论一体、脉络一致、体系清晰、覆盖全面的学科。

1. 事实还是请求——证据法学逻辑起点的探源

传统观点认为刑事诉讼的证明对象包括实体法事实、程序法事实，并不包括证据法事实。① 在新近量刑证明的研究中"关于量刑程序中的证明对象，学界有不同的概括，诸如量刑事实、刑罚事实、量刑情节等。笔者认为量刑程序中的证明对象应包括两个层面：即量刑事实及量刑请求。"② 该观点认为"量刑请求"也是量刑证明对象。那么"量刑请求"是不是量刑证明的对象呢？对此问题的解决不仅关涉量刑证明概念的准确认知，更关键的是关涉司法证明活动的本质属性认识。笔者认为，"量刑请求是量刑证明对象"的观点是一种泛化理解量刑证明概念的思维模式，错误地将求刑的目的和求刑的事实两种不同性质的主张混同为量刑的证明对象，而没有审慎地洞见证据法学逻辑范畴的事实属性。首先，从证据属性来说，证据的生命力即在于它是事实的组成部分，是事实的历史印记，通过它可以求得事实的真实面目，证据的事实属性是其本质属性，因此说，通过证据证明的是量刑事实而不是求刑请求。其次，量刑请求是刑罚主张，不是量刑事实主张。请求是主体的意向性倾向，是纯主观的判断和选择。这种判断和选择需要有依据支撑，依据的来源可以是事实也可以是法律，也可以是价值、伦理和道德，也可以是个人的喜好、憎恶，等等。在这些依据中，只有事实才可以与证据直接挂钩，而价值、伦理、道德、个人喜好、量刑规范方法等则与证据的相关性不那么直接了。因此，量刑请求不应是证明对象，至少不是直接的证明对象，而是证明主张。量刑请求的事实依据——量刑事实才是量刑证明对象。恢复证明对象的事实本源性认识非常重要，这能让我们在复杂的现象表面探求事物的本质，去伪存真，坚持真理，才不会犯逻辑、概念的混淆错误。正是因为证明对象的本源是事实问题，决定了司法证明是解决事实问题的。所以，无论是定罪证

<hr>

① 陈光中主编：《刑事诉讼法》（第五版），北京大学出版社、高等教育出版社 2013 年版，第 173 页。

② 闵春雷：《论量刑证明》，《吉林大学社会科学学报》2011 年第 1 期。

明还是量刑证明都是解决事实证明问题的，两者在证明对象上体现出一致性，在理论体系研究的逻辑起点上具有了共同性。

2. 限缩还是辐射——定罪证明理论适用的广延性

在量刑程序相对分离后，学界有很多观点认为量刑具有了脱离定罪的独立性，理论适用上也有了分别。代表性的观点认为，无罪推定原则仅在定罪阶段适用，在量刑程序不再具有适用的空间。① 反对强迫自证其罪原则仅在定罪阶段适用，在量刑阶段不再适用了。立论基础就是"无罪推定"和"反对强迫自证其罪"——在未经法定程序证明有罪之前，推定其为无罪；在未经司法裁判确定为有罪之前，对其罪的证明不能强迫被追诉者自证其罪——是对"法定有罪"之前的权利保障思想。这类思想纯粹围绕"罪"的权利保障思想，都是从"无罪推定"和"反对强迫自证其罪"原则中的"罪"字的狭义理解，或者说字面解读。实际上，无罪推定和反对强迫自证其罪，是刑事诉讼的两个基本原则，其立论的基础是被告人人权的保护，更深层次的是防止冤枉无辜。② 就我国诉讼模式演变来说，在量刑与定罪一体证明之时，无罪推定和反对强迫自证其罪的思想是适用于整个实体证明过程的，也就是说，此时量刑证明也是在"无罪推定"和"反对强迫自证其罪"的辐射域内的。如今，只因为量刑程序分离了，就将此两项原则从对量刑的适用上予以剥离，仿佛体现了原则适用上的逻辑周延，但实质上无形地限缩了原则所应具有的理论高度和原则所应具有的贯彻诉讼活动始终的本义。如果说定罪程序需要保障被追诉人的人权，给予其辩护的自我救济，防止发生司法错误的诟病，那么，量刑程序何尝不是如此呢？定罪与量刑实体一体的关系犹如一母同胞的兄弟，共同的诉讼证明本质犹如共同的血脉关系不可剥离。错误的定罪是司法不公，错误的量刑岂不更是冤枉无辜？定罪程序是诉讼程序，量刑程序也是诉讼程序，程序公正的价值岂可偏颇适用？况且，现在我国量刑与定罪仅是相对分离状态，就是绝对分离了，量刑程序要比定罪程序更能体现司法活动的专业性和权威性，岂可轻视？因为，定罪是事实经验判断的活动，而量刑是一个专业性极强的司法评判过程，两者相较，量刑更能体现司法者的专业能力和司法权威。司法公正与否最受民众评价比较的是刑罚轻重

---

① 陈瑞华：《量刑程序中的证据规则》，《吉林大学社会科学学报》2011年第1期；李玉萍：《量刑事实证明初论》，《证据科学》2009年第1期。

② 参见宋英辉主编《刑事诉讼原理》（第二版），法律出版社2007年版，第20页。

的问题而不是罪与非罪的问题。再者，我国虽然确立了法院统一定罪权原则，但有别于英美法系的罪刑分离程序制度，我国的一审定罪并不是立即生效的，量刑是在定罪生效前进行的诉讼活动，量刑事实的证明甚至是在定罪事实证明的同时或者接续进行的，此时"无罪推定"原则和"反对强迫自证其罪"原则并不失效于此时的诉讼程序。如果单从狭义和字面上理解"无罪推定"原则和"反对强迫自证其罪"原则，那么在量刑程序是否应该重新建立相似的原则？比如无"刑"推定（或刑轻推定）、反对强迫自证其"刑"原则，以保障被追诉人的权利。

　　显然，这种理论重新创设是多余的，无形的限缩两"罪"原则的适用范畴也是不必要的。在英国二元制诉讼制度下，主流观点认为"在定罪和量刑之间划一条明确的分界线经常是没有意义的"①，"犯罪与刑罚无疑的是关联的……一旦定罪被告并不绝对剥夺在审判中存在的所有的程序性权利：他有辩护权，有提供证人权利和交叉询问起诉方证人权利，有向法庭提交证据和庭上发言的权利"②，"在定罪后的听审程序，被告人有权利被给予任何怀疑的利益"③，"被告必须给予在刑罚问题上的任何合理怀疑的利益……对超过定罪（答辩有罪或无罪）领域的有关任何问题的争议必须依据一般的法律原则包括无罪推定来解决"④。无论是定罪还是量刑，都是刑事诉讼的有机组成部分，基本的理念是相通的，有利被告的思想也应贯穿于诉讼活动始终。我们不能陷入形式主义、教条主义的思想误区，不能陷入僵化思维之中，而应该看到更根本的、更本质的东西。唯有如此，我们才能构筑一生二、二生三、三生万物的哲学思想体系，我们才能从纷繁复杂的诉讼证明活动中找出诉讼证明永恒的精神、基本的规律，再进行衍生发展，而不是断裂地看待事物，导致量刑证明与定罪证明的割裂研究，形成互相抵触、犬牙交错的认识混淆局面。

---

① See commentary on *Campbell* (1980) Crime. L. R. 248, by Dr. Thomas at p. 249.

② Martin Wasik, "Rules of Evidence in the Sentencing Process", *The Sentencing Process*, Durtmouth Publishing Company Limited, 1997, p. 344.

③ *Campbell* (1980) Crim. L. R. 248; *Taggart* (1979) 1 Cr. App. R. (S) 144; *Stosiek* (1982) 4 Cr. App. R. (S) 205.

④ Martin Wasik, "Rules of Evidence in the Sentencing Process", *The Sentencing Process*, Durtmouth Publishing Company Limited, 1997, p. 345.

二　严格与自由——量刑证明模式的套用之争

明确了量刑证明与定罪证明理论体系的同源性，同时，也要明晰两者"一分为二"的分离关系。就司法证明的整个理论体系而言，首要的就是证明方式的选择问题，或者说采取何种模式的证明方式。量刑证明模式的选择将直接反映量刑证明的整体特征，引领后续量刑证据资格、证据规则、证明责任乃至证明标准的设计。因此，量刑证明模式的选择是量刑证明研究中的首要问题。因量刑程序的分离设计，部分学者根据固有的定罪中心主义的思想，认为量刑是脱胎于定罪的次生物，因此主张量刑证明适用于自由证明。[①] 为此，还论证了量刑证明应为自由证明的三点理由："首先，量刑证据范围宽泛，信息量大，不受法定证据形式及证据能力的限制……品格、传闻、非法证据可以适用。其次，调查程序简便灵活……最后，对量刑事实及请求可采取优势证据标准。"[②] 并提出为切实保障当事人的合法权益，限制法官自由裁量权的滥用，应引介日本学者平野隆一教授的"适当证明"[③] 理论，认为适当证明本质上也是自由证明。[④] 据此，那么一国诉讼法律程序发展到何种程度才算严格证明呢？在我国，是否不如定罪证明程序严格即为自由证明或者是适当证明？我国量刑证明究竟适用何种证明？这不仅需要明确何为严格证明和自由证明，而且需要对量刑证明设计目的、价值追求等有准确的把握。

（一）严格证明与自由证明——一种模糊而断裂的静态证明模式认识

一般认为，严格证明与自由证明的理论源于大陆法系证据法学概念，最早由德国学者迪恩茨提出，[⑤] 后传入我国。有关严格证明的理解，国内

---

① 陈瑞华：《量刑程序中的证据规则》，《吉林大学社会科学学报》2011 年第 1 期；李玉萍：《量刑事实证明初论》，《证据科学》2009 年第 1 期；林钰雄：《刑事诉讼法》（上册总论篇），台北：元照出版有限公司 2004 年版，第 414 页；闵春雷：《论量刑证明》，《吉林大学社会科学学报》2011 年第 1 期。

② 闵春雷：《论量刑证明》，《吉林大学社会科学学报》2011 年第 1 期。

③ ［日］田口守一：《刑事诉讼法》，刘迪等译，法律出版社 2000 年版。

④ 闵春雷：《论量刑证明》，《吉林大学社会科学学报》2011 年第 1 期。

⑤ ［日］松冈正章：《严格证明与自由证明》，《法学译丛》1981 年第 5 期。

外学者则有着不同的理解和认识。根据严格证明在证据资格、证明方法、证明标准三个方面的界定范围差异，有"双重标准说"和"三重标准说"。两者区别即在于严格的规范性要求是否包括证明标准因素。双重标准说认为严格证明和自由证明在证明标准上是一致的，区别仅在于证据资格规范和证明程序规范上的差异。而三重标准说则将三个方面要素均进行严格界定：严格证明与自由证明的区别即在于证据资格、证明程序、证明标准等方面是否有严格的法律规制。① 因为在法律限定的严格程度上的差异有了严格证明与自由证明的分别，但这种非此即彼的分类方式有其静态认知上的断裂感。为了弥补此缺陷，又有学者提出了"适当证明"的缓冲观点。② 这种断层式的证明模式判断，有性质差异化的认知判断功能，但也带来了学理理解上的分歧，比如，何种程度的证明规范要求才构成严格证明？自由证明是否无法律规范，可完全自由式的证明？还是自由证明也有规范，但规范不严格，可这又产生了与严格证明的界限如何划分的问题。因此，从规范内容上、严格程度上、各国法律制度上、学理以及学者理解上都可能产生认知层面的差异，这就是严格证明与自由证明分类学说的问题所在。③ 其实，司法证明区别于一般证明的关键即在于它的法律属性，法律的规范性是司法证明的本质特征。不同法系、不同国家、不同诉讼模式、不同立法现状决定了各国司法证明在法律规范上的差异，简单地套用严格证明或是自由证明都有削足适履之感。

（二）规范证明——我国量刑证明的模式选择

司法证明的发展趋势是由自由证明向法定证明的方向发展，法定证明体现着人类司法证明经验的积累和进步程度。就我国来说，定罪证明是否就一定是严格证明呢？这也是一个不能完全确定的问题。量刑相较定罪来说，是专业性极强的裁判工作，需要对不同关联程度、不同刑罚程度、不同刑罚方向的量刑因素进行复杂的量化裁量。这不同于简单的是或者不是的定罪判断，也不是机械加减的数学运算，而是一个呈现等级差异的综合评价过程，是融价值判断与技术运算为一体的专业性工作。电脑量刑、估

---

① 参见闵春雷《严格证明与自由证明新探》，《中外法学》2010 年第 5 期。

② ［日］田口守一：《刑事诉讼法》，刘迪等译，法律出版社 2000 年版，第 97 页。

③ 在德国刑事诉讼中，自由证明的程序一般按 Beling 及 Ditzen 所倡导的方法进行，但并未形成一套完整的理论。［德］克劳思·罗科信：《德国刑事诉讼法》，吴丽琪译，三民书局 1998 年版，第 236 页。

堆量刑等都是量刑探索中的有益尝试，也是量刑难以把握和衡量的具体反映。为保障量刑规范化的改革目的，有必要对量刑的事实依据——量刑情节要素——的证明进行更为合理的规范。因为，量刑证明会因证据的类型差异、证明力大小、不同量刑情节对应的刑罚等级、量刑方向正反、价值选择等因素导致受重视程度不同，而不同量刑情节的适用又都会影响最终的量刑。就学界引介英美理论学说主张的"量刑证明适用自由证明"的观点，在同属英美法系的英国传统观点认为：在量刑阶段"陪审团已经，基本没有发挥进一步（审判）功能的（可能），① 对被告人的询问变得更一般，宽泛和严格审问口吻，证据和程序规则开始放宽（relax）。"② 但此种放宽是建立在陪审团定罪审判模式，为防止误导陪审团而构建的复杂证据规则前提下③而进行的放宽。而且，现在日益受到学界批驳和上诉法院判例予以纠正，主张"对抗式模式在量刑程序保持完全的适当性"④。最近的 *McGrath and Casey* 案⑤更精致地制作了量刑可遵循的程序。因此，不同于陪审团定罪程序模式，量刑是法官主导、缓刑官建议量刑、控辩对抗为主的程序模式，因此，有了量刑证明证据规则和量刑程序上的放宽，但此种放宽是相对陪审团定罪模式而言的放宽，而不是那种所谓的"自由证明"模式。比较而言，我国的庭审模式更似英美的量刑审判模式，而不是其定罪审判模式，所以，我国的定罪与量刑证明缺乏英美复杂的证据规则体系，严格性上不如英美定罪程序。在法官主导的，缺乏严格、繁复证据规则规范的审判模式下，定罪与量刑程序的相对分离，又何谈量刑证明应采行英美的"自由证明模式"呢？

　　因此，笔者主张，我国的量刑证明应以"规范证明"为特征，通过理论与实践的发展，将量刑证明向更规范、更严格的方向发展，而不宜定位某种抽象特征的证明模式。我国的量刑证明应在参酌定罪证明的基础上，进行特色性的规范证明，量刑证明的某些方面要等同于甚至严格于定

---

　　① See Criminal Law Revision Committee, *Working Paper on Offences Against the Person* (1976) para. 109.

　　② Martin Wasik, "Rules of Evidence in the Sentencing Process", *The Sentencing Process*, Durtmouth Publishing Company Limited, 1997, p. 337.

　　③ 参见 ［美］米尔建·R. 达马斯卡《漂移的证据法》，李学军等译，中国政法大学出版社 2003 年版。

　　④ Martin Wasik, "Rules of Evidence in the Sentencing Process", *The Sentencing Process*, Durtmouth Publishing Company Limited, 1997, p. 337.

　　⑤ (1984) 5 Cr. App. R. (S) 460.

罪证明，比如从重判刑和死刑证明；有些方面可能要弱于定罪证明，比如法官的自由裁量的酌定情节部分，可适度降低证明的要求。当然，通过经验积累和研究深入，量刑证明应该更多地进行法律规范，法定情节的概念也不应仅限于与定罪相关的量刑情节和从重、加重情节，还应该体现量刑特色的独有情节，将酌定情节的司法适用成熟类型进行法律规范，更多地纳入规范证明之中。

总之，量刑证明的日益规范化才是我国司法证明的真正发展趋势，是量刑分离的必然，真正体现量刑在司法公正中的重要地位，量刑程序公正价值也才能真正得到彰显。

(三) 层次性规范证明——我国量刑证明的发展进路

量刑证明的规范化只是指明了量刑证明应规范运作的要求，具体的规范性程度要求是什么？我国现在的量刑证明规范程度是什么？以后应该发展到何种程度？

首先，我国量刑证明的规范化应该满足定罪证明规范化程度的基本要求，这是基础性的。原因在于，我国传统定罪量刑一体证明模式使然，量刑证明与定罪证明应该同等重要，两者同属实体一体证明理论体系，所以我国量刑证明的规范化程度应首先与定罪证明规范化基本相同。

其次，量刑证明会因为证明对象上的差异而有证明规范化程度上的分别：（1）对法定量刑情节的证明应该等同于定罪证明，因为法定量刑情节既包括具体犯罪构成中的量刑情节事实，[①] 还包括刑法总论所规范的量刑情节。法定量刑情节的证明直接关涉犯罪成立以及具体刑罚罪名的适用。也就是说，不同罪名的适用和具体罪名内刑罚基准刑幅度的确立都来源于此，所以，应该适用与定罪证明规范相同的证明要求。（2）对酌定量刑情节可以不严格到定罪证明规范化程度。因为酌定量刑情节属于法定法官酌情适用的情节，是刑罚裁量适用的参考依据，因其自由裁量的属性使然，酌定量刑情节的证明规范可不等同于定罪证明规范要求。这种分层次进行规范发展，实属当前量刑证明发展态势使然，如果酌定情节的适用成为成熟性、常态化以致法定性了，则这些酌定量刑情节也应该成为严格规范的对象，比如我国的最高人民法院制定的《人民法院量刑指导意见》

---

① 犯罪构成事实属于定罪、量刑"双重身份"的待证事实。

（以下简称《量刑指导意见》）中就规定了酌定量刑情节的情形，[①] 这些酌定量刑情节虽属于酌定适用的要素，但因其具有准法定性，对其证明应严格到定罪证明的规范化程度，以体现量刑情节适用上的平等性。[②]

最后，无论何种量刑情节均应规范证明，在量刑的证据资格、证明程序与方式、证明责任、证明标准上都应有基本的规范性要求，差异仅在规范性的严格程度上。至于量刑证明规范化发展的程度问题，笔者认为，这是一个司法经验与理论不断提升的过程，还与诉讼模式的发展演变程度有关，比如我国如果采行英美法系量刑与定罪绝对分离的程序设计，将会极大地推动量刑规范化的发展；同时，法定情节证明的规范化程度将是酌定情节进一步发展完善的进路与指引，呈现双轨运行、愈发统一的发展形势，两者共同组成我国量刑证明的规范化发展路径。

三　共性与特性——量刑与定罪证明的证据资格之辩

证据资格是证据法学的基础理论问题，规定着证据的基本属性特征。量刑证明与定罪证明的纵横比较离不开证据资格的共性特征与特殊属性的分析与判断。笔者主张选择量刑证明规范化的模式，那么量刑的证据资格与定罪的证据资格一样都体现出法律的规范性特色，在这一点上具有了共性。同时，因为证据资格属性的共通性，量刑证据与定罪证据应具有共性的资格基础，之后才是各自领域的特色性证据资格规则规范。

（一）量刑证据资格的学界观点争鸣

立足于量刑程序与定罪程序相对分离的立法规范，学界开始有观点主张量刑证明的基础——量刑证据不同于定罪证明的法定证据种类。比如有观点认为"相对于定罪事实而言，量刑事实内容构成的多元性决定量刑证据表现形式的多样性和量刑证据材料来源的广泛性"[③]。还有观点认为：因为量刑事实的特殊性，意见证据、传闻证据、社会调查报告、品格证据在定罪程序不适用，在量刑程序可以适用，甚至是"非法证据"也可在

---

① 2013 年《人民法院量刑指导意见》第十六条。

② 不能因酌定情节的证明简易导致酌定情节的量刑适用轻易折损或增强法定情节的量刑适用，导致刑罚不公平。

③ 李玉萍：《量刑事实证明初论》，《证据科学》2009 年第 1 期。

量刑程序中适用。① 据此，量刑证据很多都是不具备完整证据资格属性的，也即量刑采纳了非法定证据种类的证据。②

对上述学界观点予以证成的论据主要来自对美国量刑制度的引介：比如，在 *Williams v. New York* 案中美国联邦最高法院认为："美国和英国的法院都执行这样的政策，即量刑法官在依法决定刑罚的种类和程度时，对于证据的来源和种类具有较大的自由裁量权……现代刑罚的个别化的观念使量刑法官不受适用于审查程序的严格的证据规则的约束变得更加必要。"③ *Williams v. New York* 案的判决中有关量刑法官应当被允许考虑任何证据形式信息的主张被反复引用。④ 美国国会在 1970 年将 *Williams v. New York* 案的判决立法化，当时的《美国法典》第 3577 条规定："在美国法庭接受或者考虑适当量刑时，有关被定罪人的背景、性格与行为等信息不应被施加任何限制。"⑤ 在这种背景下，量刑未被纳入 1975 年《美国联邦证据规则》的考虑也就不足为奇了，因此主张"从比较法的角度来看，定罪证据适用的严格的证据能力规则往往不适用于量刑证据"⑥。

（二）证据资格的共性揭示

在笔者看来，上述观点不符合定罪证据与量刑证据具有证据共同属性的基本规律。无论是用于定罪的证据，还是用于量刑的证据，它们首先都是证据，都具备证据的基本属性——客观性、关联性和合法性。⑦ 客观性揭示着证据所具有的哲学本体论上的"客观实在性"，在法律意义上更多地体现为对真实性的要求；⑧ 关联性是证据之所以为证据的本质属性，是其具有证明性的基因；合法性是法律意义上的证据的特征揭示。其中法律

---

① 闵春雷：《论量刑证明》，《吉林大学社会科学学报》2011 年第 1 期。

② 闵春雷：《论量刑证明》，《吉林大学社会科学学报》2011 年第 1 期。

③ In *Williams v. New York*, 337 U. S. 241, 69 S. Ct. 1079, 93L. Ed. 1337 (1949). 转引自张吉喜《量刑证据与量刑证明问题研究》，中国人民公安大学出版社 2015 年版，第 17—18 页。

④ See, e. g., *United States v. Wise*, 976 F. 2d 393, 399 (8th Cir. 1992).

⑤ 18 U. S. C. § 3577. 该条被 SRA 重新编号为 18 U. S. C. § 3661. 在 *Williams* 案中的这一主张不断为最高法院所重复确认。See, e. g., *United States v. Watts*, 117 S. Ct. 633, 635 (1997); *Witte v. United States*, 115 S. Ct. 2199, 2205 (1995).

⑥ 张吉喜：《量刑证据与量刑证明问题研究》，中国人民公安大学出版社 2015 年版，第 17—18 页。

⑦ 卞建林主编：《证据法学》，中国政法大学出版社 2002 年版，第 56—59 页。

⑧ 陈光中主编：《刑事诉讼法》（第四版），北京大学出版社、高等教育出版社 2012 年版，第 152 页。

属性是法域下证据的根本特征，是法律意义上的证据区别于一般意义上证据或者说其他领域内证据的特殊之处。证据的真实性、关联性属性可以和证据的其他价值属性追求一并成为证据的合法性的规范内容。而正是在法律属性上的规范不同，才有了大陆法系的程序禁止与证据禁止的"证据能力"证据资格要求和英美法系以排除规则为核心构建的"可采性"证据资格规则体系。因此说，只要是起证明作用的证据，法律适用中的证据，无论其属于何种法系、诉讼模式均有证据的基本属性的规范要求，证据资格的理论特征上具有一致性，区别仅在法律规范的内容、角度差异性上，因为这体现着诉讼的价值追求、诉讼模式和证明目的上的不同选择。

再从法律规范角度看证据资格的共性问题。我国 2012 年刑事诉讼法确立了"材料说"的证据观点，即"可以用于证明案件事实的材料，都是证据"①。这为法定证据种类的范畴确立了更为基础性的资格条件，更为统一的标准。我国诉讼证据立法体现出了证据理论上的新认识，只要是与司法证明相关的材料都有成为证据的可能。新刑事诉讼法确立的证据概念为定罪证据和量刑证据确立了共同的证据属性。当然，为严格司法裁判，这些证据"材料"能否成为最终的"定案的根据"，② 则要经过庭审质证审查原则以及存在于诉讼各个阶段的证据审查过滤之后才能定论。为此，我国的刑事诉讼立法及其相关司法解释，确立了四类证据成为"定案的根据"的证据资格的审查过滤机制：（1）针对非法言词证据的非法证据排除程序；③（2）非法收集的物证、书证的不能补正的排除规则；（3）因证据的真实性、关联性甚至个别情形下的合法性发生问题的法定审查直接做出"不得作为定案的根据"的排除；（4）以及高法解释对各种类证据因其具有程序瑕疵而补正，但补正不能则排除适用的拓展规范。④ 从我国的证据立法来看，无论是采行"材料说"的基本证据资格规

---

① 《中华人民共和国刑事诉讼法》（2018 年修订）第五十条。

② 《中华人民共和国刑事诉讼法》（2013 年修订）第五十条。

③ 依据《最高人民法院关于适用〈中华人民共和国刑事诉讼法〉的解释》第八节的规定，非法证据不仅指刑讯逼供取得口供类证据，还包括暴力、威胁方法取得证人证言、被害人陈述证言，还包括收集程序违法，可能严重影响司法公正的物证、书证证据，这也与《刑事诉讼法》第五十四条规定是一致的。但学界一般认为非法证据仅指狭义的非法证据，即刑讯逼供取得的犯罪嫌疑人、被告人口供证据。

④ 如果说刑事诉讼法第五十六条规定的收集的程序违法，可能严重影响司法公正的物证、书证可补正，补不能则排除的证据情形是瑕疵证据而不是非法证据的话，则高法解释的相关规定则属于扩张解释。

范要求，还是采行以"定案的根据"为最终实体裁判依据或诉讼程序依据形式来认定的证据资格，都没有作定罪证据和量刑证据的具体区别，体现出证据资格规范上的一致性。当然，量刑证据与定罪证据必然存在资格属性特征规范内容上的具体差异性，这会随着量刑证明在司法证明规范立法上的成熟而得到体现。

（三） 对学界观点的商榷

对前述观点认为因量刑适用了定罪证明不适用的意见证据、传闻证据、品格证据，则主张量刑证据很多都是不具备完整证据资格属性的，也即量刑采纳了非法定证据种类的证据的观点，① 笔者认为，有必要进行具体的分析，以为商榷。

所谓的意见证据、传闻证据、品格证据仅是从证据规则角度对法定证据种类的理论分类，它们本身也都是法定证据种类或者由法定证据种类所组成。无论量刑证据还是定罪证据都具有证据的基本属性，都是证据法学学科体系的有机组成部分。两者的差异并不是证据资格属性上的不同，而是证据证明方向和功能、作用上的差异。比如，品格证据之所以在定罪证明中不适用而在量刑证明中适用，不是因为量刑采纳了不具备证据资格的证据，而是量刑证明采纳了定罪证明不适用的证据。品格证据能够证明被追诉者的人身危险性大小，对罪犯的改造具有意义，是量刑考量的必然需求，所以品格证据可用于量刑证明。而在定罪证明中，因品格问题与犯罪事实的本真并不具有法定的关联性，为求真防错的需要，品格证据不能采纳（当然，品格证据在定罪证明中也不是没有适用的空间，比如当证人的名声受到攻击时，可以用品格证据来证明证人的诚实）。② 同时，品格证据虽不是法定的证据种类的称谓，却是学理上的证据分类称谓，是对那些能够对品格起证明作用的证据统称。但是，品格证据也是由具有证据属性的法定证据种类所组成，因此也不能跳脱于证据资格的基本范畴。同理，意见证据、传闻证据也都是学理上的分类，也都是由法定证据种类的证据所组成，其也并没有脱离证据资格三性范畴，或者说都具有证据的基本属性。而前述美国 *Williams v. New York* 案判决所确立的规则在施行中却

---

① 闵春雷：《论量刑证明》，《吉林大学社会科学学报》2011 年第 1 期。

② ［美］乔恩·R. 华尔兹：《刑事证据大全》（第二版），何家弘等译，中国人民公安大学出版社 2004 年版，第 175、176 页。

不断受到质疑：一是不符合当前的宪法标准，后来适用该规则的案例中，在量刑阶段被告人获得律师帮助的权利、知晓量刑前报告内容的权利等都未获得保障，而这些都是宪法赋予被告人的基本权利；① 二是并未区分法官量刑所需要的信息种类与证据形式的可信性，未清楚说明为何量刑需要未达到可采性标准的证据，而适用建立在证据可信性基础上的证据规则，比如传闻证据规则，并不会限制法庭所能得到的量刑信息的主题范围。② 在英国一些上诉法院决定，强烈建议量刑官不要一旦被告被控诉的罪行的罪名已经确立或被承认，就太轻易地去接受与宣称有关被告行为相关的要素没有进一步质疑的必要了。③

（四）　量刑证据资格的特殊性解读

当然，量刑与定罪的差异性使然，用于量刑的证据因诉讼证明对象的多样性（社会危害性和人身危险性、法定量刑情节和酌定量刑情节），量刑程度上的差异性、层次性（加重、从重、从轻、减轻、免除），以及诉讼权利保障上的特殊考虑（被告人权利、被害人权利等的权衡），量刑证据的表现形式会体现出多样性，比如社会调查报告的出现，品格证据等司法应用。但这些多样性要求的证据首先需要满足证据的基本属性要求，体现出统一的证据属性要求，在此基础上才是量刑证据本身的特殊性要求，比如关联程度多高，可信性多真（客观性），合法性多强。量刑证据资格的特殊性更多地体现在证据内容关联性的差异，体现出对量刑情节具有证明价值，而在量刑证据资格的真实性上差异不大。同时，量刑证据的合法性规范的角度上也会有些许差异，但这种差异并不是侵权程度上的差异，而更多的是量刑证明可能会涉及一些定罪证明所不具有的合法性规范内容。比如，社会调查报告的取得会发生一些合法性保护的内容，如对隐私的保护等。

四　标准与差异——量刑与定罪证明的证据规则之议

一般认为，证据规则作为规范证据资格和证明力的规则，已经形成了

---

① Susan N. Herman, *Procedural Due Process in Guidelines Sentencing*, 4FED. SEN. REP. 295, 296（1992）.

② *Williams v. New York*, 337 U. S. at 249（1949）.

③ *Foo*（1976）Crime. L. R. 456; *Chadderton*（1980）2 Cr. App. R.（S）272; Wilkins, *Consumerist Criminology*（1983）.

相对完整的理论体系。但在量刑证明活动中，规范量刑证据资格和证明力的规则学界则有不同的三类观点：第一类观点认为，英美法系的证据规则只适用于定罪，不适用于量刑，因此认为量刑程序不需要证据规则；① 第二类观点认为，即使量刑程序需要证据规则，但只规范证明力而不规范证据资格；② 第三类观点认为，量刑程序应该适用证据规则，但因为适用了品格、意见等证据，所以证据资格的严格性不强。③ 上述观点的立论基础主要有两点：一是认为我国证据立法及理论体系是以定罪为核心进行构建的，因此，量刑证明活动不适用此证据规则体系；二是认为量刑证明相对于定罪证明而言属于司法裁量性活动，应适用自由、简洁的证明方式，因此，量刑证据规则规范性不强，甚至可以不需要规则规范。其实，上述观点可以归结为一个问题，即量刑证据规则与定罪证据规则的统一性与差异性问题，突出表现在证据规则是否适用于量刑证明活动。

对此，笔者有三点认识：一是量刑证明也需要证据规则，在证据规则标准上，量刑与定罪具有统一性，从证据理论角度看同属于一体的证据规则体系；二是量刑证据规则与定罪证据规则的差异仅是规范内容与证明角度的差异而不是严格性程度的差异，量刑证明不是自由证明而是规范证明；三是量刑证据规则并不仅是规范证明力问题，证据资格问题也需要规范，不能适用不真实、不合法、不相关的证据，否则量刑公正荡然无存。

（一）证据规则标准的统一性

无论是定罪事实的证明还是量刑事实的证明，都是对事实问题的证明，都是以证据为据进行的证明，因此，在证据资格与证明力的规范标准上并无不同，证据规则的标准适用上具有统一性。但是，目前学界有观点主张：鉴于量刑程序的简易运作，则传闻证据规则、意见证据规则、最佳证据规则、品格证据规则等不再适用量刑证明。④ 此观点的存在将直接影响量刑证明的规范化发展，而且有违证据规则理论体系的统一性认识，不利于证据规则的标准化构建。理由有二：一是此观点并没有从统一性的角度看待此五类证据规则（因为还有学者主张"非法证据规则在量刑程序

① 陈瑞华：《量刑程序中的证据规则》，《吉林大学社会科学学报》2011 年第 1 期。
② 陈瑞华：《量刑程序中的证据规则》，《吉林大学社会科学学报》2011 年第 1 期。
③ 李玉萍：《量刑事实证明初论》，《证据科学》2009 年第 1 期。
④ 陈瑞华：《量刑程序中的证据规则》，《吉林大学社会科学学报》2011 年第 1 期。

中不适用"①），狭义地定义此五类规则仅指规范定罪证据的规则体系，因而得出不再适用量刑证明的结论；二是此观点主张量刑证明应是简易、自由证明，直接抹杀了量刑证据规则的规范性要求，不利于量刑证明公正性的实现。

1. 非法证据排除规则是否适用于量刑证明

学界有观点认为，"最高法院在新近通过的刑事证据规则中确立了三种非法证据排除规则，即'强制性的排除''自由裁量排除'和'可补正的排除'。原则上，这些排除规则都主要适用于法院的定罪审理程序，对于量刑程序基本上不能直接使用"②。引证美国诉讼制度，得出的佐证观点认为，"在美国刑事诉讼中，量刑听证程序被视为一种相对于陪审团定罪程序的'附属程序'，不再适用非法证据排除规则。甚至就连侦查人员违反宪法第四、五、六和十四修正案所获取的非法证据，法庭都可以将其作为认定量刑事实的根据"③。此种观点基于非法证据排除规则是限制公权，不约束私权的思想，即认为定罪程序是公权力的适用空间需要规范，量刑程序是平等主体的关系，不存在约束公权的问题了，因此，侦查人员违法取得的证据可用于量刑证明。那么，量刑证明中是否适用非法证据排除规则呢？这里需要厘清两个问题：一是非法证据排除规则的适用范畴界定问题，或者说非法证据排除规则是否仅从规范定罪角度进行狭义理解；二是量刑证明的证据规则是否不需要合法性规范，非法取得的证据是否可以作为量刑证据适用于量刑证明？对此，笔者认为：其一，合法性是司法证明有别于其他证明的本质，无论定罪证明还是量证明，都有合法性规则规范问题。司法证明延拓于量刑证明，则"非法证据排除规则"不能仅限于定罪证明称谓，而应该是司法证明统一适用的规则称谓。其二，违背定罪程序合法性规范要求的狭义"非法证据"也不能适用量刑证明，否则，必将不利于"非法证据排除规则"的立法目的——限制公权力、震慑警察违法行为等目的。④ 因为，公权行为违法将直接影响司法的权威性和人权保障性，因此，公权力违法行使取得的证据无论是在定罪证明中还是在量刑证明中都不应该适用，否则限制公权的法治精神令人难以信服。

---

① 闵春雷：《论量刑证明》，《吉林大学社会科学学报》2011年第1期。
② 陈瑞华：《量刑程序中的证据规则》，《吉林大学社会科学学报》2011年第1期。
③ 陈瑞华：《比较刑事诉讼法》，中国人民大学出版社2010年版，第111页。
④ 参见郑旭《非法证据排除规则》，中国法制出版社2009年版，第82页。

其三，量刑证明活动，即使仅是平等主体间的证明关系，也有合法性的要求，在各种价值权衡中确立其合法性的规范要求，违法取得的，也应排除，适用非法证据排除规则。否则，公民间的侵权行为将无法控制，社会的遵法、守法的法治精神难以畅行。其四，我国量刑证据的取得，并不一定都是由平等主体取证，那些需要公、检机关取证的量刑证据，也应该适用非法证据排除规则。这很好理解，因为以威胁、恐吓、肉刑和变相肉刑等方式取得的证据，不因其适用范围而非法，而是因其行为本身具有严重侵权性而违法。因此以限制公权恣意，遏制刑讯逼供的司法毒瘤而催生的非法证据排除规则理应适用于量刑证明活动中。

2. 品格证据规则是否适用于量刑证明

品格证据规则在量刑中是否适用？对此，有学者认为，品格证据可用，但规则不再适用。① 从证据规则的角度，对此种观点可作两种理解：一是量刑证明不再适用定罪证明中的品格证据规则；二是量刑证明中的品格证据不需要证据规则规范。该观点将品格证据规则限缩于定罪证明规则，并且是从英美法系国家的品格证据规则来看待我国诉讼证明活动的。其基本思想是品格证据规则仅指规范定罪证明活动的证据规则，量刑证明活动当然地不能适用此品格证据规则。同时，又认为量刑证明需要品格证据，所以为获取更多的量刑信息，品格证据也当然地不需要此证据规则规范了。笔者认为此种观点有失偏颇，英美法系品格证据规则是以排除为主，例外并行的复杂规则体系，② 目的在于防止陪审员定罪裁判受品性证据的不当影响。③ 简单直接套用英美法系品格证据规则在定罪与量刑上的适用来说明我国适用规范，未免过于武断。因为我国定罪与量刑属于从一体规范转向逐步分离的发展过程，也并不具有陪审定罪的司法制度现实，

① 陈瑞华：《量刑程序中的证据规则》，《吉林大学社会科学学报》2011 年第 1 期。

② 参见季美君《英国刑事证据法中的品格证据》，《中国刑事法杂志》1999 年第 5 期；《美国联邦证据规则》第 404 条规定等。

③ 迈克逊诉美国（Michelson v. United States）案的判决中杰克逊法官作出经典的解释，他指出，"不允许代表国家的检察官展示被告人以前实施的违法行为、特定的犯罪行为或者其在邻居中的不好名声，即使这些事实具有逻辑上的说服力，并能够推断出被告人可能是犯罪行为的实施者。不是因为被告人的这些品格特征同待证实施之间不具有相关性，相反，禁止品格证据是因为，担心陪审团会过分看重两者的相关性、用被告人笼统的不良记录劝说自己未审先判、拒绝给予被告人一个公平的机会就特定的起诉进行辩护。根据实践经验，禁止此类证据可以防止对被告人不公平、歧视行为的产生"。Michelson v. United States，335U. S. 469，476（1948）。转引自张吉喜《量刑证据与证明问题研究》，中国人民公安大学出版社 2015 年版，第 31—32 页。

尤其是我国并没有确立品格证据的排除规则，所以说品格证据规则在定罪中适用而在量刑中不适用是无的放矢的。而从定罪证明与量刑证明"一分为二"的逻辑衍生关系，量刑证明也属于司法证明，也是对事实的证明，因此量刑证明必须建立在量刑事实真实的基础上，不能仅以获取广泛量刑信息的目的而降低证据资格和证据司法适用规范要求。作为品格证据也需要合法性、真实性、相关性方面的合理规范，司法证明过程也应适用合法性规范要求。笔者认为，司法证明的一体化，定罪与量刑同属事实证明的本质决定了品格证据规则的范畴理应拓展：无论是规范定罪活动的品格证据规则，还是规范量刑证明活动的品格证据规则，都属于品格证据规则的理论范畴。两者的区别仅在于规范内容上的差异而已。刑罚的轻重直接关涉被追诉者的切身利益，是实体公正的重中之重，甚于定罪之重。因此，为保证量刑的依据充分，依据合法、合理，应该规范量刑证据，规范品格证据的量刑证明。具体而言，需要对品格证据的种类细化，并对这些具体的法定种类的品格证据进行客观性、关联性和合法性上的规范，细化到证据来源、取证主体、取证方式、取证程序、取证内容、表现形式等方面的全面规范，甚至包括举证、质证乃至认证证明上的特殊性规范。唯此，方可实现品格证据在量刑证明中的规范性运用，实现量刑公正。

3. 传闻证据规则是否适用于量刑证明

量刑证明是否不再适用传闻证据规则，学界有观点主张量刑证明不适用传闻证据规则，意指传闻证据可作为量刑证据采纳，突破了传闻证据规则的规范范畴。[①] 传闻证据规则是英美法系的一项证据规则，以英国为例[②]，刑事审判中传闻证据排除规则运行的理由是多样的。本质上，传闻证据被排除是因为它可能是不可靠的，并且因为有陪审团或治安法官赋予此没有经过交叉询问的来源证据更大权重的风险。而在量刑阶段情况似乎有所不同，至少认为法官有很好的能力赋予传闻证据恰当的权重，并且有观点认为只要被告没有反对其内容并给予了其充分的反对机会，传闻证据是可以接受的。[③] 这似乎是当前运行于社会调查报告和其他报告的实践运

---

① 闵春雷：《论量刑证明》，《吉林大学社会科学学报》2011 年第 1 期。

② 本段翻译内容主要见 Martin Wasik, "Rules of Evidence in the Sentencing Process", *The Sentencing Process*, Durtmouth Publishing Company Limited, 1997, pp. 350–352.

③ See, For Instance Glueck, "Principles of a Rational Penal Code", (1928) 41 Harv. L. Rev. 453 at p. 475: "the Treatment (Sentence-imposing) Feature of the Proceedings must be Sharply Differentiated from the Guilt-finding Phses", Also Wootton, *Crime and Penal Policy* (1978), p. 19.

行规则，这些报告包括实质性的传闻信息的文档。① 有关社会调查报告缓刑官不必受有关传闻的证据规则的约束。② 但也有观点认为，没有什么给被定罪的人不正义的感觉，要比定罪后对他作出错误的陈述更大了。在 *Robinsonan* 案中，上诉法院认为，检控方提请的警察在定罪后提交的证据不能被采纳，除非警察可以表明证据来源于第一手信息，没有依赖于传闻。因此，传闻证据是否不受规则约束，可以一律适用于量刑证明，当前英国法律界的观点也是不明确的。"许多审判制度——无论是过去的还是现在的——都表达了对专业法官也很有可能被传闻误导的担心。"③ 就定罪审判而言，尽管有例外，无论口头或书面的传闻证据应该大体上不被采纳，这也是有争议的。④ 在量刑阶段应该提高收到信息的可靠性和质量。然而，在被告不反对的情况下，罪后证据的展示更浪费时间，可能需要证人出庭证明事实。一个替代性的方法被采纳为实践规则，传闻证据在知悉被告（反对）或可能反对的情况下，传闻证据不应提出，除非控方有充分证明的意愿。假如传闻证据提出了，并且被告没有反对，量刑官应该让控方来证明。假如控方因此不能对此情况证明到排除合理怀疑，量刑官必须忽略未经证实的反对被告的主张。⑤ 反观我国诉讼制度，我国并不存在如此复杂的传闻证据规则体系，也不存在多样冲突的判例与观点，更没有陪审团定罪的制度模式，因此，简单而绝对地阐述传闻证据规则的量刑适用是缺乏合理性基础的。就社会调查报告而言，其并不是没有规范性要求的，其也必须有调查情况真实性、合法性的基本规范。

　　换一个角度，笔者认为，传闻证据规则的适用与诉讼程序的模式选择有关，而与其是否适用定罪事实还是量刑事实的证明关涉不大。如果一国诉讼模式注重庭审中心主义，强调庭审质证原则的重要性，充分贯彻直接、言词原则，则传闻证据规则就有其适用的空间。反之，传闻证据规则的适用空间相对薄弱。量刑证明活动是否适用传闻证据规则，并不是因为

① Stosiek，（1982）4 Cr. App. R.（S）205；Solomon and Triumph（1984）6 Cr. App. R.（S）120.

② See Criminal Law Revision Committee，*Working Paper on Offences Against the Person*（1976）para. 109. The idea was dropped in their report in 1980.

③ ［美］米尔建·R. 达马斯卡：《漂移的证据法》，李学军等译，中国政法大学出版社2003 年版，第41 页。

④ Wasik，"The Grant of an Absolute Discharge"，*Oxford Journal of Legal Studies*，（1985）5，p. 211.

⑤ Martin Wasik，"Rules of Evidence in the Sentencing Process"，*The Sentencing Process*，Durtmouth Publishing Company Limited，1997，pp. 350-352.

量刑证明没有定罪证明重要，而是看量刑证明的模式如何选择？为维护量刑公正，体现诉讼证明程序的严谨与规范，有必要适用基本的传闻证据规则，以利于庭审采证、取证、质证、认证的规范需要。基于我国当前的诉讼模式发展状态，笔者认为，我国量刑程序的传闻证据规则可基本适用定罪程序（实质就是刑事诉讼法规范的程序）已有的传闻规则规范，① 这主要是因为量刑程序和定罪程序适用的是相同的程序模式，只是处于相对分离的状态而已。

4. 最佳证据规则是否适用于量刑证明

"最佳证据规则，就其本质而言，是一项确保证明真实性的规范证据能力的规则。"② 从真实保障角度判断，适用最佳证据规则要比适用传闻证据规则更有意义。一是因为我国诉讼语境中，更多的是用原始证据和传来证据进行理论分类，而不是传闻证据分类模式；二是最佳证据规则更能体现追求事实真实的证明规范要求。因为，原始证据优先规则，也会有传来证据优先适用的例外情形，③ 用最佳证据规则规范证据采纳与采信会更为全面而准确。量刑证明同样也需要适用最佳证据规则，而不是学者主张的最佳证据规则的不适用。④ 因为量刑信息除了要广泛收集外，还有更关键的是恢复量刑情节事实的本来面目。只有量刑证据的来源越真实、可靠，量刑情节的证明才能更为可信，量刑裁量才有了真实的判断根据。另外，最佳证据规则也同量刑证据的证明力有关，为有效规范量刑事实的裁判，需要对量刑证据证明力强度进行合理判断。因此，最佳证据规则不仅在定罪程序适用，而且在量刑证明中发挥作用。

5. 意见证据规则是否适用于量刑证明

2010 年"两高三部"的两个《证据规定》⑤ 出台以后，学界基本认同我国确立了初步的意见证据规则，即证人只能陈述自己亲自感受和经历的事实，而不得陈述对该事实的意见或者评论（例外，比如符合经验、

---

① 陈光中主编：《刑事诉讼法》（第五版），北京大学出版社、高等教育出版社 2013 年版，第 185 页。

② 陈光中主编：《刑事诉讼法》（第五版），北京大学出版社、高等教育出版社 2013 年版，第 186 页。

③ 比如老人或者健忘症患者告知他人的事实情节情况，则他人的传来证据会比原始的证据更为可靠。

④ 陈瑞华：《量刑程序中的证据规则》，《吉林大学社会科学学报》2011 年第 1 期。

⑤ 最高人民法院、最高人民检察院、公安部、国家安全部、司法部：《关于办理死刑案件审查判断证据若干问题的规定》和《关于办理刑事案件排除非法证据若干问题的规定》。

常识的判断除外，鉴定意见是例外）。① 意见证据规则是从证据的真实性角度对证据进行规范的。量刑证明是否需要适用意见证据？学界有观点做出了肯定的回答，② 而对量刑证明是否适用意见证据规则，学界则有观点认为"不适用"。③ 量刑以量刑情节事实为根据，以量刑规范（法定和酌定量刑规范）的刑罚幅度为依据，根据量刑的计算方法和价值权衡的裁量来最终裁定。其中，量刑情节是通过量刑证据的证明来实现的。量刑证据的真实性直接决定量刑情节的真实性，量刑情节的真实性直接影响最终的量刑裁判。因此，如果证据的真实性存在问题了，则其证据属性就丧失了，何谈证明功效。笔者认为，为保证司法证明的真实性，无论定罪证明还是量刑证明，意见证据都不应该适用（但鉴定人意见，或根据一般生活经验判断符合事实的除外④）。至于有学者主张的量刑请求也是证明对象的观点⑤，前已驳斥，此处再次强调，量刑请求是主观性的量刑主张，是其量刑证明的目的，不是量刑证明的直接对象，唯有量刑情节事实本身才是量刑证明的对象，主观判断性的意见不具有事实真实的本质属性，不能成为证据，也不应该成为量刑证据。为了取得更多的量刑信息，但不是为了取得更多的虚假信息，所以，确保证据真实性的意见证据规则在量刑中不是不适用了，反而是应该更加规范地适用，防止为获取更多量刑信息的目的，而取得了贻误量刑公正的糟粕证据。量刑证明和定罪证明在意见证据规则上实际上是没有多大区别的，这也再次证明了量刑证明和定罪证明同属于司法证明一脉相承的理论体系。

（二）　证据规则规范的差异性

在证据规则标准统一性的基础上，即量刑证明与定罪证明一样都需要证据规则规范，证据规则在量刑证明中会有一定程度上的内容差异性。需要强调一点的是，证据规则的理论适用范畴应拓展适用，不仅涵盖定罪证明中的证据规则，还意指量刑证明中的证据规则，因为两者都是规范证据

---

①　最高人民法院、最高人民检察院、公安部、国家安全部、司法部：《关于办理死刑案件审查判断证据若干问题的规定》第十二条第三款。

②　参见李玉萍《量刑事实证明初论》，《证据科学》2009 年第 1 期；闵春雷《论量刑证明》，《吉林大学社会科学学报》2011 年第 1 期。

③　陈瑞华：《量刑程序中的证据规则》，《吉林大学社会科学学报》2011 年第 1 期。

④　《最高人民法院关于适用〈中华人民共和国刑事诉讼法〉的解释》第八十八条。

⑤　闵春雷：《论量刑证明》，《吉林大学社会科学学报》2011 年第 1 期。

的资格、证明力乃至证明程序规范问题的。这样，证据法学的理论体系才能体现出司法证明一体的证明关系，体现证据法学理论体系的周延性、统一性。

英美法系的证据规则是以防止误导陪审团而构建的排除规则为主的证据规则体系。[①] "量刑阶段，是法官主导的对抗式诉讼程序模式，如果是以保护权利为主的证据规则则基本继续适用，因为无罪推定、反对强迫自证其罪、沉默权不能作不利被告的解释规则[②]、合理怀疑的利益等继续有效。"[③] 而对规范真实性的规则，比如补强证据规则，法官要比陪审团更有法律判断力，因而，不适用那种为防止误导陪审团的规则内容。比如，可能在审判中基于偏见影响超过了证明价值的理由而排除的证据，在量刑中可能仍然可以被采纳。[④] "但对其他真实性保障的证据规则仍有适用的空间。也就是说，在量刑证明程序基本是继续使用定罪证据规则和程序规则，只不过会有 relaxed，但 relaxed 的度仍属不明。"[⑤] 也就是说，在基本等同定罪的严格证明形式基础上有适度的成本考虑、效率考虑，会有量刑属于纠问式的审问特点，而规则内容及适用上的略微下降，这也是基于法官要比陪审团更有法律素养，更能甄别真伪和进行征集合理适用的能力有关。而不是学界所主张的基本适用自由证明。我国无论定罪证明程序还是量刑证明程序都是法官主导的事实查明程序，证明的本质属性上和庭审证明的模式上并不存在分歧的基础，因此，量刑证明中证据规则仍应以定罪证明的证据规则为基本规范，再针对量刑证明的特殊性进行规范角度上的差异界定。具体而言，在量刑证明中，证据规则规范不应过于强调规范程度的严格性，而应重于量刑证明与定罪证明在规范角度上的差异性：

首先，证据类型上的差异性。为获得被告人的个体危害性程度、改造难易方面的信息，有关被告人品格的证据可以纳入量刑证明，突出表现在社会调查报告的司法应用上。但有关非法证据、传闻证据、意见证据等是

---

① 参见［美］米尔建·R. 达马斯卡《漂移的证据法》，李学军等译，中国政法大学出版社 2003 年版，第 37 页。

② Normally, no reference should be made to "spent" convictions: Practice Direction, Court of Appeal（1975）61 Cr. App. R. 260.

③ Martin Wasik, "Rules of Evidence in the Sentencing Process", *The Sentencing Process*, Durtmouth Publishing Company Limited, 1997, pp. 353-354.

④ *Van Pelz*（1942）29 Cr. App. R. 10; *Wilkins*（1978）66 Cr. App. R. 49.

⑤ Martin Wasik, "Rules of Evidence in the Sentencing Process", *The Sentencing Process*, Durtmouth Publishing Company Limited, 1997, pp. 353-354.

否适用量刑证明，笔者认为，不能直接拿规范定罪证明的证据规则来说明此类证据是否适用于量刑适用，而应从规范量刑证据司法适用的角度来具体研究。这也就是说要从量刑证明在非法证据排除规则、传闻证据规则、意见证据规则的规范内容上来具体判断。换个角度说，某一证据是否是非法证据、传闻证据、意见证据要依据量刑证明证据规则规范来判断取舍。

其次，量刑证明的证据规则的具体内容与定罪证明的证据规则会有一定差异。比如对证据的非法性规范上，量刑证明会因为一定程度的平等主体对抗关系而不同于定罪证明中遏制公权滥用的规范内容；品格证据会因为量刑证明的需要，而更广泛地纳入量刑证明，这必然会不同于定罪证明中品格证据严格排除适用的规则规范。

最后，量刑证明规则还在很大程度上体现与定罪证明规则相同的内容规范。比如，同为刑讯逼供行为取得证据，无论是定罪证明还是量刑证明都不得适用；如果诉讼模式一致，传闻证据的适用不会有太大的差异性；意见证据规则在事实证明方面不会因定罪、量刑而出现规范内容上的差异，等等。

五　一维与多元——量刑证明责任的模式选择之疑

有法谚云："证明责任乃诉讼的脊梁。""不仅如此，证明责任在诉讼证明的理论体系中也堪称'脊梁'。这是因为，在诉讼证明的各个环节中，证明责任是唯一能与其他各环节都直接相连的要素，是衔接其他各个环节的桥梁和纽带。"[①] 量刑证明与定罪证明的纵横比较中，脱离不开证明责任的比较。

（一）　检控为主的一维证明责任分配模式

定罪、量刑一体模式下的司法证明活动中，我国实行的是检控方承担主要证明责任的一维证明模式，即在公诉案件中，证明被告人有罪的责任在检控方，被告人基本不承担证明责任。被告方仅在一些特殊的情形下才承担证明责任，比如巨额财产来源不明罪的刑事追诉中，对财产来源的合法性承担证明责任，对非法持有类的犯罪承担持有违禁品是合法的证明责

---

① 卞建林主编：《刑事证明理论》，中国人民公安大学出版社 2004 年版，第 173 页。

任。此外，自诉案件，检控方不介入，实行"谁主张，谁举证"的证明责任分配；刑讯逼供的程序法事实的证明活动，由主张非法取证的一方承担提供线索和材料的初步责任，当有非法取证的怀疑后，证明责任转移（或曰回归），由检控方承担取证行为合法性的证明责任，此时，证明责任又主要是由检控方承担了。

在定罪、量刑一体模式下，主要由检控方承担证明责任的诉讼证明模式，主要是基于我国检控方强大的追诉犯罪职能的职权主义诉讼模式使然。同时，我国检控方的法律监督职能，法定客观、公正义务使得代表法律、代表国家的检控机关（乃至审判机关）具有客观、公正司法的诉讼职能。一般认为，此时的证明责任分配是定罪证明的责任分配模式。但笔者认为这是定罪量刑一体的证明责任分配方式。因为此时我国的量刑证明并没有独立，是与定罪一体的，理应适用传统的证明责任分配模式。

（二）量刑证明责任多元论的兴起

随着我国定罪与量刑程序相对分离的实践探索与理论研讨，学界开始有观点主张依据国外对抗制诉讼模式下证明责任的分配原则，我国量刑证明也实行"谁主张，谁举证"的证明责任分配原则。[①] 主张被害人对其提出的一些生理、心理伤害，会遭报复等量刑情节的证明，承担证明责任。[②] 此类观点的理由主要有：（1）量刑程序分离了，量刑证明就应有不同于定罪证明的特殊性，证明责任就应体现不同于定罪证明的分配模式；（2）定罪的定性问题解决了，检控方的责任已经基本完成了，剩下的就是量刑问题，就是双方的平等对抗了，诉权平等了，责任也应平等；（3）国外对抗制的诉讼模式即实行"谁主张，谁举证"的举证责任分配模式；（4）量刑程序类同于民事诉讼程序，所以应实行"谁主张，谁举证"的责任分配模式。当然，也有学者认为，我们主张的平等对抗的证明责任分配主要是从犯罪构成外的量刑情节事实而言的，此部分量刑事实情节的证明才显示了量刑证明的特殊之处。[③] 上述量刑证明责任分配的观点可以概括为：量刑证明实行不同于定罪证明的一维证明责任分配模式，而是实行"谁主张，谁举证"的责任分配模式，证明责任主体实行多元

---

① 闵春雷：《论量刑证明》，《吉林大学社会科学学报》2011年第1期。
② 陈瑞华：《量刑程序中的证据规则》，《吉林大学社会科学学报》2011年第1期。
③ 陈瑞华：《量刑程序中的证据规则》，《吉林大学社会科学学报》2011年第1期。

化，甚至可包括法官的证明责任分配。

（三） 量刑证明责任多元论的立论质疑

学界提出量刑证明责任多元论的立论理由可概括为以下三点：
（1）量刑程序分离，量刑证明应不同于定罪证明；（2）定罪定性问题解决了，量刑就是定量问题了，检控方定罪诉讼功能基本实现，剩下的就是诉权平等双方的"类民诉"诉争了；（3）他山之石佐证，英美对抗制诉讼模式使然，实行量刑"谁主张，谁举证"。[①] 在此，先不讨论多元论的立论是否准确，先一一剖析其立论的理由是否正确。

首先，量刑程序分离与量刑证明具有特殊性的相互关系问题，究竟是先有量刑证明的特殊性，才有量刑程序的独立，还是先有量刑程序的独立方有量刑证明的特殊性？先不考虑因果关系是否成立，就其因果关系的逻辑顺序而言，笔者认为，如果两者具有因果关系，则一定是先有量刑证明的特殊性，才有量刑程序的独立性，而不是先有量刑程序的独立性，才有特殊的量刑证明。再从两者的因果关系来看，量刑程序的独立是否是因为量刑证明具有特殊性？对此，不能排除量刑证明具有有别于定罪证明的特殊之处，否则，两者就不是两个事物而是一个事物了。但两者的差异是否就一定能达到因此而引起量刑程序独立的问题，值得深思。笔者认为，量刑程序的独立更主要的是因为量刑在司法公正中的地位日益凸显，诉讼分工细化发展的综合结果，而不是因为量刑证明特殊性的原因。

其次，定罪、量刑实体一体证明的传统模式，检控方实际是承担实体证明职能的，其不仅对定罪进行证明，而且对量刑也承担证明责任。况且实体公正是包括定罪与量刑两个方面的公正的，岂能是定罪问题解决了，检控方就没有量刑上的诉讼责任和义务了呢？实难具有说服力。至少作为英美法系发源地的英国，早在 1984 年 *Macgrath and Casey* 案中就已明确指出："在就事实问题做出决定时，在我们看来，法官应当遵照通常的刑事证明责任以及标准规范。"[②] 而且其法律传统上检察官在量刑程序中应持

[①] 比如美国诉乌雷格·利耶雷斯（*United States v. Urrego-linares*）案中，第四巡回法院指出，被告人对其提出的从轻量刑事实，承担举证责任。See *United States v. Urrego-Linares*, 879 F. 2d（4th Cir. 1989）. 转引自张吉喜《量刑证据与证明问题研究》，中国人民公安大学出版社 2015 年版，第 44 页。

[②] Martin Wasik, "Rules of Evidence in the Sentencing Process", *The Sentencing Process*, Durtmouth Publishing Company Limited, 1997, p. 334.

中立态度，这一传统为《律师行为法》 (*The Code of the Conduct of the Bar*) 所确认，根据该法规定，起诉律师不应试图通过其起诉行为影响法庭量刑，然而在被告人没有辩护人的情形下，通知法庭其获得的减轻量刑的情形是适当的。此外，除了上述一般原则，起诉检察官必须准备包含有加重与减轻量刑因素以及相关法律规定和量刑指南的"答辩与量刑文件"。①

最后，从他山之石来看，英国量刑程序模式已经从对抗式模式，经由对抗式与专家质证相结合，向一定程度的问题解决模式转变，当然，重要的有争议的量刑事项仍需要采行对抗式模式。而就证明责任分配的理念来说，"在缺少相反方面任何法律规范的情形下，被告必须给予在刑罚问题上的任何合理怀疑的利益，正如在有罪或无罪问题上一样。有罪答辩承认的仅仅是有罪的法定成分，任何超出这一领域的有关任何问题的争议必须依据一般的法律原则包括无罪推定来解决"②。再从检察官在量刑程序中的角色来看，在量刑阶段在英国有非常深厚的传统，即起诉方应对案件持中立立场，既不要低估犯罪的严重性，也不必要同意被告人的观点，尤其是，检察官不能要求任何特别的量刑通过，或者促使法官通过严重的量刑③。因此，作为他山之石代表的英国来说，量刑程序中仍存在无罪推定的理念支撑，检察官客观义务的保障，平等对抗的诉讼模式在定罪与量刑中都适用，证明责任的分配仍在检控方，而不是"谁主张，谁举证"的类民事证明责任分配，辩方拥有的是合理怀疑的权利保障下的抗辩义务。而我国凸显职权诉讼模式的特点，律师辩护权利保障性不足以及检控机关的法律监督职能和客观、公正的法定义务都表明我国证明责任分配更加强调检控方的责任。

（四）我国量刑证明责任的模式探索

1. 量刑证明信息的来源分析

证明责任居于证据法学的核心地位，其不但理论思想深邃而且理论体

---

① See David Ormeroc, *Blackstone's Criminal Practice* (2014), Oxford University Press, 2014, pp. 1841-1842.

② Martin Wasik, "Rules of Evidence in the Sentencing Process", *The Sentencing Process*, Durtmouth Publishing Company Limited, 1997, p. 334.

③ Martin Wasik, "Rules of Evidence in the Sentencing Process", *The Sentencing Process*, Durtmouth Publishing Company Limited, 1997, p. 340.

系繁杂。① 与其陷入固定的大陆法系或者英美法系的证明责任模式套用，不如脚踏实地地研究我国诉讼证明的问题点，进行具体化分析研究。就量刑问题而言，为实现量刑公正，一要保证量刑信息的充分性；二要保证量刑信息的准确性、合法性；三要确立量刑证明的合理性；四要确立量刑裁判的科学性。其中，首要的、前提性的问题就是量刑信息来源的广泛性，以确保量刑信息的充分性，即解决举证的充分性问题。

那么，如何来实现举证的充分性呢? 一是看有无量刑诉求的利害关系方，他们是量刑信息的自主提供者，系当事人双方，他们最积极、最主动，因为量刑结果与其利益攸关；二是诉讼职能分工，法定检控方追诉被追诉者刑事责任的义务使然，其有追诉犯罪与刑罚的基本职能；三是检控方法律监督职能的客观公正义务，决定其有全面收集证据、监督法律准确实施的义务；四是我国法律制度规范赋予了国家公诉机关、审判机关、中立机构一定的法定义务，这些义务决定其有量刑证据的提出义务；五是追求司法正义与公正的普遍社会道德义务，公民有提供量刑证据的道德义务。

面对如此众多的量刑信息的来源，是否适用自由证明的模式，照单全收式地接纳、审查和运用呢? 还是实行规范化运作，实现量刑证明信息的真实性、合法性和关联性呢? 这涉及量刑信息的广泛性与量刑信息准确性、量刑证明规范化之间价值顺位关系判断问题。很显然，为确保量刑公正，量刑的规范化运作是必然——确保量刑信息的真实性、合法性，量刑证明的合理性，以至裁判的科学性、公正性。因此，量刑证明应该实行规范化运作，以确保量刑信息来源合法、可靠，保障量刑建立在真实情节基础上。在确保裁判事实根据真实性的基础上，在量刑情节的刑罚幅度和计量上体现价值诉求，实现价值和真实的双重兼顾。那么，回到证明责任的主题上，量刑信息来源的多途径，如何规范?

2. 我国量刑证明责任的设计构想

立足我国国情，基于我国诉讼法律制度的特点，我国量刑证明的证明责任分配应具有自己的特色。在这里，笔者不想陷入证明责任理论概念上的论争，想用"证明义务"来表述量刑证明的证据资源的获取途径。②

首先，脱胎于定罪、量刑一体模式，采取分离设立的量刑证明程序，

---

① 参见刘广三、吕泽华《证明责任的分离与融合》，《人民检察》2011 年第 15 期。

② 参见林钰雄《严格证明与刑事证据》，法律出版社 2008 年版，第 171 页。

应具有固有的"母体"模式的基本特征。因此，量刑证明证据提供义务主体仍应该是检控机关，其不但承担提供法定的犯罪构成要件要求的量刑情节证明义务，而且要承担最高人民法院在《量刑指导意见》中确立的法定、酌定量刑情节事实证明的取证、举证义务。检控机关应是量刑证明的主要责任主体，这是因为检控机关有这个能力和法定的义务去承担全面、客观追诉被告刑罚刑事责任的任务，以实现司法公正。

其次，对酌定量刑情节（或者说主要体现个体危害性大小方面的量刑情节），因为其属于法定法官裁量的依据，法律赋予了法官自由裁量的权利，因此，对此部分量刑情节的证明，应充分保障被害人、被告人的举证权利和举证义务。此部分构成量刑证明的特色之处，应贯彻质证原则，以确保其证据信息的来源真实、可靠以及没有非法行为。酌定量刑情节的证明，不应简单地照搬当事人主义模式下的"谁主张、谁举证"的民事证明责任分配模式。立足我国立法实际，对于酌定情节的证明，检法机关也有一定的证据收集和举证义务。那么对当事人双方来说，更多的是一种权利。如果是那种只有单方提出并占有的酌定情节，则可以适用"谁主张、谁举证"证明责任分配原则，其具有证明责任分配的意味。因为，此酌定量刑情节的有无，其最有能力证明，也最有可能证明。

再次，为获取更广泛的量刑信息，有关司法解释已经确立了中立机构的证据提出义务，比如未成年被告人居住地的县级司法行政机关、共青团组织以及其他社会团体组织的社会调查报告提供义务。[1] 这也是量刑证明在证据资格来源上的又一特色之处。中立机构的量刑证据的收集、取得、举证、质证应该成为未来法律规范的重点，以使得量刑证据更具客观性、合法性。在效率与公正之间，还应该以公正为主，兼顾效率，不能仅为了获得量刑信息而破坏了量刑的公正。但是，根据我国刑事诉讼法的相关规定，中立机构的量刑证据提供义务是一种配合义务，真正的举证义务主体仍是检察机关，有时法院也有主动进行调查的义务。[2] 因此，中立机构的证据提供义务是一种证据协力义务，为量刑信息的充分性提供了新的来源。

最后，法庭的庭审证据调查义务。这是法定的法庭主持庭审证明的义务使然。为确保庭审质证的准确性，对有疑问的证据法庭可进行庭外调查

---

[1]　2021年《最高人民法院关于适用〈中华人民共和国刑事诉讼法〉的解释》第五百六十八条。

[2]　2021年《最高人民法院关于适用〈中华人民共和国刑事诉讼法〉的解释》第五百六十八条。

与核实，这不是量刑证明的举证责任，而是量刑证明的质证、认证责任。当然，我国法律赋予了法官中立义务的同时，也要求其有客观义务，具有积极主持和推进实体公正与程序公正实现的诉讼法律义务。因此，法官对量刑证据有主动的求真、发现以及提醒义务，在庭审质证中如果发现了量刑信息，应及时通知控辩双方调查取证，必要时，可以主动提取证据，交由控辩双方质证，① 以最终实现量刑公正，推进司法公正。

六 单一还是分层——量刑证明标准适用之惑

"运用证据准确认定案件事实，证明标准的制定与把握是关键，而且直接关系到案件的最后公正处理。"② 证明标准作为实现司法公正的重要证据制度，必然在量刑证明的理论体系构建中具有举足轻重的地位。如何通过量刑证明标准的设计来实现量刑公正，最终实现司法公正，是量刑证明与定罪证明纵横比较中绝不容忽视的方面。

（一）学界有关量刑证明标准的多彩纷争

有关量刑证明标准，目前，学者多数的观点主张，量刑证明标准是分层的，而不是单一的定罪证明标准。③ 分层论者又有两层论与三层论的不同观点。两层论者又有两种不同的分层理论：一是优势证据标准和排除合理怀疑；④ 二是优势证据标准和清楚可信标准。⑤ 三层论者又有两种不同的观点：⑥ 一是排除一切怀疑、排除合理怀疑和优势盖然性；二是排除合理怀疑、清晰且有说服力和优势证据。在三层论者的基础上，如果再加上一个没有证明标准的情形：⑦ 则会出现四层论。在分层论的主张中，相同的量刑情节也会有不同的证明标准主张，比如死刑证明有的主张"排除

---

① 2021 年《最高人民法院关于适用〈中华人民共和国刑事诉讼法〉的解释》第二百七十一条。

② 陈光中主编：《刑事诉讼法》（第五版），北京大学出版社、高等教育出版社 2013 年版，第 169 页。

③ 闵春雷：《论量刑证明》，《吉林大学社会科学学报》2011 年第 1 期；李玉萍：《量刑事实证明初论》，《证据科学》2009 年第 1 期。

④ 参见李玉萍《量刑事实证明初论》，《证据科学》2009 年第 1 期。

⑤ 参见闵春雷《论量刑证明》，《吉林大学社会科学学报》2011 年第 1 期。

⑥ 汪贻飞：《论量刑程序中的证明标准》，《中国刑事法杂志》2010 年第 4 期。

⑦ 汪贻飞：《论量刑程序中的证明标准》，《中国刑事法杂志》2010 年第 4 期。

一切怀疑"证明标准，一种超过定罪标准的最高证明标准，[①] 也有主张死刑证明标准等同于定罪证明标准。[②]

　　主张适用多层证明标准的理由主要有：一是量刑情节事实具有多样性、广泛性，比如量刑情节可以分为法定量刑情节和酌定量刑情节；犯罪构成内量刑情节和犯罪构成外量刑情节；此外，还有刑罚轻重等级的死刑情节、加重情节、从重情节、从轻情节、减轻情节和免除刑罚情节等。如此众多的量刑情节决定量刑证明标准不能单一而应该多层。[③] 二是主张无罪推定原则不适用量刑证明，所以量刑证明不能如同定罪证明一样，适用最高的证明标准——排除合理怀疑。对于那些独立于犯罪事实的从重量刑情节，受自由证明理念的影响，公诉方并不需要证明到最高的证明标准，而最多达到优势证据的程度即可。不仅如此，"对于那些有利于被告人的从轻、减轻或者免除刑事处罚的量刑情节，无论是公诉方提出的，还是被告方要求法院采纳的，都只需要证明到优势证据的程度，即达到了量刑事实的证明要求。"[④] 三是量刑程序的独立性，即我国量刑程序与定罪程序实现了相对分离，所以量刑证明的特殊性决定了量刑证明不应与定罪适用相同的证明标准。[⑤] 四是量刑证明对象包括量刑事实和量刑请求，量刑事实是微观证明，量刑请求是宏观证明，应适用不同层次的证明标准。[⑥]

（二）　量刑证明标准分层理论的反思

　　对学界的研究成果，需要冷静地慎思，有以下几个问题需要反思：一是量刑证明标准是否应当与定罪证明标准不同，即量刑和定罪是否有轻重之别？二是量刑证明标准是否应分层，即量刑情节的分类多样性，是否在量刑考量上应有轻重之别？三是无罪推定原则或曰其所代表的思想是否不适用量刑证明，因此而导致量刑证明有别于定罪证明？四是是否因为量刑程序的独立性，决定量刑证明的有别性和差异性？五是量刑情节是否不是

---

①　参见陈虎《提高死刑案件证明标准：一个似是而非的命题》，《中外法学》2010年第3期。

②　参见吕泽华《死刑案件证明标准研究的反思与分类建构》，《学术交流》2012年第6期。

③　参见范登峰、易慧琳、何志远《构建我国多元化量刑证明标准》，《武陵学刊》2011年第2期。

④　陈瑞华：《量刑程序中的证据规则》，《吉林大学社会科学学报》2011年第1期。

⑤　李玉萍：《量刑事实证明初论》，《证据科学》2009年第1期。

⑥　闵春雷：《论量刑证明》，《吉林大学社会科学学报》2011年第1期。

实体法事实？量刑请求是否是量刑证明对象，因而导致量刑情节和定罪情节有重要性等级上的差异？最终这将引发对我国构建量刑程序相对分离的程序设计的目的和理由何在，何为量刑证明的发展方向和未来发展趋势的思考。

1. 定罪与量刑证明标准是否应该不同

首先，从实体公正角度看，定罪与量刑是实体公正的两个组成部分，并无轻重之别。定罪是事实行为在合法、违法与犯罪之间的定性判断，是一个非此即彼的法律裁判。定性的重要性不言而喻，是实体公正的重要组成方面。量刑是在定罪定性基础上进行的刑罚裁量，属于行为的定量裁判。刑罚的轻重直接关系到被追诉者刑事责任的大小之别，重要性自不待言，是控辩双方争执的关键所在。一个定性，一个定量，何者为重呢？笔者认为，定量重要，至少也应与定性同等重要。因为首先，实体公正是一种结果意义上的公正，依据罪刑法定原则和罪责刑相适应原则，实体公正应满足犯罪定性准确，刑罚适用公正，罚当其罪、罚当其刑。任何一个方面的偏颇适用都是刑罚的不公，都是实体不正义。

其次，从量刑情节与定罪情节的性质关系来说，定罪情节也属于量刑情节的有机组成部分。定罪虽然是定性活动，但却是刑事司法裁判的基础和前提，被刑事司法追诉者基本上都是法定有罪之人，而追诉区别的是罪名之别和刑罚之异。罪名之别和刑罚之异实质都是刑罚轻重的差异。[①] 定罪证明标准是统一的，学界基本达成共识，这也就是说不同罪名之差只体现在证明的对象上的差异——不同罪名证明的对象内容不同——而在证明标准的层次等级上是一致的，都是定罪证明标准，因此说定罪和不同的罪名之间不存在证明标准的差异。罪名差别[②]和刑罚差异既然都属于量刑证明问题，定罪证明和差异罪名的证明在证明标准上都是一致的，为什么不同罪名和刑罚差异之间在量刑证明上一定要复杂设计呢？不同的罪名体现出刑罚的差异，除此之外的刑罚差异也属于量刑的司法适用，同属刑罚判

---

① 罪名确定了，该罪的"量刑基准"也就确定了，见 2013 年《人民法院量刑指导意见》："二、量刑的基本方法"中规定了根据犯罪情节确定"量刑起点"和调节"基准刑"的基本规定。

② 由于我国犯罪构成要件会因为罪名不同，适用的刑罚幅度不同，即起刑点、基准刑及其法定的刑罚幅度范围有区别。同时，我国犯罪构成要件涵盖一定的法定量刑情节，相同罪名会有不同的起刑点和不同的刑罚幅度范围。这样，罪名的刑罚差异有了，而且相同罪名里也有刑罚适用上的不同等级。

断问题，不应有轻重之别。

最后，回归司法证明角度来看，无论定罪证明抑或量刑证明都是对事实的证明，两者司法证明属性上具有共同性，决定两者并不应该有证明对象基本性质上的差异。实体公正的第一项要义就是"据以定罪量刑的犯罪事实必须根据证据准确地加以认定，做到证据确实充分"①。因此，从实体公正上的重要程度、两者同具刑罚裁判的同质关系以及同属对事实证明的属性三方面看，量刑证明与定罪证明并不具有差异性的理论基础。

2. 量刑情节的多样性是否是分层的理由

依据不同的标准，多数学者都主张，犯罪情节的多样性，犯罪构成内的情节和犯罪构成外的情节重要性不能等同；法定情节和酌定情节不能等同；罪重情节和罪轻情节也不能等同；甚至于量刑同向的量刑情节的重要性也不能等同，比如从重和死刑的情节不能等同。这些认识基本都是从量刑情节在量刑上的作用方向和作用力大小方面的差异进行考虑的，也就是说是从量刑情节分类多样性的差异本身来看待量刑证明问题的，即量刑情节有分类差别，则量刑证明标准即应有差别。当然，这里也有有利被告原则、证明责任分配等方面的诉讼价值理论因素的考虑。

其实，无论是犯罪构成内或者犯罪构成外的量刑情节事实，抑或法定量刑情节和酌定量刑情节，还是罪重情节或者罪轻情节，都是需要证明的量刑情节事实，这些事实共同构成了量刑裁量的事实根据。这说明，任何一个方面的量刑情节都是量刑的有机组成部分，之所以出现名称称谓上的差异，仅是理论分类上的差异认识而已，它们的本质都是相同的，都是量刑的情节事实，或者更直接地说，它们都是解决事实问题的。不无异议的是，任何一个量刑情节事实都将会影响到最终的量刑裁量，无论这个量刑情节事实是直接的、间接的、重要的、轻微的、罪重的、罪轻的、法律规范的还是参酌规范的。既然量刑情节都会对量刑裁量有影响，就都应该得到司法证明的重视，而且应该是同等的重视。因为，任何一个量刑情节的证明适用了低标准，则会对采行较高证明标准的量刑情节的证明产生不公平，会造成司法量刑裁判依据上的信息不对称、权重不平衡，量刑必然不公。

---

① 陈光中主编：《刑事诉讼法》（第五版），北京大学出版社、高等教育出版社 2013 年版，第 12 页。

对此，有观点会质疑，难道罪重的情节和罪轻的情节不应该是不同的证明标准要求吗？此种观点的产生，是因为其将刑罚适用问题与量刑情节证明问题混同理解，导致蒙蔽了认识证明问题本质的眼睛。量刑情节的证明是一个真与伪的事实判断问题，而量刑情节对应的刑罚幅度是一个量刑权重的问题，体现着价值上的选择。量刑差异应该体现在刑罚幅度的设计上，而不应该建立在量刑情节的证明上，明确量刑证明的事实本质和刑罚幅度设计上的价值本质，才能准确把握司法量刑有机组成部分之间的逻辑关系。①

还有观点会质疑，量刑证明还有一个不同证明主体证明难易的问题，这也会影响量刑证明标准的设置。笔者认为，只有认清量刑情节事实判断的本质前提下，我们才需要进一步考虑量刑情节在证明责任上的分配、证明的难易程度、控辩双方权利保障上的平等等因素，确定最终的量刑证明标准。就我国诉讼模式而言，我国检控方是国家公诉机关，承担着客观公正的司法义务，需要全面、客观地收集有利和不利于被追诉者的证据。辩护方的辩护权利依据新刑事诉讼法也得到了比较充分的重新赋予与保障，而且新刑事诉讼法规定的社会调查报告也确立了客观、中立的机构进行调查。这些举措表明，我国量刑证据的收集和证明难易程度上是不应有区别的，有的仅是司法人员、中立机构客观、公正义务的观念与严格执法的贯彻执行力。

那么，是否必须套用英美对抗式的模式，强化量刑证明标准程度的差异呢？笔者认为，首先，我国还没有建立等同英美法系的当事人主义的诉讼模式，我国诉讼模式倾向大陆职权主义诉讼模式，既然量刑证明适用既有的定罪、量刑一体的证明标准，程序分离了，也应该贯彻同等的证明标准，而不应差异对待。其次，就如英美法系国家一样，其量刑证明标准的发展也已经从多层标准向统一标准的方向发展，当然，这一发展历程是复杂的、曲折的。代表性的美国量刑证明标准经历了从无标准②到低标准③再

---

① 参见吕泽华、于子雯《量刑规范化的逻辑层次关系解析》，《东方论坛》2015 年第 2 期。

② *William s v. New York*，337 U. S. 241，247（1949）.

③ See，e. g.，Gerald W. Heaney，"The Reality in Guideline Sentencing"，28 *AM. Criminal. Law. Review* 161，209（1991）；Judy Clarke，"The Need for a Higher Burden of Proof for Fact Finding under the Guidelines"，4 *FED. Sentencing Rep.* 300（1992）；Richard Husseini，"The Sentencing Guidelines：Adopting Clear and Convincing Evidence as the Burden of Proof"，57 *U. Cui. L. REV.* 1387（1990）.

到高标准①的发展过程。

3. 无罪推定原则是否不适用量刑证明

首先，无罪推定原则是否不适用量刑证明，需要明确无罪推定原则的内涵界限何在。笔者认为，仅从狭义的"罪"字来理解无罪推定原则过于狭隘了。因为，无罪推定原则贯彻的根本思想是"有利被告"②"防止冤错无辜"。③ 这一思想不仅可适用于定罪，也可适用于量刑。④ "在英国已有权威观点认可无罪推定原则的思想对量刑阶段的影响，他们认为无罪推定原则所包含的平衡控辩双方力量、最大限度地维护被告人合法权益等精神在量刑阶段仍然发挥着影响。"⑤ 量刑与定罪对被追诉者而言都是实体不利益之事实，两者有共同的理念适用基础，不应将量刑证明排除于无罪推定原则的适用范围之外。

其次，一审的定罪裁判，并不是生效的裁判，二审仍然会贯彻无罪推定原则所应具有的有利被告的思想，比如"上诉不加刑""禁止重复发回重审"等原则。⑥ 对量刑证明而言，其程序是与定罪相对分离的，基本是在一审裁判之前做出的，此时，为何不能适用无罪推定原则呢？即使真的独立如英美的先陪审团定罪，再到法官量刑的程度，如果我国仍采取二审终审制度，量刑程序也应如同二审程序一样，适用无罪推定原则的有利被告思想。⑦ 再退一步说，即使狭义理解无罪推定原则不适用量刑程序，那么也不必得出量刑证明在基本理念上会与适用无罪推定原则的定罪程序在

① *United States v. Billingsley*，978 F. 2d 861，866 (5th Cir. 1992)，*cert. denied*，113 S. Ct. 1661 (1993)；*United States v. Galloway*，976 F. 2d 414，417 (8th Cir.)，*cert. denied*，113 S. Ct. 1420 (1992)；*United States v. Lam Kwong - Wah*，966 F. 2d 682，688 (D. C. Cir.)，*cert. denied*，113S. Ct. 287 (1992)；*United States v. Restrepo*，946 F. 2d 654，659 (9th Cir. 1991) (enbanc)，*cert. denied*，112 S. Ct. 1564 (1992)；*United States v. St. Julian*，922 F. 2d 563，569 n. 1 (10th Cir. 1990)，*cert. denied*，113 S. Ct. 348 (1992).

② 卞建林主编：《刑事证明理论》，中国人民公安大学出版社 2004 年版，第 85 页。

③ William Shaw M. A.，*Evidence in Criminal Cases*，Butterworth & Co. (publishs) ltd.，1954，p. 16.

④ 参见王敏远《刑事诉讼法学研究的转型——以刑事再审问题为例的分析》，《法学研究》2011 年第 5 期。

⑤ 此观点源于牛津大学 Andrew Ashworth 教授在 2013 年 7 月 15 日牛津大学法学院刑事法律研究中心举办的量刑问题研讨会上的发言，与英国上诉法院法官、量刑委员会委员 Colman Treacy 探讨共识。转引自彭海青《英国量刑证明标准模式及理论解析》，《环球法律评论》2014 年第 5 期。

⑥ 《中华人民共和国刑事诉讼法》(2018 年修订) 第二百三十六条。

⑦ 参见简乐伟《被告人不认罪案件量刑程序的理想模式》，《政法论丛》2009 年第 6 期。

证明标准上有何本质差异，怎能因为无罪推定原则不适用量刑程序的推断就一定得出量刑证明标准一定不同于定罪证明的结论呢？这都是值得商榷的。

4. 量刑程序的独立是否能导致量刑证明有别于定罪证明

此观点前已驳斥，此处有必要进一步强调。如果认为量刑程序独立了，量刑证明就与定罪证明区别了，此观点是犯了思维逻辑颠倒的错误。量刑在未与定罪区别之前，两者适用相同的证明规则，脱胎了，就一定要有差异吗？这是其一。

其二，到底是因为量刑程序独立了，导致了量刑证明与定罪证明有差别，还是因为量刑证明不同于定罪证明，才有必要将量刑程序独立出来。笔者认为，我国量刑程序独立出来，是因为认识到了量刑在司法中的重要性，有必要更审慎对待量刑裁判问题，而不是量刑证明不如定罪证明重要。相反，量刑程序独立了，量刑证明更应该进行规范发展。而且，即使量刑程序分离、独立了，也不必然导致量刑证明区别于定罪证明，两者的逻辑因果关系是有问题的，是从表象看问题的不太准确的推理。

5. 量刑情节是否不是实体法事实，① 量刑请求是量刑证明对象吗

笔者认为，实体法事实包括定罪事实和量刑事实，这已经是学界的基本共识了。刑事责任不仅包括定罪还包括量刑，确定刑事责任的法律事实共同构成了实体法事实，理应得到司法证明上的同等重视。因此认为，量刑情节非实体法事实，如果双方无异议，则不应设置证明标准的说法，② 欠缺司法证明的真实观，此种情形即使在英国，法官也不能轻易认定量刑情节，做出裁判。③ 量刑请求是一种量刑主张，这是证明的目的，而不是证明的对象，量刑的请求需要建立在量刑情节之上，而量刑情节需要依据量刑证据进行量刑证明来完成。因此，严格意义上说，量刑请求不是量刑证明对象，至少可以说不是直接的证明对象，其仅是诉讼一方的量刑适用的主张。④ 如果以最终的量刑为视角，认为量刑请求是宏观的证明，量刑情节的证明是微观的证明⑤，这是可以理解的。因为，量刑情节

①　闵春雷：《论量刑证明》，《吉林大学社会科学学报》2011 年第 1 期。

②　汪贻飞：《论量刑程序中的证明标准》，《中国刑事法杂志》2010 年第 4 期。

③　Pearce（1979）1 Cr. App. R.（S）317；Kerr（1980）2 Cr. App. R.（S）54.

④　参见 2021 年《最高人民法院关于适用〈中华人民共和国刑事诉讼法〉的解释》第二百八十二条。

⑤　参见闵春雷《论量刑证明》，《吉林大学社会科学学报》2011 年第 1 期。

的证明是量刑活动的基础性环节，两者比较确有宏观与微观之别。但是，量刑请求的证明与量刑情节的证明是不同的司法活动，两者的证明根据（量刑情节证明是依据证据；量刑请求证明依据量刑情节、量刑情节对应的法定量刑幅度以及量刑裁量方法）、评价标准（量刑情节的证明评价标准是事实；量刑请求的评价标准是法律、理性和方法）、活动性质（量刑情节的证明是求真；量刑请求的证明是价值与理性的权衡，追求的是公正与合理）都有差别，两者不能概念混同，否则会让量刑情节证明活动承载其所不应承载的东西，导致认识混淆，规范混乱，量刑不公。

（三）我国量刑证明标准独立设计的理由和趋势

依据传统定罪、量刑一体的程序设计，量刑证明与定罪证明在统一的程序中实现，两者相辅相成，互融其中，无论是实体的罪名规范，还是具体的程序运行，在定罪与量刑上并没有做具体的区分，都在统一的司法运行中一体实现。因为定罪是实体公正的第一层次，是刑事司法首要解决的实体问题，因此，在传统的司法观念中，定罪、量刑一体的司法制度均以"定罪"为其要旨和概念认识。如今，随着诉讼分工的细化发展，量刑公正在实体公正中的地位日益凸显，量刑愈发成为诉讼当事人乃至民众衡量司法公正的关注焦点；而且，量刑是比定罪更专业、更技术性的活动，在司法理念与价值权衡上得到了更为突出的体现，因此成为司法改革的重要一环，设置围绕量刑的司法制度成为学界研究的热点。

定罪证明是定性活动，是一项"是与非"的法律判断问题，同时也是一项民众的道德与法律的观念判断问题。定罪既有一定的专业性，也有一定的民众心理普世价值观的判断性，因此，定罪活动更能体现大众的普遍认识。这也就是为什么各国司法裁判有民众参与定罪裁判的影子，最具代表性的就是英美法系国家的陪审团审判制度。相比较而言，量刑是刑罚定量化的判断过程，这一过程除了需要对价值、道德、理性、观念、刑事政策以及社会形势等因素的综合性判断外，还需要进行刑罚量化程度、刑罚程度等级的合理分层的科学选择，以及量刑的量化计算的技术性、专业性的运用。一言概之，量刑绝对不是"简单"的非此即彼的是非判断问题，而是体现量刑差异等级的细致、综合的专业性活动，并且体现在个案公正与司法整体公正在历史、现实、地域等方面的比较中的衡平问题。

量刑证明脱胎于固有的实体一体证明体系，理应具有传统证明的遗传因素和规范特征。而且，随着量刑在司法公正中的重要性日益凸显，尤其是量刑的专业性的特质，量刑应该向规范化的方向发展。所谓的"量刑证明对象的广泛性与多样性"并不能成为妨碍量刑证明的规范性的理由，而且随着司法经验的积累以及量刑理论研究的深入，广泛而多样的量刑证明对象都应该得到司法证明的有效规制，方能实现量刑证明的审慎和公正。因为，每一个量刑情节事实都与量刑最终的结果息息相关，不因量刑情节重要性程度的差异而有量刑上的轻重之别，否则，量刑证明标准上的差异性设计将会造成量刑情节采信上的不平等，从而影响量刑结果的最终计算。举一个简单例子：一个从重情节、一个从轻情节，如果从重情节证明标准高，则从重处罚难，从轻采信容易，这样的结果就是被告人会从轻处理。当然，从有利被告的角度看，我们是做了价值上的选择，但如此，会造成被害人利益的受损以及刑罚正当性上的偏差，如此公正是否真正的公正，令人怀疑。更严重的是罪轻、罪重的情节在真实发现的程度上是不一致的，孰可信孰不可信一目了然，真实性上都有问题，何谈价值上的公正？笔者认为，刑罚的轻重完全可以通过价值判断的方面进行权衡，对于有利被告的价值选择，不应从量刑情节的真实发现程度上去求成，而可以尝试通过量刑情节所对应的刑罚幅度上来实现，即对于从轻情节，从轻量刑的幅度大；对于从重情节，从重量刑的幅度小。

（四）量刑证明标准的重构设想

量刑证明标准的分层设计既不利于量刑事实的真实发现，也不利于证明标准的统一、准确把握。就司法运行来说，证明标准本身就是一个难以准确的、统一把握的乌托邦概念,① 若再进行细化的分层设计，从司法人员角度看，其能否准确把握就很难说，从不同的司法个体来说，相同的标准也会有认识与把握上的差异性。而从充分获取量刑信息角度看，如果量刑证据的重要性程度有差别化对待，则取证主体会继续倾向于定罪证据和重要量刑证据的收集，而忽视其他量刑证据的收集。这不利于司法人员重塑量刑证明观，也不利于全面、客观、公正地收集证据的观念养成，更不利于量刑证明独立设计的立法初衷。因此，在笔者看来，作为量刑计量基础的事实依据——量刑情节的证明，本着求真务实的精

---

① 张卫平：《证明标准建构的乌托邦》，《法学研究》2003 年第 4 期。

神，本着量刑公正的审慎，应该适用统一的量刑证明标准。当然，这是纯粹从学理角度进行探讨而得出的结论。理论如何在实践中运行，还有一个正确面对司法现实的问题。从现实出发，运用理论指导现实，最终完成理论的现实实现。正所谓，应然是未然，不是实然和已然。就我国现今诉讼立法、司法现状而言，犯罪构成内的量刑情节事实应与传统固有的实体一体设计一样，适用统一的"犯罪事实清楚、证据确实充分、排除合理怀疑"的证明标准。从重处罚的量刑情节也应适用"两高三部"的《关于办理死刑案件的证据规定》的证明标准，同于前述新刑事诉讼法的证明标准。目前最高人民法院的《量刑指导意见》规范了量刑情节的具体内涵，对这些量刑情节，还需要进行司法实践经验积累和理论提升。其中属于法定量刑情节的，应该从严把握，因为这些情节在刑法总则和分则中有规范，在《量刑指导意见》中也有明确，需要严格证明，应同于新刑事诉讼法的证明标准。而对酌定情节而言，因为赋予了法官自由裁量的权力，法官对酌定量刑情节有酌定适用的自由。法官可本着内心的理性和良知，司法审判的切身体验，依据《量刑指导意见》对量刑情节进行酌定取舍和量刑判断。因此，酌定量刑情节的证明标准可不同于上述证明标准要求，可作降低处理，或优势证明，或合理可信标准。但这仅是权宜之计，因酌定情节也是《量刑指导意见》规范的情节，"酌定"更应该指刑罚的适用，而不是酌定情节证明本身，因此酌定情节的证明标准最终也应等同法定情节。此外，对被告方提出的有利于被告人的量刑情节事实，如果非属于法定情节或者《量刑指导意见》规范的情节事实，则应属于裁判者最终参酌平衡的情节，笔者认为此处的刑罚情节及其刑罚适用应是法定的法官"强自由裁量"[①]的权利，用以实现刑罚适用的最后衡平功能，此时的证明标准可以设计成"优势证明"或者"合理可信"标准，以利于法官自由裁量适用。面对司法现实，笔者主张证明标准最多也仅做两层分类，以单层证明标准分配为根本，兼设例外情形的证明标准。但笔者更倾向于证明标准的单层规范，以确保量刑情节证明上回归"事实"的本真属性，价值判断留给量刑情节对应刑罚幅度设计上，希望这是未来量刑改革的进路。

---

① ［美］罗纳德·德沃金：《认真对待权利》，信春鹰、吴玉章译，上海三联书店2008年版，第100—101页。

结　语

量刑证明问题作为量刑规范化改革沉潜的主题，经过学界众多专家、学者的热烈探讨与深入研究，逐步地浮现出来。对量刑证明与定罪证明进行纵横性的比较研究可为量刑证明理论体系的形成提供一个总领性的纲目认识，更是对学界已有研究成果的有力商榷。希望思想观点上的争鸣能为我国量刑证明的规范化建设与发展提供有益的智识参考。量刑证明理论体系内的具体证据制度的构建则将是一项系统的、繁杂的理论与实践不断相互砥砺的过程性工程，有待携手同行，互勉共进！

第三章

美国量刑证明标准的变迁与争议

——兼谈影响量刑证明标准设置的关键因素*

吕泽华

引　言

在美国，审判活动中通常存在优势证明标准（the preponderance of the evidence standard）、清楚可信标准（the clear and convincing evidence standard）、排除合理怀疑标准（the beyond a reasonable doubt standard）三种证明标准，其中优势证明标准是严格程度最小的证明标准，适用于民事案件，因为社会对于这种有关私人事务的处理结果基本不关心；排除合理怀疑是最严格的证明标准，适用于刑事案件，因为被告人的利益如此重要，需要最大程度上尽可能避免错误判决；清楚可信的证明标准居于两者之间，被认为在适用比金钱损失更具有实质性利益的情形时是适当的，适用于行政案件。① 这三种证明标准在美国量刑证明活动中都经历了实践与争议。

在我国，鉴于量刑证明标准对量刑活动的重要意义以及立法的缺位，量刑证明标准问题成为当前我国法学界的研究热点之一，学者们围绕上述三种证明标准作为我国量刑证明标准的选择问题各抒己见，尚未达成共识。在笔者看来，既然是借鉴美国的做法，应首先对其在美国的境遇有基本的了解与分析，否则难免有言之无物之嫌。然而，在我国当前有关量刑

---

　　* 本章是 2019 年度教育部人文社会科学研究规划基金项目 "量刑证明庭审实质化问题研究"（19YJA820033）和 2012 年度最高人民检察院检察理论研究课题 "量刑证明研究"（课题编号：GJ2012C12）的项目成果。
　　① *Addington*, 441 U. S. at 423-424.

证明标准的研讨中，大家普遍忽略了这一问题，偶尔文中提及也宛如蜻蜓点水一带而过，因此笔者认为有必要对美国量刑证明标准的确立、发展及其争议做比较系统的梳理与分析，以为学术研究提供准确的素材，也为我国量刑证明标准立法的精当选择提供有力的智力支持。

一　美国量刑证明无标准的历史缘由与争议

在美国，从殖民地时期到 20 世纪 80 年代中期的漫长时期内都未见有关量刑证明标准的法律规定，这在高调倡导人权保障与正当程序的国度似乎令人费解，但若对其刑罚制度与法官裁量权的演变及正当程序的适用进行历史分析，便可知缘由。

其一，刑罚制度与法官裁量权的演变影响了量刑证明标准确立的必要性。在殖民地时期，如果被告人被判重罪，除非被告人可以提供诸如患有精神病、怀孕等理由，法定刑通常是死刑，被告人的性格与前科都不在法官考虑范围之内，在这种情形下，法官无须发现量刑事实，没有量刑裁量权，因而也就没有必要设定量刑证明标准。[1] 而与重罪相比，有关轻罪的法律通常赋予法院量刑裁量权，然而，由于刑罚轻微，虽需要法官发现量刑事实但并无设置证明标准的迫切需要。后来监禁刑成为美国的主要刑罚形式，并且随着监狱罪犯人数增加，为减少羁押，赦免、减刑、假释等多种方法被适用，导致非确定刑的增加。1789 年，美国国会首次制定《联邦刑法》，以促使被告人回归社会为主要目的的非确定刑成为刑罚体系的核心，这样法官被赋予了最广泛的裁量权，并被鼓励在量刑前广泛考虑诸如被告人的背景、教育程度以及雇佣历史、家庭情况、犯罪记录以及未被指控的犯罪行为的陈述等各种信息，以作出有利于被告人回归社会的个性化量刑。这似乎为量刑证明标准的产生提供了契机，然而，由于当时法官在作出量刑判决时，没有义务对其刑罚的选择及裁量作出解释，所以，几乎没有被告人能够辨别证据对量刑的影响，更不用说分辨量刑证明标准的意义了。[2] 因而量刑证明标准问题仍未受到应有的关注。

其二，正当程序条款未惠及量刑程序。在 1949 年 *Williams v. New York*

---

① *Williams v. New York*, 337 U. S. 241, 247（1949）.

② Deborah Young, "Fact-Finding at Federal Sentencing: Why the Guidelines Should Meet the Rules", 79 *Cornell Law Review* 299, 308（1994）.

一案中，联邦最高法院强调从历史角度而言，法庭在定罪时受到严格的证据规则限制；而量刑却相反，传统上法官在决定适当量刑的证据的来源与类型方面被赋予了广泛的自由裁量权，因而正当程序条款不应被要求像适用法庭审理阶段那样适用于量刑阶段，法官有权不按照定罪所要求的证据法规范考虑任何证据。联邦最高法院具体从以下四个方面阐释其上述主张的理由：一是定罪阶段设置证据规则是为防止定罪建立在除指控行为以外的其他行为的基础上，而法官在量刑阶段需要广泛了解信息，尤其是以被告人回归社会为目标的个性化量刑的信息；二是法官需要依靠判刑前报告中的信息，但如果要求贯彻传闻证据规则而以口头方式提供则会导致过分迟延；三是在量刑中适用较高的证明标准会增加诸如人力、时间、金钱等方面的成本，并且无法测算这种高标准的利益；四是没有证明标准的非确定刑的刑罚体系有助于个性化量刑，对犯罪人有好处。[1] *Williams v. New York* 案的判决在美国量刑证据标准问题上具有里程碑意义，该案的判决被长期遵循，其有关量刑法官应当被允许考虑任何证据形式信息的主张被反复引用。[2] 美国国会在 1970 年将 *Williams v. New York* 案的判决立法化，当时的《美国法典》第 3577 条规定："在美国法庭接受或者考虑适当量刑时，有关被定罪人的背景、性格与行为等信息不应被施加任何限制。"[3] 在这种背景下，量刑未被纳入 1975 年《美国联邦证据规则》的考虑也就并不奇怪了。根据 1975 年《美国联邦证据规则》的规定，该规则除了与特权有关的方面外不适用于量刑。[4] 这样，《美国联邦证据规则》中有关证明标准也不适用于量刑。

然而，*Williams v. New York* 案判决所确立的规则在施行中不断受到质疑，这些质疑主要包括以下五个方面的内容：一是不符合当前的宪法标准，后来适用该规则的案例中在量刑阶段被告人获得律师帮助的权利、知晓量刑前报告内容的权利等都未获得保障，而这些都是宪法赋予被告人的

---

① *Williams v. New York*, 337 U. S. 241-252 (1949).

② See, e. g., *United States v. Wise*, 976 F. 2d 393, 399 (8th Cir. 1992).

③ 18 U. S. C. § 3577. 该条被 SRA 重新编号为 18 U. S. C. § 3661. 在 *Williams* 案中的这一主张不断为最高法院所重复确认。See, e. g., *United States v. Watts*, 117 S. Ct. 633, 635 (1997); *Witte v. United States*, 115 S. Ct. 2199, 2205 (1995).

④ 关于传闻证据，一些法院则要求传闻应当满足最低的可信标准。See *UnitedStates v. Reme*, 738 F. 2d 1156, 1167 (11th Cir.), *cert, denied sub nom. Pierrot v. United States*, 471 U. S. 1104 (1985); *United States v. Baylin*, 696 F. 2d 1030, 1040 (3d Cir. 1982).

基本权利;① 二是该规则过分倚重审理与量刑阶段适用不同证明标准的漫长历史，而并未讨论这种差异是如何产生的，以及量刑阶段具体应该适用何种证明标准;② 三是并未区分法官量刑所需要的信息种类与证据形式的可信性，未清楚说明为何量刑需要未达到可采性标准的证据，而适用建立在证据可信性基础上的证据规则，比如传闻证据规则，并不会限制法庭所能得到的量刑信息的主题范围。③ 四是尽管 *Williams v. New York* 案法庭以量刑裁量权作为不设量刑证明标准的托词，但其并未说清楚为何赋予法官这一裁量权有助于减轻不设证明标准所引发的量刑不公平与不一致。④ 五是 *Williams v. New York* 案法庭没有适用严格证明标准的理由之一是没有证据标准的非确定刑的量刑体系对犯罪人有好处，⑤ 而这恰恰是对 *Williams v. New York* 案判决的讽刺，因为被告人 Williams 的刑罚由陪审团建议的终身监禁变成了最终法官裁判的死刑。⑥

二　美国量刑证明低标准的确立与争议

量刑证明标准的确立是在强制最低刑制度推行之后。美国国会从 1984 年开始批准大量含有强制最低刑的有关毒品与武器犯罪的法律。强制最低刑制度要求法官以毒品数量或者拥有武器为基础判处被告人一定期限的监禁，而不考虑其他的犯罪信息、被告人的参与程度以及修复关系的可能性等。⑦ 这样法官不得不在量刑阶段决定有可能产生强制量刑的事实问题，因而量刑证明标准问题就凸显出来。

在 1986 年 *McMillan v. Pennsylvania* 案中，⑧ 联邦最高法院在一个有关州的强制最低判刑程序中提出了量刑证明标准问题。在该案中，被告人 McMillan 质疑宾夕法尼亚州法律的合宪性，因为该法对某些重罪规定了五

---

① Susan N. Herman, Procedural Due Process in Guidelines Sentencing 4 *FED. SEN. REP.* 295, 296 (1992).

② *Williams v. New York*, 337 U. S. at 246 (1949).

③ *Williams v. New York*,, 337 U. S. at 249 (1949).

④ *Williams v. New York*, 337 U. S. 241, 247, 251–52 (1949).

⑤ *Williams v. New York*, 337 U. S. 241, 247, 251–52 (1949).

⑥ Deborah Young, "Fact –Finding at Federal Sentencing: Why the Guidelines Should Meet the Rules", 79 *Cornell Law. Review* 299, 308 (1994).

⑦ 21 U. S. C. § 841 (1992); 18 U. S. C. § 924 (1992).

⑧ *McMillan v. Pennsylvania*, 477 U. S. at 79 (1986).

年的最低监禁刑，并允许法官以优势证明标准来判断被告人在实施重罪时明显拥有枪支。McMillan 提出，明显拥有枪支是犯罪的构成因素之一，因此依照宪法规定应以排除合理怀疑的标准证明，况且即使其并非构成罪的因素之一，正当程序也要求适用一个比优势证明标准更高的标准。然而，在断定明显拥有枪支可以作为量刑因素考虑之后，法院的结论是以优势证明标准确定有关强制最低刑罚的事实，并得出优势证明标准符合正当程序要求的结论。尽管意识到州界定某一事实是量刑事实还是定罪事实上的能力在宪法上是有限制的，联邦最高法院最终还是以五比四的票数支持宾夕法尼亚州量刑制度的合宪性，① 裁判本案不适用宪法有关排除合理怀疑证明标准的规定，适用优势证明标准即可。② 联邦最高法院从以下四个方面阐释其具体理由：一是宾州的法律没有将有罪推定施加给被告人；二是宾州的法律没有改变法定最高刑或者创设另外的罪名与刑罚，仅仅是限制量刑法官的裁量权；三是宾州的法律并未重构犯罪；③ 四是量刑法官已经依据传统听审证据并发现了事实。可以说，*McMillan v. Pennsylvania* 案奠定了美国以优势证明标准作为量刑证明标准的基石。④

　　1984 年美国国会通过了《量刑改革法》以回应大家认为有关在联邦法院普遍存在的相似罪行、相似情形但刑罚却迥异的现象。⑤ 根据该法，设立联邦量刑委员会并制定强制量刑指南。⑥ 经过长期争论，《联邦量刑指南》（以下简称《量刑指南》） 于 1987 年 11 月生效。⑦ 《联邦量刑指南》要求法官在量刑阶段对走私或者交易数量作出独立的裁判，还要求法官必须对是否存在某些加重或者减轻情形作出裁判，然而，其却未对走

---

① *McMillan v. Pennsylvania*, 477 U. S. at 81（1986）.

② *McMillan v. Pennsylvania*, 477 U. S. 91（1986）.

③ *McMillan v. Pennsylvania*, 477 U. S. at 81（1986）.

④ See, e. g., Gerald W. Heaney, "The Reality in Guideline Sentencing", 28 *AM. Criminal. Law. Review* 161, 209（1991）; Judy Clarke, "The Need for a Higher Burden of Proof for Fact-finding under the Guidelines", 4 *FED. Sentencing Rep.* 300（1992）; Richard Husseini, "The Sentencing Guidelines: Adopting Clear and Convincing Evidence as the Burden of Proof", 57 *U. Cui. L. REV.* 1387（1990）.

⑤ United States Sentencing Commission, *Federal Sentencing Guidelines Manual ch 1at 2*（West, 1990）（"*Guidelines Manual*"）. See also *Mistretta v United States*, 488 US 361（1989）; *Comprehensive Crime Control Act of 1983*, S Rep No. 98-225, 98th Cong, 1st Sess 41（1983）.

⑥ S Rep No. 98-225 at 63（cited in note 2）.

⑦ *Guidelines Manual* § 10. 1（cited in note 2）.

私、交易数量或者是否存在某些加重或者减轻情形的证明标准作出规定。① 在量刑委员会提交的有关《量刑指南》的补充报告中称，适当的量刑证明标准应当由法官自己决定，② 因而暗示法院应依据《量刑指南》决定适用何种证明标准。③ 事实上，在前量刑指南时代与量刑指南时代，美国联邦上诉法院都已经阐释了坚持 *McMillan v. Pennsylvania* 案所确立的"优势证明标准满足正当程序的要求"的规则。④ 在司法实践中，法院也普遍采用《量刑指南》颁布前 *McMillan v. Pennsylvania* 案所确立的优势证明标准。⑤ 因为在这些法院看来，一方面，正当程序并未要求量刑适用比优势证明标准更高的标准；⑥ 另一方面，在《量刑指南》出台之前法官对于量刑因素适用优势证据标准，没有理由在《量刑指南》出台后适用更高的标准。⑦

然而，将 *McMillan v. Pennsylvania* 案的判决规则适用于《量刑指南》出台后的案件也面临来自以下三个方面的指责与反对：

---

① 补充材料表明量刑指南是故意不作出规定的，量刑指南的建议稿中本来有要求法官在解决量刑争议因素时适用优势证据标准的规定，但最后版本中这一规定却没有了。United States Sentencing Commission, "Preliminary Draft of Sentencing Guidelines for the United States Courts", 51 *Fed Reg* 35080, 35085 (1986).

② United States Sentencing Commission, "Supplementary Report of the Initial Sentencing Guidelines and Policy Statements", in Thomas W. Hutchinson and David Yellen, *Federal Sentencing Law and Practice* 200-02 (West, Supp 1989).

③ United States Sentencing Commission, "Supplemental Report on the Initial Sentencing Guidelines and Policy Statements", 46-47 (1987), *reprinted in* PHYLIS S. Bamburger, *Practice under the New Federal Sentencing Guidelines* G54-G55 (1990).

④ See, e. g., *United States v. Wright*, 873 F. 2d 437, 441 (1st Cir. 1989) (quoting *Mc-Millan*, 477 U. S. at 91). 该案的判决意见是由 Judge Stephen Breyer 撰写的，当时他是量刑委员会的成员。

⑤ See, for example, *United States v. Blanco*, 888 F2d 907 (1st Cir 1989); *United States v. Guerra*, 888 F2d 247 (2d Cir 1989); *United States v. McDowell*, 888 F2d 285 (3d Cir 1989); *United States v. Harris*, 882 F2d 902 (4th Cir 1989); *United States v. Taplette*, 872 F2d 101 (5th Cir 1989); *United States v. Silverman*, 889 F2d 1531 (6th Cir 1989); *United States v. White*, 888 F2d 490 (7th Cir 1990); *United States v. Ehret*, 885 F2d 441 (8th Cir 1989); *United States v. Wilson*, 900 F2d 1350 (9th Cir 1990); *United States v. Fredericks*, 887 F2d 494 (10th Cir 1990); *United States v. Scroggins*, 880 F2d 1204 (11th Cir 1989); *United States v. Burke*, 888 F2d 862 (DC Cir 1989). But see *United States v. Davis*, 715 F Supp 1473 (C D Cal 1989), disapproved of by *United States v. Rafferty*, 911 F2d 227 (9th Cir 1990). 有关量刑中优势证明标准的普遍适用与影响，see Robert E. Hanlon, "The Second Circuit Review-1986-1987 Term: Criminal Procedure: Hard Time Lightly Given: The Standard of Persuasion at Sentencing: United States v. Lee a/k/a 'Monkey' ", 54 *Brooklyn L Rev* 465 (1988).

⑥ See, for example, *Williams*, 880 F2d 804; *Koonce*, 884 F2d 349.

⑦ See, for example, *McDowell*, 888 F2d 285.

第一，未充分考虑到在 *McMillan v. Pennsylvania* 案中所强调的联邦主义问题。① *McMillan v. Pennsylvania* 案涉及在非确定刑罚框架下州法律及其解释问题。联邦最高法院对有关联邦政府干涉在历史上属于州权限的与州刑法有关的案件非常敏感，然而在联邦最高法院审查联邦法院对联邦法律解释时却未见这种关注。②

第二，《量刑指南》不具有使得宾夕法尼亚州法律在 *McMillan v. Pennsylvania* 案中合宪的某些属性。③

首先，*McMillan v. Pennsylvania* 案的法庭强调宾州的法律并未使被告人面临通过增加最高刑而增加刑罚等级的危险。④ 尽管《量刑指南》没有明确地增加最高刑，但其确实增加了被告人最终获得的刑罚。例如，根据《量刑指南》的规定，未被指控的罪的存在、走私品的数量超过起诉书中的数量，以及某些加重情形都可以增加罪的基础等级从而导致更重的刑罚。⑤ 正是因为根据《量刑指南》，事实发现可以潜在地大幅度地增加刑罚，因而《量刑指南》并不能为 *McMillan v. Pennsylvania* 案不增加最高刑提供支持。⑥

其次，*McMillan v. Pennsylvania* 案判决使法律中的量刑因素比罪行因素在更大程度上决定刑罚的等级，而这将允许控方以排除合理怀疑标准使被告人被定一个轻罪，然后以较低的证明标准对其未被指控的事实量刑。⑦

最后，尽管《量刑指南》并未将罪的构成要素归入量刑因素，但其却允许以非传统的量刑因素量刑。⑧比如量刑法官可以将未被指控的行为

① Susan N. Herman, "Procedural Due Process in Guideline Sentencing", 4 *Fed. Sentencing Rep.* 295 (1992).

② See Susan N. Herman, "Procedural Due Process in Guideline Sentencing", 4 *Fed. Sentencing Rep.* 295 (1992).

③ Richard Husseini, "The Sentencing Guidelines: Adopting Clear and Convincing Evidence as the Burden of Proof", 57 *U. Cui. L. REV.* 1387 (1990).

④ *McMillan*, 477 U. S. at 87-88.

⑤ United States Sentencing Commission, Guidelines Manual (1992) [hereinafter GumELINEs MANUAL]. § § 2B1. 1, 2Dl. 1. ch. 3.

⑥ see Clarke, *supra* note 86, at 301-02. *See also* Husseini, *supra* note 118, at 1399-1404.

⑦ See, e. g., *United States v. Restrepo*, 946 F. 2d 654, 661 (9th Cir. 1991), *cert. denied*, 112 S. Ct. 1564 (1992). 因为根据量刑指南，在毒品与金钱犯罪案件中决定刑罚的等级的是走私的数量而非被指控被证实的罪行。

⑧ See, e. g., Judy Clarke, "The Need for a Higher Burden of Proof for Fact-finding under the Guidelines", 4 *Fed. Sentencing Rep.* 301 (1992).

作为"相关行为"量刑。① 这样检察官就可以先指控一个罪行，接着以低标准在量刑时提出另一个罪行，违反了 *Winship* 案所确立的"州案件中每一个犯罪构成要素都应以排除合理怀疑标准被证明，而非优势证明标准"的规则。②

第三，*McMillan v. Pennsylvania* 案的法庭是依赖于在《量刑指南》出台前的非确定刑时代裁判的案件，而《量刑指南》出台后已经在很大程度上改变了量刑的基础并影响到量刑法官的裁量权，③ 构建了确定刑框架。④ 并且《量刑指南》也在很大程度上改变了量刑程序，因为其在量刑程序中创设了在《量刑指南》前的案例中并不存在的自由利益，据此，被告人的利益不限于在法定刑以下被判刑，而是直接与几乎可以改变量刑争议解决的事实发生关系。⑤

在反对 *McMillan v. Pennsylvania* 案所确立的优势证明标准的基础上，关于如何设立量刑证明标准主要形成了以下两种意见：

一是不设证明标准。某些法院则主张像《量刑指南》出台前那样，在量刑阶段不规定证明标准，其理由一是认为被告人已经被定罪，而量刑没有发现犯罪那么重要；二是基于诉讼效率考虑，若量刑阶段设立证明标准会增加司法成本，拖延诉讼时间。⑥ 比如第十巡回区在 *United States v. Frederick* 案中明确继续维持《量刑指南》出台前的无标准的状态，并坚持不应对于法庭所应考虑的量刑信息施加任何限制，理由是既然国会没有修改法律规定，那么应推定其是有效的。⑦

二是提高证明标准。《量刑指南》一经颁行，被告人很快开始质疑对

① United States Sentencing Commission, Guidelines Manual (1992) [hereinafter GumELINEs MANUAL]. § 1B1. 3.

② 397 U. S. 358 (1970).

③ See, e. g., Judy Clarke, "The Need for a Higher Burden of Proof for Factfinding under the Guidelines", 4 *Fed. Sentencing Rep.* 300 (1992). See also Susan N. Herman, "Procedural Due Process in Guideline Sentencing", 4 *Fed. Sentencing Rep.* 295 (1992).

④ See also Steven M. Salky & Blair Brown, "The Preponderance of the Evidence Standard at Sentencing", 29 *AMt. CRIsi. L. REV.* 907 (1992).

⑤ 有关自由利益的讨论请参见 *infra* notes 156-59 and accompanying text.

⑥ *United States v. Gooden*, 892 F. 2d 725, 727-28 (8th Cir. 1989), *cert. denied*, 496 U. S. 908 (1990); *United States v. Guerra*, 888 F. 2d 247, 250-51 (2d Cir. 1989), *cert. denied*, 494 U. S. 1090 (1990).

⑦ 897 F. 2d 490 (10th Cir.), *cert. denied*, 498 U. S. 863 (1990).

于量刑事实的认定适用优势证明标准过低。① 最早的被告人的质疑案件系
1989 年 *United States v. Wright* 案，该案中被告人主张在《量刑指南》框架
下，优势证明标准在评价量刑阶段证据相关性时是不充分的，并上诉到了
联邦法院。但作为美国量刑委员会成员之一的 Breyer 法官否定了该主张，
理由是在 *McMillan* 案中联邦最高法院已经提出优势证据标准符合正当程
序的要求。②

在 1990 年 *United States v. Restrepo* 案中，全体法官一起重新审视了基
于相关行为增加量刑情形下的证明标准问题，虽然仍认为优势证明标准是
充分的，但对其作出了这样的界定，即要求"法庭应被说服达到优势证
明标准的证据所证明的争议事实存在"③。这一界定与"法庭需要仅仅权
衡证据并发现天平失衡"的表述已经有所差异。④ 在 1991—1993 年期间，
有五个州上诉法院都认为，根据量刑阶段提出的信息增加刑罚或许与最初
根据定罪事实所确定的刑罚存在很大关联，建议适用高于优势证明标准的
标准。⑤

有关主张提高量刑证明标准的观点主要从以下三个方面展开论证：

一是在《量刑指南》框架下应设置较高的标准。主张坚持优势证明
标准观点的依据是量刑判决中所涉及的被告人的利益远不如先前的定罪利
益重要，因而当需要在私人利益（量刑中被定罪人的利益）与政府利益
（避免由于较高的程序保护所产生的财政或者行政负担）之间进行平衡
时，较低程度的保护被认为已经足够了。⑥ 然而，这种平衡已经被在量刑
改革运动中所产生的《量刑指南》中的自由利益所改变。因为《量刑指
南》允许法官以未被指控的行为大幅度增加被定罪人的刑罚，并允许对

---

① See, e. g., *United States v. Mergerson*, 995 F. 2d 1285, 1291-93 (5th Cir. 1993).

② 873 F. 2d 437 (1st Cir. 1989).

③ 946 F. 2d 654 (9th Cir. 1991) (en banc), *cert. denied*, 112 S. Ct. 1564 (1992).

④ *United States v. Restrepo*, 903 F. 2d 648, 654 (9th Cir. 1990) (panel opinion), *modified*, U-
nited States v. Restrepo, 946 F. 2d 654 (9th Cir. 1991) (en banc), *cert. deniAe*, 112 S. Ct. 1564
(1992).

⑤ *United States v. Billingsley*, 978 F. 2d 861, 866 (5th Cir. 1992), *cert. denied*, 113 S. Ct. 1661
(1993); *United States v. Galloway*, 976 F. 2d 414, 417 (8th Cir.), *cert. denied*, 113 S. Ct. 1420
(1992); *United States v. Lam Kwong - Wah*, 966 F. 2d 682, 688 (D. C. Cir.), *cert. denied*, 113
S. Ct. 287 (1992); *United States v. Restrepo*, 946 F. 2d 654, 659 (9th Cir. 1991) (enbanc),
cert. denied, 112 S. Ct. 1564 (1992); *United States v. St. Julian*, 922 F. 2d 563, 569 n. 1 (10th
Cir. 1990), *cert. denied*, 113 S. Ct. 348 (1992).

⑥ *United States v. McDowell*, 888 F. 2d at 290.

违法情形差别不大的罪犯之间的非法行为的内容、行为所导致的损失、其他决定性事实之间进行区分，从而产生迥异的刑罚，并且这可能增加产生错案的可能性，所以被告人应享有确保量刑事实被证明到比优势证明标准更高的标准的利益。① 还有观点指出，对量刑指南颁布前后的案件进行区别对待，因为在当不利于被告人的事实被发现时，《量刑指南》颁布后被告人将面临更重的刑罚。②

二是提高量刑证明标准不会增加司法成本。联邦最高法院所进行的 *Mathews v. Eldridge* 的试验表明，对量刑的争议事实适用更高的证明标准基本不会增加额外的财政与行政负担。③

三是考虑适用辩诉交易制度的需要，应提高量刑证明标准。量刑法官所考虑的未经过定罪审理的量刑因素并未包括在辩诉交易中，这样被告人虽然可以作出有罪答辩，但仍会被基于并未包括于答辩中的其他行为量刑，④ 其潜在的影响是易导致被告人丧失对辩诉交易制度的信任，从而影响其选择辩诉交易来处理案件的积极性。⑤ 而如若辩诉交易的适用比率下降，对已经积案如山的联邦法院可谓火上浇油。⑥

在有关提高量刑证明标准的主张中，关于将证明标准提高到何种程度，存在以下三种具体观点：

一是提高到排除合理怀疑标准。这种观点认为，《量刑指南》中有关法官自由裁量权与量刑差距的规范为被告人创设了一种自由利益，这种自由值得也能够为正当程序条款保护，而适用正当程序就要求在量刑听审中将未被指控的行为的证明标准提高至排除合理怀疑标准。⑦

---

① Steven M. Salky, Blair G. Brown, "the Preponderance of Evidence Standard at Sentencing", 29 *Am. Crim. L. Rev.* 907 1991-1992.

② *McMillan v. Pennsylvania*, 477 U. S. 79, 88 (1986).

③ *Mathews v. Eldridge*, 424 U. S. 319, 335 (1976). Steven M. Salky, Blair G. Brown, "The Preponderance of Evidence Standard At Sentence", *American. Crim. Law. Review* Vol 29, 907, 1991-1992.

④ 一项调查显示，在超过半数以上的案件中，未被指控的行为增加了罪犯的量刑。Gerald W. Heaney, "The Reality in Guideline Sentencing", 28 *AM. Crimial Law Review*. 161, 209 (1991).

⑤ 在《量刑指南》实施后，作出有罪答辩被告人的数量已经在减少。Gerald W. Heaney, "The Reality in Guideline Sentencing", 28 *AM. CRIM. L. REV.* 161, 175 (1991).

⑥ Joseph P. Sargent, "The Standard of Proof Under the Federal Sentencing Guidelines: Rasing the Standard to Beyond a Reasonable Doubt", 28 *Wake Forest Law Review*. 463, 1963.

⑦ Joseph P. Sargent, "The Standard of Proof Under the Federal Sentencing Guidelines: Rasing the Standard to Beyond a Reasonable Doubt", 28 *Wake Forest L. Rev.* 463, 1963.

二是提高到清楚可信标准。第三巡回区法院在 1990 年 *United States v. Kikumura* 案中①适用了比优势证明标准更高的清楚确信标准，从而成为第一个适用该标准的法院。次年，第八、第九巡回区法院也分别提出了类似建议，此后，其他几个巡回区法院也表达了在某些特殊情形下适用清楚可信标准的意愿。②

有学者明确指出，清楚可信标准比优势证明标准至少在以下两种情形下更适合：（1）当政府要以未经指控的"相关行为"给被告人增加刑罚时；（2）当被告人的量刑将会以在量刑中提出的证据为基础被实质性增加时。这是因为在量刑阶段被告人被剥夺了诸如陪审团审判、对质权等重要的审判保护，而控方则可以在量刑阶段仅以优势证据就证明与定罪有关的"相关行为"以寻求额外的刑罚。这种明显的不公平可以通过使政府适用更高的量刑证明标准而减小，因此，在这些情况下应适用比优势证明标准更高的清楚确信标准。③

三是提高到排除合理怀疑标准与清楚可信标准均可。这种观点认为，裁判可信程度既与证明标准有关，也与证据可信度有关。当证明标准比优势证据标准高时，不论是清楚可信或者是排除合理怀疑，证据的可信度都不是问题，因为事实发现者的决定已经通过证据清楚地展示了其可信度。④

三 美国量刑证明高标准的确立与争议

2000 年 *Apprendi v. New Jersey*⑤ 判决确立了量刑阶段中适用排除合理怀疑标准。在该案中，被告人 Apprendi 因不愿与非裔美国人为邻而向其

---

① 918 F. 2d 1084（3d Cir. 1990）.

② See *United States v. Gigante*，94 F，3d 53，56（2d Cir. 1996）；*United States v. Mergerson*，4 F. 3d 337，344（5th Cir. 1993）；*United States v. Corbin*，998 F. 2d 1377，1387（7th Cir. 1993）；*United Staies v. Restrepo*，946 F. 2d 654，656，n. 1（9th Cir. 1991）（en bane），*cert，denied*，503 U. S. 961（1992）；*United States v. Lam Kwong-Wah*，966 F. 2d 682，688（D. C. Cir.），*cert，denied*，506 U. S. 901（1992）.

③ American College of Trial Lawyers，*The Law Of Evidence in Federal Sentencing Proceedings*，Approved by the Board of Regents March 19，1997.

④ Deborah Young，"Fact -Finding at Federal Sentencing：Why the Guidelines Should Meet the Rules"，79 *Cornell Law Review* 299，308（1994）.

⑤ 530 U. S. 466（2009）.

家中连开数枪而被指控，面临 5—10 年的法定刑。在 Apprendi 作出有罪答辩以后，控方提出增加量刑的动议。法院以优势证明标准认定枪击行为是由于种族原因导致，判处其 12 年监禁刑。Apprendi 以正当程序条款要求这一事实应向陪审团证明到排除合理怀疑标准为由而提出上诉，为上诉法院所拒绝，上诉法院的判决为州最高法院所维持，而联邦最高法院最终推翻了州最高法院的判决，提出：宪法要求任何在法定最高刑之外增加刑罚的事实，除非是前罪，必须被提交陪审团并被遵照排除合理怀疑标准证明。联邦最高法院从以下两个方面阐述了其理由：

其一，宪法第五修正案正当程序条款与第六修正案陪审团审判保障条款要求在适用联邦法律时，除先前定罪以外的任何增加犯罪最高刑的事实必须在起诉书中被指控，并提交陪审团以排除合理怀疑的标准被证明。第十四修正案要求在涉及州法律时也应如此。

其二，根据宪法规则，新泽西州的做法是站不住脚的，因为新泽西州的法律允许陪审团根据其以排除合理怀疑标准所发现的事实给一个犯有二级罪行的被告人定罪，接着允许法官以优势证明标准发现的事实给该被告人施以相当于一级罪行的刑罚。新泽西州将这种加刑包括进其刑法典中的量刑条文中并不意味着其并非一种罪的构成要素。如何给所要求的发现结果贴标签并不重要，重要的是是否将被告人置于获得比陪审团审判更重刑罚的境地，如同此处的"加刑"。[①]

自 *Apprendi v. New Jersey* 案确立量刑中适用排除合理怀疑标准以来，得到了某些评论者的支持，在他们看来，高标准的确立有助于限制量刑的增加、保护陪审团抵御法官干预事实发现的权力，因而是被告人宪法权利的胜利。[②] 然而，也存在对 *Apprendi v. New Jersey* 案规则的反对声音，反对者们从以下两个方面作出解释：

---

① 120 S. Ct. 2348（2000）.

② E. g., Todd Meadow, Note, "Almendarez-Torres v. United States: Constitutional Limitations on Government's Power To Define Crimes", 31 *CONN. L. REV.* 1583, 1604-05（1999）; Note, "Awaiting the Mikado: Limiting Legislative Discretion To Define Criminal Elements and Sentencing Factors", 112 *HARV. L. REV.* 1349, 1361-62（1999）; Susan N. Herman, "The Tail That Wagged the Dog: Bifurcated Fact-Finding Under the Federal Sentencing Guidelines and the Limits of Due Process", 66 *S. CAL. L. REV.* 289, 337（1992）; Colleen P. Murphy, "Jury Fact-finding of Offense-Related Sentencing Factors", 5 *Fed. Sentencing Rep.* 41（1992）. Contra Jacqueline E. Ross, "Unanticipated Consequences of Turning Sentencing Factors into Offense Elements: The Apprendi Debate", 12 Fed. *Sentencing Rep.* 197, 198-202（2000）.

其一，*Apprendi v. New Jersey* 案规则的确立是以陪审团审判为标准的，而事实上多数被告人都作出了有罪答辩。我们生活在有罪答辩时代而非审判时代，该规则将会因为损害程序价值而损害其所宣称保护的被告人利益。法院应当将宪法中的价值目标解释进有罪答辩的世界中，在有罪答辩的量刑程序中实现这些程序价值。①

其二，*Apprendi v. New Jersey* 案规则的适用将损害被告人的权益而导致量刑不公。这主要是因为，一方面，被告人将面临刚刚给其定罪的陪审团决定其量刑事实的局面，易使其获得更重的刑罚；另一方面，相对于有丰富量刑经验的法官而言，陪审团更容易受情感支配而使得相似情形下的被告人之间量刑差距过大而导致量刑不公。②

Apprendi v. New Jersey 案的量刑标准规则确立之后，有些下级法院并未遵从。但在这些法院的判决被最终上诉至联邦最高法院后，联邦最高法院则坚定地维护高标准在量刑阶段的适用。由于"法定最高刑"成为该案所确立的量刑证明标准规则中的关键问题，因此联邦最高法院在此后的判决中主要围绕"法定最高刑"从以下两个方面对该标准的适用作进一步的阐释：

一是如何理解"法定最高刑"的事实依据。在 2004 年 *Blakely v. Washington* 案中，华盛顿州的量刑法官基于未经陪审团确认的被告人 Blakely"蓄意残忍"的行为事实，判处其超过《量刑指南》规定的 53 个月上限的 90 个月的刑罚。被告人上诉至华盛顿州法院，被驳回后又继续上诉至联邦最高法院。联邦最高法院判决最终认定 *Apprendi* 案中的"法定最高刑"是法官在没有其他事实发现前提下所能够判处的"最高刑罚"。③ 在 2005 年的 *Booker* 案中，联邦最高法院进一步阐释"法定最高刑"是法官在陪审团发现的事实基础上所能够判处的最高刑。④

二是如何理解"法定最高刑"的法律依据。在 *Booker* 案中，争点之一系对法定最高刑中的法律依据是否指《量刑指南》中的量刑幅度。对此联邦最高法院在判决中指出，《量刑指南》要求陪审团审判与排除合理

---

① Stephanos Bibast, "Judicial Fact‑Finding and Sentence Enhancements in a World of Guilty Pleas", *Yale Law Journal*, Vol. 1097, 2000‑2001.

② Andrew J. Fuch, "The Effect of Apprendi v. New Jersey on the Federal Sentencing Guidelines: Blurring the Distinction between Sentencing Factors and Elements of a Crime", *Fordham Law Review*, Vol. 69, Issue 4, 2001.

③ *Blakely v. Washington*, 542 U. S. 296 (2004).

④ *United States v. Booker*, 543 U. S. 220 (2005).

怀疑标准适用于有关任何在《量刑指南》范围之外的事实的判决，因而法定最高刑的法律依据适用《量刑指南》的规定。

此外，联邦最高法院还通过判例扩大 Apprendi 案判决规则的适用范围以进一步巩固其地位。2012 年 6 月联邦最高法院在 Southern Union v. United States 案中，重申 Apprendi v. New Jersey 案中所确立的"任何在法定最高刑之外增加某一犯罪的量刑的事实，除先前定罪事实之外，必须提交陪审团证明到排除合理怀疑标准"的规则，并确认其不仅适用监禁刑，也适用罚金刑。① 其理由有两个：

其一，像其他形式的刑罚一样，罚金也是权威机构制定的刑罚。罚金是目前最常用的刑罚，罚金的数额，就像监禁刑的最高刑期，通常是由特定的事实作为参考决定的。如果有关决定罚金的事实在实质上触动了宪法第六修正案的陪审团审判条款，那么 Apprendi 案的规则应该被完全适用。

其二，由陪审团决定罚金最高刑所依据的事实的规则是作为 Apprendi 案基础的对"普通法刑法学两个历史悠久的信条"的适用：一是每一项针对被告人的指控应该为其同等的十二个人所一致确认；二是缺少任何刑罚要求的必需的特殊事实的指控不符合普通法所要求的指控，也是不合理的指控。②

在该案中，反对意见则明确指出其拒绝将 Apprendi 案的规则扩大适用至罚金，主要基于以下两项理由：

其一，历史经验显示，在美国殖民地时代以及建国早期，陪审团并未扮演作出量刑决定的角色，在普通法上是法官而非陪审团决定与罚金数量及其有关的量刑事实。

其二，意识到刑事司法制度应属于州的特权范围内的事项，有必要尊重州有关建立能够促进统一量刑的公平量刑制度的权力，不论 Apprendi 案还是第六修正案的传统在这方面都不强迫并约束州的行为。③

四　启示：影响量刑证明标准设置的关键因素

美国量刑证明标准经历了从无到有，从低到高的发展历程，其间争议

---

① *Southern Union Co. v. United States*，567 U. S. （2012）.

② *Southern Union Co. v. United States*，567 U. S. （2012）. On Writ of Certiorari to the United States Court of Appeals for the First Circuit［June 21，2012］.

③ *Southern Union Co. v. United States*，567 U. S. （2012）.

不断。目前在美国呈现出量刑证明高标准与低标准并存的局面，形成了以"低标准为主，高标准为辅"的现状。然而，仍存在某些问题尚未解决，比如在《量刑指南》所建立的确定刑框架下，量刑证明的低标准能否实现《量刑指南》所预设的促进量刑统一与公平的目标？再比如，如何协调需要陪审团认定案件事实的量刑证明的高标准在被告人已经放弃陪审团审判的辩诉交易案件中的适用？等等。有鉴于此，从美国量刑证明标准的变迁与争议中分析与提炼影响量刑证明标准设置的关键因素，从而作为构建我国量刑证明标准的考量因素，要比直接研究在我国应移植美国的何种量刑证明标准更具有实际意义。在笔者看来，影响量刑证明标准设置的关键因素主要包括以下几个方面：

（一）程序法因素

量刑证明标准运行于诉讼程序中，因而其设置必然受程序价值观以及程序运行方式的影响。

1. 程序价值观

程序价值观包含程序价值目标是否适用于量刑程序以及如何适用两方面的问题。在美国，虽然正当程序理念历史悠久，并且是宪法中的重要条款，然而，起初其并非被认为应该适用于量刑程序，因而正当程序中所包含的人权保障、权力制约等因素并未在量刑程序中得以体现，影响了包括量刑证明标准在内的量刑程序与证据规范的确立。只有在以正当程序理念与宪法要求来评价量刑程序之后，量刑证明标准如何设置问题才开始受到关注。因而程序价值观是影响量刑证明标准设置的关键因素之一。

2. 程序运作方式

辩诉交易与陪审团审判是美国刑事诉讼程序的两种典型运作方式，量刑证明标准的具体设置与这两种程序运作方式息息相关。在适用辩诉交易的情形下，法官基于被告人未答辩的事实量刑时，如果证明标准过低，将会影响被告人对辩诉交易的信任与选择。而将以陪审团审判为前提创设的量刑证明高标准适用于辩诉交易中显然是不合理的，因为适用辩诉交易的被告人先前已经放弃了陪审团审判的权利。即使将高标准适用于陪审团审判也存在问题，因为陪审团比法官更易受感情影响，由其认定对先前已被其定罪的被告人的量刑事实，有可能因为其对被告人定罪的偏见而使被告人获得较重的量刑。由此可见，程序的运作方式是左右量刑证明标准设置的关键因素之一。

（二） 实体法因素

量刑证明标准作为证据法中的内容，具有程序与实体双重属性，因而其设置与适用必然受制于刑罚观与量刑实体法规范等实体法因素。

1. 刑罚目的观

在美国，当报应刑的刑罚目的观盛行时，重罪所对应的法定刑是死刑，法官基本没有量刑事实的裁量权，因而也就没有必要设定量刑证明标准。有关轻罪的法律通常赋予法院量刑裁量权，然而由于刑罚轻微，虽需要法官发现事实但并无设置证明标准的迫切需要。而刑罚目的观由"报应"转由"回归"后，为实现刑罚的个性化从而有助于罪犯回归社会，法官在量刑时开始综合考虑被告人的背景、家庭情况、犯罪记录等多种因素，这样法官就拥有了广泛的刑罚裁量权，从而使得量刑证明标准的设置成为可能。可见，刑罚的目的观决定了整个刑罚制度应该以何种方式存在。量刑制度作为刑罚制度的重要内容，其过程与结果都受制于刑罚目的观，而量刑证明标准等有关量刑适用的规范必然也要受刑罚目的观的影响。

2. 量刑实体规范

在美国《量刑指南》出台前，强制最低刑制度的确立要求法官在量刑阶段决定有可能产生强制量刑的事实问题，成为美国量刑证明标准得以确立的催化剂。在《量刑指南》出台后，允许法官使用未被指控的行为大幅度加刑以及基于被告人行为的细微差别判处迥异的刑罚，这使得适用较低量刑证明标准对被告人的量刑利益造成冲击，从而成为提高量刑证明标准的重要推手。有鉴于此，量刑实体规范是影响量刑证明标准设置的关键因素之一。

（三） 对量刑及其程序的认识因素

量刑证明标准作为一种"人造"的规范，其设置当然还受人们对量刑及程序的认识影响。

1. 对量刑与定罪相比的重要性的认识

在美国，量刑证明标准的发展长期受到量刑没有定罪重要的观念影响。即使对于量刑证明设置了等同于定罪证明标准的高标准，也是基于在法定最高刑之外加刑的例外情况，对量刑与定罪重要性位阶关系的认识并未根本改变。可见，由于定罪证明标准已经存在，量刑证明标准必然要比照定罪证明标准而设置，因而对于定罪与量刑孰重孰轻的认识也是影响量刑证明标准设置的关键因素。

2. 对量刑程序与定罪程序规范差异的认识

在美国，传统的诉讼程序与证据规范的设计系以定罪为主要适用对象的，刑事诉讼中排除合理怀疑的证明标准也是为定罪设计的，那么量刑证明标准的设置是否应区别于排除合理怀疑标准成为影响量刑证明标准的因素之一。可见，对量刑事实与定罪事实认定的差异是否应该导致其程序与证据规范的差异，以及应存在哪些差异等的认识，也是影响量刑证明标准设置的关键因素。

结　语

美国量刑证明标准从产生至今的发展过程中争议不断，这至少表明其在美国国内尚未发展成一项成熟的制度，因而直接借鉴其三种证明标准中的任何一种作为我国量刑证明标准都面临论证上的困难。然而"争议"恰似一个多棱镜，从不同侧面折射出美国量刑证明标准形成与发展过程中的影响性因素，对这些影响性因素的分析有助于我们突破"只见树木，不见森林"的思维桎梏，从更高层次上审视量刑证明标准问题。美国有关量刑证明标准的变迁与争议表明其量刑证明标准受程序、实体以及认识等三方面关键因素综合影响。在我国当前对于量刑证明标准问题，处在学界的研究尚未取得共识、司法机关正在探索、立法机关处于观望中的特殊时期，采取迂回的思路，先"退一步"，认真思考上述影响量刑证明标准设置的若干关键因素在我国的现实状况，以为今后的"进一步"，甚或"进几步"，即在适合的时候在立法中创设量刑证明标准的中国模式，乃至以此为契机创设量刑证明规范的中国模式奠定坚实的基础。正如培根所言："对于一切事物，尤其是最艰难的事物，人们不应期望播种与收获同时进行，为了使它们逐渐成熟，必须有一个培育的过程。"①

---

① ［意］贝卡里亚：《论犯罪与刑罚》，黄风译，中国大百科全书出版社 1993 年版，卷首语。

第四章

英国量刑证明标准的模式及理论解析

——兼及方法论角度的启示*

彭海青

引 言

量刑事实认定的准确性对于实现量刑公正具有决定性意义，因而量刑证明标准的设置非常关键。虽然量刑规范化改革的推进在我国至今已有十余年的历史，但最高司法机关所颁行的有关量刑程序规范化改革的文件乃至 2012 年新刑事诉讼法中都未有量刑证明标准的明确规定。2012 年《最高人民法院关于适用〈中华人民共和国刑事诉讼法〉的解释》中仅对被告人从重处罚的证明标准作出规定。① 法律规范的缺失导致司法实践无所适从，必然影响量刑的效果，因此，必须尽快明确量刑证明标准。学界有关量刑证明标准的热烈讨论正在进行中，目前大致形成了以下几种代表性观点：

一是"民事标准"说。这种学说认为，量刑程序中的证明责任和证明标准应具有区别于定罪程序的特征，考虑到量刑事实的证明不适用无罪推定原则，而要遵循"谁主张，谁举证"的理念，因此民事诉讼中的证明标准就可以成为这种量刑事实证明中的参考依据。②

二是"按罪重罪轻分别设置标准"说。这种学说内部又可分为"二分法"与"四分法"两种观点。其中前者认为，由于罪重量刑事实的存

* 本章为国家留学基金委员会公派留学项目"量刑与共识问题研究"和 2019 年度教育部人文社会科学研究规划项目"量刑证明庭审实质化问题研究"（19YJA820033）的研究成果。

① 《最高人民法院关于适用〈中华人民共和国刑事诉讼法〉的解释》（2018 年修订）第 72 条。

② 陈瑞华：《量刑程序中的证据规则》，《吉林大学社会科学学报》2011 年第 1 期。

在与否直接影响到被告人的财产、自由乃至生命，必须慎重适用，因为罪重事实的证明应达到排除合理怀疑标准，而由于被告人及辩护人在收集证据方面的能力非常有限，因而罪轻事实的证明达到优势证据标准即可。① 后者认为，由于量刑程序中事实发现手段受到多方面的限制，因此量刑事实的证明标准不能设置得太高。对于那些有利于被告人的事实和情节，被告人只要证明到"优势证据"标准即可；对于那些不利于被告人的法定或者酌定从重情节，检察官必须证明到"清晰且具有说服力"标准；只有对于那些"升格"加重量刑情节，检察官才需要证明到"排除合理怀疑"的高度；对于控辩双方没有异议的量刑事实和情节，无论对被告人有利还是不利，都无须证明，也没有必要设置证明标准。②

三是"按法定与酌定情节分别设置标准"说。这种学说认为，应对法定事实情节采用清楚可信的标准；对酌定事实情节则适用优势证据标准，并认为较之罪重、罪轻的划分标准，这一区分标准具有以下优点：首先，充分关注到量刑程序中被告人与被害人的平等保护；其次，法定情节对量刑的影响较大，采用清楚可信的标准有助于提高判决的准确性及权威性；最后，具有操作性强的优点。③

由上述观点可见，我国学界在量刑证明标准的确立依据、内容、方法等方面都存在分歧。学术研究上的众说纷纭在很大程度上影响了决策层对量刑证明标准的立法抉择，使得量刑证明标准难以入法，因而亟须理顺思路，消除分歧，建立共识。英美法系国家的刑事审判以定罪量刑程序分离为特色，包括量刑证明标准在内的量刑证明规范已经经历了一定时期的实践，尤其是英国④的量刑证明标准从无到有，稳步发展，在其国内争议少，认同度高，因而值得关注。我国国内尚未见系统研究英国量刑证明标准的著述，已有零星研究也存在某些误读。本章拟在考察、梳理英国量刑证明标准确立与发展历程的基础上，对英国量刑证明标准的模式、特点及成因等进行理论解析，期望从中汲取有益经验，并希望能从方法论角度为我国量刑证明标准的确立以思想启迪。

---

① 李玉萍：《量刑事实证明初论》，《证据科学》2009 年第 1 期。
② 汪贻飞：《论量刑程序中的证明标准》，《中国刑事法杂志》2010 年第 4 期。
③ 闵春雷：《论量刑证明》，《吉林大学社会科学学报》2011 年第 1 期。
④ 英国在地理范围上主要包括英格兰、威尔士、苏格尔以及北爱尔兰，但在法律制度方面，英格兰与威尔士拥有共同的司法体制，是英国的典型代表，而北爱尔兰与苏格兰则拥有各自独立的司法体制，因而本章所谓的英国仅涉及英格兰与威尔士。

一　英国量刑证明标准的确立与发展

英国系传统的判例法国家，判例法为其主要法源。虽然在最近三十年以来，英国刑事司法领域的制定法大量增加，① 然而量刑证明标准的确立与发展依然是由众多判例所承载的。

在 20 世纪 70 年代以前，英国法院裁判中有关量刑的程序法与证据法不发达，未涉及量刑证明标准问题。这是因为在英国的刑事司法实践与学术研究中，定罪与量刑作为刑事诉讼的两个阶段长期以来被严格区分，其中定罪阶段适用刑事诉讼通常的程序与证据规范，比如对抗程序、严格的相关性、可采性规则与证明制度等；而量刑阶段则由于没有陪审团的参与，其程序与证据规范相当宽松。② 根据 1961 年 Streatfeild 委员会的报告——当时唯一的该领域的官方综合调查报告的记载，量刑程序在司法实践中依据经验逐渐发展，但由于有关规则极其缺乏，因而困难重重。③ 有学者考察分析，由于定罪和量刑阶段程序与证据的区分所导致的忽视量刑的状况使得量刑结果不尽如人意，因为一方面，实践中被告人在做出有罪答辩以后，无须进入定罪阶段，这样所有关于罪与责问题的调查都涌向了量刑阶段，而起诉书与答辩书的内容并不能为合理的量刑提供充分的事实基础；另一方面，即使是经过定罪阶段的案件也会产生问题，因为有时量刑所需要的信息与定罪事实并不具有相关性。④ 在这一背景下英国量刑阶段的程序与证据规范的确立问题逐渐开始受到关注。

20 世纪 70 年代之后，英国法院的裁判中开始出现有关量刑证明标准的内容，如以 *Jones* 案为代表的几个治安法院的案件裁判中，法官主张被

---

① 这些法律主要包括：1984 年《警察与刑事证据法》、1994 年《刑事审判与公共秩序法》、1995 年《刑事上诉法》、1996 年《刑事程序与侦查法》、1998 年《犯罪与无秩序法》、2003 年《刑事司法法》、2004 年《家庭暴力、犯罪与被害人法》、2005 年《严重有组织犯罪与警察法》、2006 年《暴力犯罪减少法》、2007 年《严重犯罪法》、2008 年《刑事司法与移民法》、2009 年《警察与犯罪法》、2010 年《犯罪和安全法》、2011 年《恐怖主义预防与侦查措施法》、2012 年《法律援助量刑与惩罚罪犯法》、2013 年《犯罪与法庭法》，等等。

② Martin Wasik, "Rules of Evidence in the Sentencing Process", *The Sentencing Process*, Dartmouth Publishing Company Limited, 1997, p. 337.

③ Report of the Interdepartmental Committee on the Business of the Criminal Courts (1961) Cmnd, 1289, para, 265.

④ Martin Wasik, "Rules of Evidence in the Sentencing Process", *The Sentencing Process*, Dartmouth Publishing Company Limited, 1997, p. 337.

告人应就其没有被剥夺驾驶执照存在特殊理由而承担证明责任，并应证明到或然性权衡标准。①

20世纪70年代中期至80年代初，大量的上诉法院裁判都强烈暗示了在被告人罪行已经审理确定或者为被告人承认的情形下，量刑法官们太易于轻信对被告人行为的指控，而并不做进一步讯问。②缺乏规则的英国量刑程序因为有失公正甚至被英国的学者称为"普通法的耻辱"。③ 为此，自70年代末至80年代，法院开始逐步努力改变这一现象，主要体现为确立了以下三项规则，从而逐渐触及了量刑证明标准问题的核心：

一是在定罪以后的量刑听审阶段，被告人有权获得存疑利益，即存疑有利于被告人④。

二是虽然被告人承认了控方所指控的证据与事实，法官也并非在量刑程序中必然接受，法官不能作出不利于被告人的裁判，除非有实质性证据出现。⑤

三是在量刑阶段控方所要达到的证明标准是刑事标准（即排除合理怀疑标准），⑥ 而非民事标准（即优势证明标准）。⑦ 在1984年 *Macgrath and Casey* 案中，法官十分明确地指出："在就事实问题作出决定时，在我们看来法官应当遵照通常的刑事证明责任以及标准规范。"⑧ 这在英国被

---

① （1951）2 All E. R. 853. See also Flewitt v. Horwath （1972）；Pugsley v. Hunter （1973） R. T. R. 284.

② Foo （1976） Criminal L. R. 456；Chodderton （1980） 2 Cr. App. R. （S） 272；Fisher （1982） Crim. L. R. 191.

③ Andrew Ashworth, *Sentencing and Penal Policy* （1983）, Manchester University Press 1987, p. 450.

④ Campbell （1980） Crim. L. R. 248；Taggart （1979） 1 Cr. App. R. （S） 144；Stosiek （1982） 4 Cr. App. R. （S） 205. Solomon and Triumph （1984） 6 Cr. App. R. （S） 120.

⑤ Pearce （1979） 1 Cr. App. R. （S） 317；Kerr （1980） 2 Cr. App. R. （S） 54.

⑥ 在英国刑事审判程序中，只存在排除合理怀疑（proof beyond reasonable doubt）与优势证明标准（on the balance of probabilities），控方必须将被告人有罪的事实证明到排除合理怀疑标准的原则连同排除合理怀疑标准本身是刑事审判的核心，因而，排除合理怀疑标准又被称为刑事标准（criminal standard），陪审团与法官都可以适用。Richard May &Steven Powles, Criminal Evidence （5th edition）, Sweet&Maxwell, 2004, p. 75.

⑦ 优势证明标准（on the balance of probabilities）是适用于民事审判的证明标准，称为"民事标准"。Jonathan Doak &Claire McGourlay, *Criminal Evidence in Context* （2nd edition）, Rouledge-Cavendish, 2009, p. 57.

⑧ Macgrath and Casey （1984） 5 Cr. App. R. （S） 460.

认为是首次明确地阐述了控方在量刑证明中所要达到的证明标准。① 1984年 *Ahmed*② 案则首次宣告在牛顿听审程序中，③ 法官应当以陪审团审理案件的方式解决控辩双方的争议，控方应当将其主张向法官证明到排除合理怀疑的程度。④ 此外，该案还确立了在牛顿听审程序中存疑利益归于被告人的规则。

20 世纪 90 年代以后，英国法院除重申上述规则外，还在以下四个方面取得了新的进展：

一是在牛顿听审程序中，被告人只需将减刑事实证明到民事标准，即优势证明标准。⑤

二是被告人如果提出并不与控方案件相冲突的有关减刑的外部事实，有义务将其证明到优势证明标准，控方没有义务反驳该事实并将其证明到排除合理标准。⑥ 上诉法院之所以要对该问题作出特别说明是因为"被告人提出并不与控方案件冲突的有关减刑的外部事实"与"牛顿听审中的量刑事实"存在明显的原则性差异，前者系通常只有被告人或上诉人本人才知晓的，完全由其本人主动提出的；而后者则系由控辩双方提出的与犯罪事实本身直接有关的事项。一方面，前者所涉及的减刑事项的提出基本都是发生于量刑听审过程中的第一次休庭期间，控方此时不在场，即使知晓有关信息也无法提出其反对主张；另一方面，既然法官们可以指示陪审团适用不同的证明标准，那么其也完全可以在量刑中驾驭不同的证明标准。⑦

三是控方需将有关先前行为的事实证明到排除合理怀疑标准。如果犯罪人对于警察所提供的有关其先前的行为事实提出异议，控方应当将其证

---

①　Martin Wasik，"Rules of Evidence in the Sentencing Process"，*The Sentencing Process*，Dartmouth Publishing Company Limited，1997，p. 337.

②　Ahmed（1984）80 Cr. App. R. 295.

③　牛顿听审（Newton Hearings）系 1982 年牛顿案［see Newton（1982）77 Cr. App. R. 13］所确立的旨在解决控辩双方有关量刑事实争议的程序，其起初只适用于解决被告人有罪答辩之后的量刑事实争议，自 1993 年 Finch 案［see Finch（1993）14 Cr. App. R.（S）226］后也适用于有罪判决后的事实争议。

④　David Ormerod，*Blackstone's Criminal Practice*，Oxford University Press，2013，p. 1843.

⑤　Kerrigan（1993）14 Cr. App. R.（S）. 179.

⑥　Guppy and Marsh 1995，16 Cr. App. R.（S）. 25.

⑦　CSP. R42；March 2001.

明到排除合理怀疑标准，否则该行为事实将会被法官忽略。[1]

四是当被告人作出有罪答辩并且控方对其表示赞成，但法官发现判刑前报告显示答辩过于严重时，法官必须在量刑前澄清事实。[2] 上诉法院Mitchell 法官在 *Cunnah* 案判决中指出："虽然律师以传闻证据为借口并未提出该报告，但我们认为被告人所承认的事实在本质与范围上都有根本的变化。在这种特殊情形下，即新的、高度相关的量刑材料出现时，有必要与律师讨论事实究竟是什么，这种讨论对诉讼各方都有必要，因为这涉及法官量刑的基础。"[3]

进入 21 世纪以来，除继续确认已有规则外，英国的量刑证明标准在适应有关新出台的成文法以及《量刑指南》内容的基础上继续发展。一方面，2003 年《刑事司法法》中确立了四种加重量刑因素（随后通过修改又增加了一种因素），2008 年《反恐怖主义法》确立了与恐怖主义犯罪有关的加重量刑因素；另一方面，《量刑指南》的确立也为量刑证明标准的发展提供了新的契机。英国长期以来未设置《量刑指南》，量刑仅受上诉法院审查的约束，法官拥有很大的量刑自由裁量权。[4] 从 1998 年以后，《量刑指南》才在英国缓慢发展起来，目前所有普通犯罪都确立了《量刑指南》。[5]《量刑指南》通过为法官提供量刑所应当考虑的影响因素而帮助法官为犯罪行为适当量刑，[6] 尤其是多数《量刑指南》的共性特征是确立了具体的加重因素。[7] 为解决上述成文法与《量刑指南》中量刑因素的证明标准问题，在 *Davies* 案中上诉法院确立了检察官需将加重量刑因素（尤其是决定起刑点）证明到排除合理怀疑标准的规则。[8]

---

[1] *Blackstone's Criminal Practice*, 2013, Oxford University Press, 2013, p. 1856. Pattison v. DPP (2006) 2 All ER 317.

[2] Cunnah (1996) 1 Cr. App. R (S). 393.

[3] Cunnah (1996) 1 Cr. App. R (S). 393.

[4] Andrew Ashworth and Julian V. Roberts, "The Origins and Nature of the Sentencing Guidelines in England and Wales", *Sentencing Guidelines: Exploring the English Model*, Oxford University, 2013, p. 1.

[5] Julian V. Roberts, "Structured Sentencing: Lessons from England and Wales for Common Law Jurisdictions", *Punishment and Society*, 2012.

[6] http://sentencingcouncil. judiciary. gov. uk/sentencing-guidelines. htm.

[7] Andrew Ashworth, *Sentencing and Criminal Justice*, Cambridge University Press, 2010, p. 167.

[8] Davies (2009) 1 Cr. App. R (S). 79.

二　英国的量刑证明标准模式

经过几十年的发展，英国量刑证明标准体系已经初见轮廓，在遵循普通法基本原则的基础上逐渐发展形成了个性化的模式，笔者称之为"严格的倾斜标准模式"，即在充分尊重案件事实的前提下对被告人利益实行倾斜保护的量刑证明标准模式，其主要体现为以下四个方面的特征：

第一，采行量刑证明标准的两分法，将是否有利于被告人作为区分不同量刑证明标准的依据。以争议事实是否有利于被告人为根据选择定罪证明标准是普通法上的一项基本原则，① 由于定罪与量刑阶段证据规则的区分，其是否适用于量刑事实的认定并不明确，后来上诉法院的判例表明是否有利于被告人同样是英国量刑阶段的证明标准。

第二，控方对不利于被告人的量刑事实的证明需要达到排除合理怀疑标准，而辩方对有利被告的量刑事实只需达到优势证据标准。排除合理怀疑标准是英美法系国家认定犯罪事实所采行的证明标准，被英美法系国家认为是人类认识能力所能达到的最高证明标准，将这一高标准作为不利于被告人的量刑事实的证明标准足以体现英国量刑证明标准的严格性。优势证明标准系英美法系国家民事司法中所适用的事实认定标准，将这一低标准适用于有利于被告人的量刑事实的证明则体现出对于被告人利益保护的偏向性。

在此应当澄清的是，迄今为止英国的判例法中并未对不利于被告人的量刑事实做任何限定性解释，因此国内有学者所提出的"英美法国家判例中，那些量刑证明标准中要求适用'排除合理怀疑'的案件（包括死刑案件、'升格'加重处罚的量刑情节），无一不涉及被告人犯罪事实的认定，因此才适用排除合理怀疑标准"② 的观点，是对英美法，至少是对英国法的误读。

第三，量刑法官不受有罪答辩事实的约束。在英国治安法院受理的刑事案件中，被告人的有罪答辩率为 90% 以上，刑事法院被告人的有罪答

---

① Storey（1998）1 VR 359 at 369 and 371；Olbrich（1999）199 CLR 270 at 281.
② 闵春雷：《论量刑证明》，《吉林大学社会科学学报》2011 年第 1 期。

辩率也在 70%以上。① 将有罪答辩作为减刑的依据是英国普通法上的一项规则。② 鉴于避免经历定罪程序、节省成本、缩小指控与量刑的差距、消除被害人与证人出庭顾虑等实际需要，英国量刑指南委员会在 2004 年专门出台《针对有罪答辩的减刑》的文件并于 2007 年做了修订，在鼓励被告人尽早做出有罪答辩方面做出了新的努力，即针对被告人在不同诉讼阶段的答辩设置不同的减刑幅度标准。③ 然而，在量刑程序中法官并非一味接受被告人针对指控所作出的有罪答辩的事实，而是有责任查明案件事实，并且在法官查明案件事实的过程中仍要遵循控辩双方的证明标准规则。这显然并非如国内有学者所认为的"在英国，如果检察官接受或者同意了被告方提出的关于某争议事项的原因和理由（也就是说控辩双方就此争议事项达成了一致意见），那么该'一致意见'必须以书面的形式为双方当事人所共同签署。这种情况下，该争议事项无须证明，法官可以直接使用之，而无须设置证明标准"④。

第四，存疑利益归属于被告人。根据无罪推定原则，在定罪阶段存疑利益归属于被告人是没有疑问的，然而，英国上诉法院通过其判例使得被告人在量刑阶段也能够享受存疑利益。正如英国著名量刑专家 Andrew Ashworth 教授所阐释的那样"仅仅是因为法律制度碰巧将某些问题放在量刑阶段而非定罪审理程序，被告人就因此而承受不利当然是错误的"⑤。可见，在存疑利益方面，英国的做法并非像国内有学者所提出的"在定罪审理阶段'存疑有利于被告'是一项重要的原则……在量刑问题上，对于那些存疑的、没有被证明的事实，即便是有利于被告人的，法官同样将他们视为不存在。也就是说，在量刑阶段，存疑有利于被告人原则并不适用，对于那些存疑的事实，其存疑利益并不会赋予被告人"⑥。

---

① Andrew Ashworth and Mike Redmayne, *The Criminal Process* (4th edition), Oxford University Press, 2010, pp. 293-294.

② Andrew Ashworth, *Sentencing and Criminal Justice*, Cambridge University Press, 2010, p. 170.

③ Sentencing Guideline Council, Reduction in Sentencing for A Guilty Plea (Definitive Guideline), revised 2007, http://sentencingcouncil.judiciary.gov.uk. 2013/7/13.

④ 汪贻飞:《论量刑程序中的证明标准》,《中国刑事法杂志》2010 年第 4 期。

⑤ Andrew Ashworth, *Sentencing and Criminal Justice*, Cambridge University Press, 2010, p. 372.

⑥ 汪贻飞:《论量刑程序中的证明标准》,《中国刑事法杂志》2010 年第 4 期。

三　理论解析

正如国外有学者提出的，"运用比较方法考察国外法律的缘由各不相同，比如纯粹知识方面的好奇、借用国外高效率低成本的法律制度以及促进某一国家组织内部法律制度的协调，然而最重要的是增进制度间的相互理解：不仅指其如何运作或者有时不起作用，而且指其为何如此运作。"① 因此，为深刻理解英国的量刑证明标准模式必须进行理论解析以探问其运作机理。以下笔者尝试从经验主义传统、无罪推定原则以及功利主义思想三个方面进行解释分析。

（一）经验主义传统

早在中世纪英国就曾产生唯名论思潮，主张从个别事物的感觉经验出发认识事物。以此为思想基础，伴随着近代自然科学的发展，英国在16、17世纪逐渐形成了与欧洲大陆唯理论相对应的经验论的哲学思想，即经验主义哲学。培根、霍布斯、洛克、休谟等哲学家们以其卓越的智慧成就了英国经验主义哲学，虽然经验哲学家们对经验主义哲学的发展贡献不同，但有关经验与认识的关系的基本观点是一致的，这也是经验主义哲学的核心，即主张所有的概念源于经验，所有的概念是有关或者适用于可以被经验所检验的事物，或者，所有的合理的可接受的见解或者主张只有通过经验才是正当的。虽然经验主义思想在发展过程中同其他哲学思想一样也受到各种挑战，② 但其在英国法律发展史上的影响是不能抹杀的，③ 并且经验主义传统在当代英国仍然得到承继。

英国的经验主义传统是判例制度得以在英国形成并发展的重要原因之一。虽然英国的制定法不断增多，但判例法在英国仍然是主要法源，大量的判例仍然是法官裁判的重要依据。英国的量刑证明标准体系就是法官为解决纠纷，从具体的个案的审理、评议、裁判中逐渐确立规则并不断充实发展而形成的。也就是说，目前英国的量刑证明标准体系是经过作为法律

---

① David Nelcon, *Comparative Criminal Justice and Globalization*, Ashgate Publishing Limited 2011, p. 53.

② Anil Gupta, *Empiricism and Experience*, Oxford University Press, 2006.

③ 比如罗素（Bertrand Russell, 1872-1970）被认为是20世纪最有影响的经验主义哲学家。Reference entry: empiricism, Encyclopædia Britannica, Inc. 2012.

适用者的法官们的司法实践反复检验而被固定下来的，是经验的沉淀。这种由实践经验所形成的法律秩序具有明显的"内生"性，从而也就具有较强的执行力。

（二）无罪推定原则

无罪推定作为现代刑事法的基石性原则是无可争议的，然而，无罪推定原则的合理性并非在于其与建立在证据基础上的基础事实有关联，因为被指控与无罪之间并不存在合理的关联性，实践也表明被指控的被告人多数都被定罪或者承认有罪。无罪推定原则真正的意义在于其是建立在被普遍承认的自由社会（区别于专权社会）如何行使惩罚权基础上的道德与政治原则，其本身内在体现着一种民主社会中国家与公民的关系。① 无罪推定原则的确立与刑事司法的情境有关，在刑事司法过程中，国家与被告人所掌握的资源相差悬殊，强大的国家权力将要作用于被告人，被告人的人身自由权、财产权等基本权利将面临威胁，无罪推定原则的作用即在于在刑事程序中平衡控辩双方的力量，最大限度地维护被告人的合法权益，而在证明标准方面，控方应将其所指控的事实证明到排除合理怀疑标准被认为是无罪推定原则的应有之义，与原则本身不可分离，因为只有设置如此高的标准才能足以保证被告人的基本权利不受非法侵犯。②

虽然无罪推定原则被国际公约与绝大多数国家的宪法法律所承认，其存在的合理性也得到普遍认可，但其准确的含义、适用范围、本质以及限制、例外等一系列问题一直处于争议之中。③ 在英国已有权威观点认可无罪推定原则的思想对量刑阶段的影响，他们认为无罪推定原则所包含的平衡控辩双方力量、最大限度地维护被告人合法权益等精神在量刑阶段仍然发挥着影响。因为定罪是国家对公民犯罪行为的否定性评价，而量刑则直接涉及对罪犯的惩罚，后者是前者的延伸，更直接地触及公民的生命、自由、财产等基本人权。因为相比定罪阶段，在量刑阶

---

① See Andrew Ashworth, "Four Threats to the Presumption of Innocence", *The International Journal of Evidence & Proof*, 2006.

② See Andrew Ashworth, "Four Threats to the Presumption of Innocence", *The International Journal of Evidence & Proof*, 2006.

③ See P. J. Schwikkard, *The Presumption of Innocence*, Juta: Capetown, 1999, at Ch. 4.

段控辩双方力量悬殊以及对被告人利益的维护等问题更加重要。① 事实上，英国的量刑证明标准体系在多方面契合了无罪推定原则的精神：一是将控方与辩方的量刑证明标准进行高低不同的设置，这体现了对控辩双方资源差距的认识以及对其力量平衡的追求；二是将控方所要达到的证明标准确立为排除合理怀疑标准，完全符合无罪推定原则对控方高标准的证明要求，体现了对国家刑罚权的严格限制；三是将优势证明这一较低的民事标准作为辩方的证明标准，以及将存疑利益归属被告人的做法则体现了对被告人利益保护的倾斜。

（三）功利主义思想

功利主义（Utilitarianism），又称效益主义，是以人们行为的功利效果作为道德价值之基础或基本评价标准，同时又强调行为实际效果的价值普遍性和最大现实的哲学思想。这种思想在 18 世纪由英国的哲学家、经济学家边沁形成了系统的理论体系。边沁在其《道德与立法原理导论》中这样解释功利原理："它按照看来势必增大或者减小的利益有关者之幸福的倾向，亦即促进或妨碍此种幸福的倾向，来赞成或非难任何一项行动。我说的是无论什么行动，因而不仅是私人的每项行动，而且是政府的每项措施。"也就是说，功利不仅是针对个人的，而且是社会的功利，即"最大多数人的最大幸福"②。因此，功利原理又被称为"最大多数人幸福原理"。边沁的功利主义思想被广泛应用于政治学、经济学、法学等各个学科，在英国近现代思想史上占据了重要的地位，并对英国及西方社会的价值观念产生了重要的影响。

受功利主义思想影响，在刑事司法领域英国刑事法律中的犯罪化与刑罚严厉程度适应政治、经济、社会利益的发展而变化，"犯罪源自当时的政府政策"③，而"刑罚的严厉程度应该只为实现其目标而绝对必

---

① 笔者在牛津大学访学期间，在与本人的合作导师——英国前量刑委员会主任、普通法终身教授、牛津大学众灵学院（All Souls College）教授 Andrew Ashworth 探讨量刑问题时，他持这种观点。2013 年 7 月 15 日，笔者应邀参加了由牛津大学法学院刑事法律研究中心举办的牛津量刑研讨会，有幸与英国上诉法院法官、量刑委员会成员 Colman Treacy 探讨该问题，其也认可该观点。

② ［英］边沁：《道德与立法原理导论》，时殷弘译，商务印书馆 2000 年版，第 58 页。

③ ［英］J. W 塞西尔·特纳：《肯尼刑法原理》，王国庆、李启家译，华夏出版社 1989 年版，第 4 页。

需"。① 英国量刑证明标准模式强调"严格性"正体现了英国适应其司法现实需要的功利思想，在笔者看来，以下两种社会现实是使得英国对于量刑证明标准严格要求的主要功利性原因：

一是监狱人数激增，司法成本高昂。鉴于羁押是对被羁押者权利的严重剥夺，因而限制羁押已经成为国际共识。早在 20 世纪 70 年代，欧洲委员会为扩大非羁押措施的适用就提出"羁押应该被作为最后的手段"。② 1990 年第八次联合国预防犯罪会议第 8 项决议中也提出了这一主张，③ 然而，在严峻的犯罪形势面前，世界上许多国家的监狱人数在 21 世纪前后的几十年却迅速增长，其中以美国与英国尤甚。④ 在欧洲，根据欧洲委员会的调查，20 世纪 80 年代英国的羁押比率高于其他各国。⑤ 自 20 世纪 80 年代以来，英国的羁押人数总体而言持续攀升。⑥ 高羁押率大大增加了司法成本，使得政府不堪重负，而且监狱改造效果令人担忧，监狱被描述为"使得坏人变得更坏的昂贵的方法"。⑦ 在这种社会背景下，为控制羁押人数，降低司法成本，严格量刑证明标准成为必由之路。英国将在他们认为的刑事司法领域所能达到的最高证明标准——排除合理怀疑标准作为控方的证明标准正是基于这种功利性考虑。而且也正是基于这种共识，即使在美国将民事标准作为量刑证明标准的强大冲击下，在英国，不论是政界、实务界还是学界，基本没有质疑其本国标准过高的声音。

二是错案丛生，司法公信力面临危机。从 20 世纪 80 年代以后，英国的错案问题就引起了英国社会的广泛关注。根据大法官部（Lord Chancellor's Department）与宪法事务部（Department for Constitutional

---

① ［英］吉米·边沁：《立法理论——刑法典原理》，孙力译，中国人民公安大学出版社 1993 年版，第 75 页。

② Council of Europe (1976), Res. 10.

③ United Nations (1990), para, 5 (e).

④ Andrew Ashworth, *Sentencing and Criminal Justice*, Cambridge University Press, 2010, p. 97.

⑤ 比如欧洲委员会（Council of Europe）的调查数字显示，以 10 万人作为人口基数，英国的羁押人口为 97.4，法国为 81.1，瑞典为 50.6，希腊为 44，荷兰为 40。Martin Wasik & Richard D. Taylor, *Blackstone's Guide to the Criminal Justice ACT* 1991 (*2nd edition*), Blackstone Press Limited, 1993, p. 2.

⑥ 据英国内政部的统计，1980 年羁押人数为 4200 多人，1988 年就增加到 50000 人，在 1992 年底回落到 40606 人，从 1993 年以后就开始猛增，到 1999 年底达到 6600 人，至 2004 年缓慢增长至 7500 人，2009 年已达 85000 人。Andrew Ashworth, *Sentencing and Criminal Justice*, Cambridge University Press, 2010, p. 279.

⑦ Home Office (1990), para. 2.7.

Affairs）1986 年至 2005 年 20 年间的统计数据，上诉法院年均纠正 4496
起来自治安法院的上诉案件，加上上诉法院年均纠正的来自刑事法院的
237 起上诉案件，这个数字就变为了 4733 起，以每周 5 个工作日计算，
平均每天的错案为 18 起，这还是英格兰与威尔士传统的错案计算方法，
实际上这种错案计算方法因有失全面而已经被质疑，因为这并未包括高等
法院每年纠正的来自治安法院的年均 60 起错案与来自刑事法院的年均 11
起错案、上议院纠正的年均 2 起错案以及刑事案件审查委员会纠正的年均
18 起错案。① 因而，英国本国学者们已经承认"英国司法制度是世界上最
完善的司法制度，基本没有错案或者错案极少的观点再也站不住脚了"②，
"英国的错案已经不再是一个小问题，而已经成为司法制度的一个特
点"③。这些被曝光的刑事错案引发了公众的强烈不安，进而对刑事司
法制度产生信任危机。④这些错案产生的直接原因包括虚假证据、警察或证
人辨认罪犯失误、专家证言的真实性被高估、被告人有罪答辩不实、控方
未全面开示证据、法官偏袒控方、程序失误，等等。⑤ 可见，事实问题是
英国错案产生的主要原因，因而英国将排除合理怀疑这一在他们看来人类
认识能力所能到达的最高标准作为控方的证明标准，力求准确认定案件
事实，以实现量刑公正，从而减少错案，提升司法公信力。

四　方法论角度的启示：学之以"渔"

　　目前英国量刑证明标准体系与模式已经基本形成，并被其国内社会所
普遍接受。虽然借鉴国外先进制度是比较法的应有之义，然而由于任何一
种制度都有其产生的历史、社会、文化背景，因此制度移植的风险不言而
喻。就像德国著名比较法专家伯恩哈德·格罗斯菲尔德在其《比较法的
力量与弱点》一书中所言"比较法的确是一种强有力的武器，但同时也

　　① Michael Naughton，*Rethinking Miscarriages of Justice——Beyond the Tip of the Iceberg*，Jonathan Simon，2012，p. 42.

　　② Clive Walker and Keir Starmer，*Miscarriages of Justice——A Review of Justice in Error*，Blackstone Press Limited，1999，p. 61.

　　③ Michael Naughton，*Rethinking Miscarriages of Justice*，Jonathan Simon，2012，p. 47.

　　④ Royal Commission on Criminal Justice，1993，pp. 2-6.

　　⑤ Michael Naughton，*Rethinking Miscarriages of Justice*，Jonathan Simon，2012，pp. 53-55.

是一种极其危险的武器"①。因而，在笔者看来，从比较法角度透过英国量刑证明标准规范的表象，深入洞察英国何以能够确立获得普遍认同的量刑证明标准模式与体系的方法论原理。这比直接借鉴其证明标准的内容，对于创造性地建设量刑证明标准的中国模式更加安全与有效，即非取之以"鱼"，而是学之以"渔"。我们可以从英国量刑证明标准体系与模式的确立发展中得到以下方法论方面的启示，以供建设量刑证明标准的中国模式所用：

首先，量刑证明标准确立与发展的理论指导：刑事审判的基本原理。

从前述对英国量刑证明标准确立发展过程的考察以及理论解析中可以看出，英国量刑证明标准的确立与发展始终遵循刑事审判的基本原理。鉴于刑事审判的本质要求、控辩双方资源与力量的差异等因素，为实现控辩平等、公正审判等诉讼价值目标，无罪推定、有利被告人等原则成为现代刑事审判基本原理之重要组成部分。英国为适应量刑阶段控辩双方资源与力量不平等的状况，对于控辩双方分别设置不同的量刑证明标准，并且为弥补被告人的弱势，将存疑利益赋予被告人，都体现了其对刑事审判基本原理的遵循。

我国量刑证明标准的确立问题之所以存在观点上的争议，在很大程度上是由于偏离了刑事审判基本原理的指导。前述国内学者论述其量刑证明标准观点的理由中提出："在量刑程序中被告人不再受到无罪推定等法律原则的特殊保护，而是与公诉人、被害人平等参与量刑活动的主体。平等保护、多方参与应成为量刑证明标准设计的重要原则，唯有此才能做到量刑公正。"② 还有学者提出 "在法院已经认定被告人有罪的前提下，无罪推定适用的前提条件已经不复存在，程序正义的适用受到诸多方面的限制，证据排除规则也失去了用武之地，严格证明已经变得毫无必要，而可以适用自由证明的原则"③。然而，在笔者看来，量刑阶段中的法律关系及其诉讼结构的本质相较于定罪阶段并未改变，因而传统上适用定罪阶段的刑事审判基本原理在量刑阶段仍然发挥作用。这是因为，一方面，就法律关系而言，量刑阶段与定罪阶段法律关系的本质是相同的，即都是刑事

---

① ［德］伯恩哈德·格罗斯菲尔德：《比较法的力量与弱点》，孙世彦、姚建宗译，清华大学出版社 2002 年版，第 66 页。

② 闵春雷：《论量刑证明》，《吉林大学社会科学学报》2011 年第 1 期。

③ 参见陈瑞华《量刑程序中的证据规则》，《吉林大学社会科学学报》2011 年第 1 期。

法律关系，并且两者法律关系的客体也是相同的，即都是刑事案件，其差异仅仅在于法律关系主体的范围或者名称上有所改变以及法律关系的内容由罪行转变为刑罚。另一方面，就诉讼结构而言，在定罪阶段所存在的控方代表国家而拥有国家强制力支持所导致的控辩双方资源差异、力量悬殊而导致的控辩不平等的状况在量刑阶段并未发生改变，况且量刑所针对的被告人的刑罚问题比定罪所要解决的被告人的罪行问题更直接涉及被告人基本权利的予夺，这样在量刑阶段对被告人特殊保护的必要性只能更大而非更小甚或没有。因而程序正义所包含的"保障当事人和其他诉讼参与人尤其是保障犯罪嫌疑人、被告人、被害人的诉讼权利；禁止刑讯逼供和以其他非法手段取证；司法机关依法独立行使职权；审判程序公开；法庭居中裁判；控辩双方平等对抗"[1] 等基本要求仍然适用。

关于无罪推定原则，在笔者看来，贝卡里亚所提出的"在法官判决之前，一个人是不能被称为罪犯的"[2] 是无罪推定原则的字面含义，而尊重基本人权和人格尊严则是无罪推定原则的精神内核。因为贝卡里亚当时是在反对刑讯时提出这一主张的，并接着解释道："如果犯罪是肯定的，对他只能适用法律所规定的刑罚，而没有必要折磨他，因为，他交代与否已经无所谓了。如果犯罪是不肯定的，就不应折磨一个无辜者，因为，在法律看来，他的罪行并没有得到证实。"[3] 由此可见，对于被告人，不论是被定罪以后还是被定罪之前，都不能施以刑讯。这样看来，其实贝卡里亚并未将"反对刑讯，保障基本人权与人格尊严"之无罪推定原则的精神内核局限于定罪之前的阶段，而是延伸到了定罪后的量刑阶段。因而如果不拘泥于对无罪推定原则的"文义解释"，而是将其放入"目的解释"的宽广视野中，那么仍然可以感受到无罪推定原则对于量刑阶段的精神辐射力量。

其次，量刑证明标准确立与发展的动力：司法实践需求。

纵观英国量刑证明标准体系确立发展的过程，可以发现是紧密结合其社会与司法实践发展需要的。量刑证明的无序状态逐渐催生了量刑证明标

---

[1]　陈光中主编：《刑事诉讼法》（第四版），北京大学出版社、高等教育出版社 2012 年版，第 12 页。

[2]　［意］贝卡里亚：《论犯罪与刑罚》，黄风译，中国大百科全书出版社 1993 年版，第 31 页。

[3]　［意］贝卡里亚：《论犯罪与刑罚》，黄风译，中国大百科全书出版社 1993 年版，第 31 页。

准，而量刑不公所导致的严重后果，尤其是对被告人基本人权的损害，使其量刑证明标准规则呈现有利于被告人的特点；高羁押率所带来的司法与社会负担，使其对不利于被告人的量刑证明采行高标准；保护国家社会利益与增强司法公信力的需要又使其要求法官不轻易听信控辩协议而努力在发现真实的基础上作出公正的量刑裁判。

在我国，主张量刑证明采行低标准的观点恰恰是未充分考虑到我国量刑实践的需求。如前述有学者提出："量刑程序所要解决的核心问题是量刑信息的全面性和准确性问题，量刑程序中的证据规则也要对量刑证据和量刑事实的证明确立较为宽松的制度安排。对于那些独立于犯罪事实的从重量刑情节，受自由证明理念的影响，公诉方并不需要证明到最高的证明标准，而最多达到优势证据的程度即可。"① 还有学者提出："对于控辩双方没有异议的量刑事实和情节，无论对被告人有利还是不利，都无须证明，也没有必要设置证明标准。"② 然而，我国司法实践中量刑程序规范化改革之所以兴起的重要原因是我国法官的量刑权限过大，量刑不公问题突出，并且当事人往往难以获得有效救济，因而亟须规制量刑权与量刑程序，增强量刑的公正性。③ 而对量刑证明设置低标准甚或无标准的主张显然在根本上有违量刑程序规范化改革的初衷。在笔者看来，为使得更多的信息能够进入量刑程序，可以降低量刑证据的资格要求（或者说降低其证据能力或可采性的条件要求），但同时为保证量刑事实认定的准确性，确保量刑公正，量刑证据的真实性和量刑事实的证明标准不应降低，更不能取消。

最后，量刑证明标准确立与发展的方法：从个案到规则。

英国量刑证明标准的规范体系是通过个案逐渐确立，经多地、多层级法院反复确认并不断充实而发展起来的。判例法传统使得以往案例中有关量刑证明标准的实践被后来量刑法官所关注、适用，并且其合理性也在不断接受司法实务人员的论证与实践检验。运用这种以经验主义为基础的实证方法所确立的量刑证明标准规范体系具有极强的生命力，其与司法实践的亲和性是制定法所难以比拟的，也是判例法的优越性所在。

然而，前述我国学界有关量刑证明标准的研究中所主张的"排除合

---

① 参见陈瑞华《量刑程序中的证据规则》，《吉林大学社会科学学报》2011 年第 1 期。

② 汪贻飞：《论量刑程序中的证明标准》，《中国刑事法杂志》2010 年第 4 期。

③ 参见彭海青《我国量刑程序控制十年实践探索的省察》，载卞建林、侯建军主编《深化刑事司法改革的理论与实践——新中国成立 60 年刑事诉讼法制的回顾与展望》，中国人民公安大学出版社 2010 年版。

理怀疑""清楚可信""优势证据"等标准体现出一种脱离我国司法实践而直接挪用英美证据法话语体系的共性。而事实上，英美法有关证明标准的话语体系由于其主观性极强，内涵难以明晰，英美法系的律师、法官、学者等虽然一直在不断尝试从正反两方面对其进行界定，但收效甚微，[①] 因而实践中已经出现改革这一标准的尝试。[②] 作为一种可"意会"而难以"言传"，并且"意会"也需建立在丰富实践经验基础上的主观性标准，如若说英美法官们在其成为法官之前的长期律师执业生涯中能够逐渐"意会"其内涵，并且能够从自身办案实践中逐渐体会这种"经验"，进而比较准确地把握的话，那么缺少这种实践与经验背景的我国法官是否能够驾驭这种证明标准确实还有待进一步探讨。[③] 更为关键的是，英美法系"排除合理怀疑"证明标准是建立在当事人主义模式的审判制度基础上的，是在控辩双方充分质疑、驳斥的对质中实现"合理怀疑"的发现与消弭的，作为消极裁判者仅仅是在双方对质发现与排除合理怀疑的基础上，进行最终的事实认定裁判的。也就是说，"排除合理怀疑"证明标准的实现是建立在充分的庭审对质、当事人双方推动庭审事实证明的过程中实现的，而不是仅仅从规范裁判者主观事实认知判断的标准上来把握的。因此，我国采行"排除合理怀疑"证明标准，如果没有建立充分的英美庭审质证模式，则法官的主观"排除合理怀疑"的能力将会受到个体事

---

① Jonathan Doak &Claire McGourlay, *Criminal Evidence in Context*（2nd edition），Ouledge-Cavendish，2009，p. 57.

② 比如成立于 1979 年的负责英格兰与威尔士法专职与兼职法官培训工作以及海外业余治安法官与法庭成员的英国司法研究委员会（Judicial Studies Board），就建议法官在指示陪审团的时候，使用"sure that D is guilty"（确信某人有罪），该委员会虽然不禁止法官使用"排除合理怀疑"这一表述，但被建议没有必要使用这一表述，除非律师使用了这一术语，那么此时法官应告知陪审团，其与 sure of guilty（确信有罪）意思相同。J. A. Andrews and D. M. Hirst，*Andrews&Hirst on Criminal Evidence*（4th edition），Jordan Publishing Limited，2001，p. 85.

③ 我国 2018 年新刑事诉讼法第 55 条对刑事案件的证明标准作出了新的规定，即"证据确实、充分，应当符合以下条件：（一）定罪量刑的事实都有证据证明；（二）据以定案的证据均经法定程序查证属实；（三）综合全案证据，对所认定事实已排除合理怀疑"。其中，"排除合理怀疑"的规定可谓一石激起千层浪，对其内涵，与"案件事实清楚、证据确实充分"的关系以及如何把握等问题争论甚是激烈，难以统一认识，更不用说付诸实践了。代表性著作如樊崇义《从"排除合理怀疑"看实体真实相对性》，《检察日报》2013 年 5 月 3 日第 3 版；王敏远《重新认识"排除合理怀疑"》，《检察日报》2013 年 11 月 26 日第 3 版；龙宗智《中国法语境中的"排除合理怀疑"》，《中外法学》2012 年第 6 期；周洪波《迈向"合理"的刑事证明——新〈刑事诉讼法〉证据规则的法律解释要义》，《中外法学》2014 年第 2 期；魏晓娜《"排除合理怀疑"是一个更低的标准吗?》，《中国刑事法杂志》2013 年第 9 期。

实认知与判断能力的不利影响，进而影响犯罪事实的最终判定，影响司法公正。

我国作为传统的成文法国家，长期以来立法机关在法律制度变革方面发挥着积极作用，然而鉴于其立法在内容与技术方面的不足，实际上近年来司法机关已经在很大程度上取代立法机关而成为我国刑事司法改革的推动力量，但我国司法机关在如何运用实证方法科学地收集司法经验并将其转化为普遍适用的规则方面尚处于初始探索阶段。当前我国最高司法机关已经开始正式推行案例指导制度，2010 年 11 月 26 日最高人民法院发布《关于案例指导工作的规定》。根据这一规定，其所称指导性案例是指："裁判已经发生法律效力，并符合以下条件的案例：（一）社会广泛关注的；（二）法律规定比较原则的；（三）具有典型性的；（四）疑难复杂或者新类型的；（五）其他具有指导作用的案例。"作为一种生发于我国司法实践中的不同于英美判例法的中国特色的制度形式，其在规范司法行为、约束裁量权方面的积极意义值得期待。迄今为止最高人民法院已经发布了六批指导性案例，① 但尚未见有关量刑程序与证据规则的指导性案例。然而，实际上地方司法实践中已经出现有关量刑证明标准的探索，只是尚未得到理论界与决策层的充分关注，比如上海市浦东新区法院从2010 年就开始实践这样一种量刑证明标准：要求证明对被告人从重处罚的事实，达到事实清楚，证据确实、充分的标准；证明对被告人从轻、减轻或者免除处罚的事实，达到较大可能性程度即可；被告人及其辩护人就量刑事实举证后，控诉方提出反对意见的，对反对意见的证明应当达到事实清楚，证据确实、充分标准。② 这种量刑证明标准的最大特色即是坚持了在我国经历了长期实践的证明标准——事实清楚，证据确实、充分，而没有照搬国外的证明标准，并且"较大可能性"标准的表述也比"优势证据"的表述更符合我国的语言习惯，更便于理解。在笔者看来，未来最高司法机关在发布有关量刑证明标准的指导性案例时，应广泛并充分关注生发于本土实践的量刑证明标准的信息，从而为构筑量刑证明标准体系的中国模式积累经验，以有效应对我国司法实践中的量刑不公问题，满足社会公众对量刑公正的期盼。当然笔者并不反对将指导性案例中所包含的

---

① 2014 年 1 月 26 日，最高人民法院已经发布了第六批指导性案例。rmfyb. chinacourt. org/，2014 年 1 月 29 日。

② 《浦东新区法院量刑程序指导意见（试行）》，blog. chinacourt. org，2010 年 4 月 18 日。

量刑证明标准的规则在经过多年量刑实践检验后纳入刑事诉讼法，因为在这种情形下，刑事诉讼法中的规则已然是对实践经验或者内生秩序的固定了。

结　语

本章未直接对我国量刑证明标准提出明确的立法谏言，而是从方法论角度总结英国量刑证明标准体系与模式的成功经验作为我国建设量刑证明标准中国模式的考量因素。因为"工欲善其事，必先利其器"①，况且"方法并不是外在的形式，而是内容的灵魂和概念，方法只能是在科学认识中运动着的内容的本性，同时，正是内容这种自己的反思，才建立并产生内容的规定本身"②。因此，实际上在探究方法问题时，我们已经在路上了。更重要的是，在笔者看来，本章的研究成果比直接给出有关量刑证明标准的明确立法建议更符合学者的使命——"应当尽力而为，发展他的学科；他不应当休息，在他未能使自己的学科有所进展以前，他不应当认为他已经完成了自己的职责"。③ 希望本章的研究思路能够促动我国量刑证明标准理论、立法与实践的突破性发展，更希望能够为比较法研究开辟一片更加广阔的天地。

---

① 《论语·卫灵公》。
② ［德］黑格尔：《逻辑学》，杨一之译，商务印书馆1966年版，第37页。
③ ［德］费希特：《论学者的使命 人的使命》，梁志学、沈真译，商务印书馆1984年版，第41—42页。

第五章

我国庭审量刑证明问题探究[*]

杨亚飞、杨雨青、张钰玮、焦　龙、牛涵林

引　言

　　我国定罪量刑相统一模式沿袭已久，定罪与量刑的过程界限模糊，难以区分；且"重定罪轻量刑"之陋习一直大量存在司法实践中。这种模式下的司法证明程序虽可提高诉讼效率，但随着实践发展逐渐显现其易造成法官滥用自由裁量权、被告人辩护律师陷于作无罪和罪轻辩护的两难、同案不同判等弊端。近些年司法改革颇有成效，国家开始重视量刑程序的规范，并推出《人民法院量刑指导意见》《人民法院量刑程序指导意见》等文件，出现"定罪量刑相对分离的模式"，不仅影响了量刑程序整体框架，也影响了其中量刑证明程序的建立。而量刑证明程序科学架构的首要步骤便是确定量刑证明对象的范围，其与量刑公正紧密联系，且亟待解决；我国量刑证据规则也并没有明确的规定，量刑证据规则没有获得足够的重视；量刑证明标准各家看法各异，量刑证明标准也要跟随时代有所改革和发展，对量刑证明标准的研究也已经成为亟待开展和有所突破的司法研究内容；量刑中证明责任分配问题也需谨慎处理；严格证明与自由证明的界限与适用范围混乱不清，量刑证明模式的严格证明与自由证明的选择与适用对量刑的规范与公正具有重要意义。因此，以下将分别针对各方面的问题展开细致的论述，以期能构建合理的量刑证明程序，促进量刑程序规范化，维护司法公正。

　　* 本章为"青岛大学大学生创新创业训练计划项目"和2019年度教育部人文社会科学研究规划项目"量刑证明庭审实质化问题研究"（19YJA820033）的研究成果。

一 量刑证明模式的选择与适用

由于刑事诉讼法学领域"重定罪轻量刑"的传统做法弊端的不断显露，学理界与实务界都对其进行了质疑与反思。随着我国量刑程序改革的不断深入，庭审实务中能否真正贯彻落实以指导量刑工作还值得我们进一步关注。在量刑证明模式中正确选择和适用严格证明与自由证明尤为重要，但在我国的庭审量刑的实践中，严格证明与自由证明的界限与适用范围混乱不清，所以确立规范的量刑证明模式是我国在量刑中亟待解决的问题。

（一）严格证明与自由证明的内涵与界限

严格证明与自由证明作为大陆法系国家证据法上的基本概念，最早由德国学者迪恩茨于1926年提出，① 之后从德国传至日本，又由日本传入我国台湾地区，其间经过了不断地演进与发展。这一理论在各个国家和地区的具体内涵有所不同，但其区分"严格"与"自由"的证明标准以及为区分所追求的目的都大致相同。

1. 德国学者的普遍观点

德国学者克劳思·罗科信认为，对严格证明有以下两种限制：其一，有关法定证据之限制，即被告、证人、鉴定人、勘验及文书证件。其二，严格证明之证据需依法定的证据调查程序使用。自由证明之方法法院得以一般实务之惯例调查之，亦即可不拘任何方式来获取可信性（例如以查阅卷宗或电话询问之方式）；在许多案例中对此只需有纯粹的可使人相信之释明程度即已足。② 可见，克劳思·罗科信认为法定证据须经法定程序才能达到采信程度，即法定证据要经严格证明，而非法定证据只需自由证明，不拘于法定的程序和方式，且其达到"可信性"的标准显然要低于严格证明，只需达到"使人相信之释明程度"即可。

2. 日本学者的观点

日本学者田口守一对严格证明与自由证明的界限进行了区分，他认

① 参见［日］松冈正章《严格证明与自由证明》，《法学译丛》1981年第5期。
② 参见［德］克劳思·罗科信《刑事诉讼法》（第24版），吴丽琪译，法律出版社2003年版，第208页。

为，用有证据能力的证据并且经过正式的证据调查程序作出的证明，叫
"严格的证明"；其他的证明，叫"自由的证明"。自由证明的证据是否在
法庭上出示，出示以后用什么方式调查，由法院裁量。① 田口守一强调证
据能力与证据调查的程序，将自由证明证据的可信与采纳与否的自由交由
法院，但他并未指出两者的心证程度存在区别。小野清一郎在将德国的严
格证明与自由证明理论引入日本时，则是对两者的证明程度进行了更为明
确的区分。他认为，严格证明必须达到"不容有合理性怀疑存在余地"
的确信程度，而自由证明仅以"优势证据"来证明即可。②

通过对不同学者观点的比较我们可以发现，学界普遍认为严格证明是
指经过法律规定的证明方式和程序进行事实判断，使证据具有证明能力的
证明方法，且其所需达到的心证标准很高，即需要达到排除合理怀疑的程
度；自由证明则是指在审判过程中法官可以不通过法定的程序，而是运用
自由裁量权，对不具有法定证据形式的证据进行判断的方法。

严格证明与自由证明的差异体现在证据种类，证据调查程序，证据能
力等方面，但两者在证明标准上是否存在差别各国学者之间存在较大分
歧。大部分学者认为两者达到的心证程度没有区别，即严格证明与自由证
明都应到达排除合理怀疑的程度；而有的学者则认为两者达到的心证程度
有区别，即严格证明需要达到排除合理怀疑的程度，而自由证明只需达到
高度盖然性或者优势证据即可。

笔者认为，由于严格证明依法定程序对法定证据形式及证据能力进行
举证质证，故应该达到也能够达到排除合理怀疑的证明标准；但如果要求
自由证明与严格证明达到的证明程度相同，即都达到排除合理怀疑的程度
显然是不现实的。首先，自由证明的证据来源种类多样，证明程序的不严
格限制在法定程序中，这都必然导致自由证明的证据难以达到排除合理怀
疑的程度。其次，如果一味地要求自由证明达到与严格证明相同的心证标
准，那么区分自由证明与严格证明的意义将会大大降低。若要求自由证明
达到排除合理怀疑的心证程度就需要不断拘泥于证据的来源与证明的程序
等问题，这无疑将会大大地浪费诉讼资源，造成审判效率低下等问题。最

---

① 参见［日］田口守一《刑事诉讼法》，刘迪等译，法律出版社 2000 年版，第 219—
221 页。

② 参见［日］小野清一郎《犯罪构成要件理论》，王泰译，中国人民公安大学出版社 2004
年版，第 255 页。

后，自由证明的心证程度须达到高度盖然性或者优势证据，显然并非没有标准。达到高度盖然性或者优势证据虽然低于排除合理怀疑的证明标准，但也需要法官的理性判断与内心确信，不会有悖于审判的公正。

（二）严格证明与自由证明的适用范围

明确严格证明与自由证明的适用范围才能充分发挥提高诉讼效率、维护审判公正的作用。不同国家之间的适用范围并不完全相同，通过对其的分析比较可以为我国量刑证明模式的选择形成有利的启发。

1. 自由证明与严格证明在德国的适用范围

在德国，对于有关认定犯罪行为之经过、行为人之责任及刑罚之高度问题的重要事项，法律规定需以严格方式提出证据，亦即所谓的严格证明。自由证明程序之适用如下：（1）裁判只具诉讼上之重要性之事实认定，例如有权提起告诉之人知悉犯罪行为及行为人之时间或者对证人年龄之认定；（2）对除判决以外之裁判中之事实认定，例如：羁押命令之签发或开启审判程序之裁定。如果一项事实有双重重要性时，亦即同时对罪责及刑罚之问题及诉讼上问题均具重要性时，则适用严格证明程序。对被告是否曾被施以法律禁止之讯问行为时，亦可以自由证明之方式认定之，因为此关系纯粹是对诉讼程序错误之认定问题。① 德国学者通说认为，对涉及实体法事实都适用严格证明，自由证明仅适用于程序法事实。

2. 自由证明与严格证明在日本的适用范围

在日本，作为严格证明对象的事实，有两种情况：首先，以被告人的罪责为基础的实体法上的事实。即，犯罪事实和不存在违法阻却事由、责任阻却事由的事实。其次，量刑情节只通过自由证明即可。但是，倾向于加重被告人刑罚的情节事实需要严格证明。自由的证明是不需要严格证明的证明。② 可见，程序法事实和有利于被告的证据仅需通过自由证明，而不利于被告人的证据则需使用严格证明。小野清一郎则十分强调在量刑中自由证明的选择，他认为，对犯罪事实的证明是严格的证明。对于构成法律上的妨碍成立犯罪理由的事实、对于可成为法律上规定的加重处罚理由

① 参见［德］克劳思·罗科信《刑事诉讼法》（第24版），吴丽琪译，法律出版社2003年版，第208页。

② 参见［日］田口守一《刑事诉讼法》，刘迪等译，法律出版社2000年版，第220—221页。

的事实、对于构成法律上减轻或免除刑罚理由的事实，并不以严格的证明为必要，可以较自由地证明。对于诉讼条件，也没有必要进行像犯罪事实的证明那样适用严格证明，适用自由证明即可。① 即对于单纯的量刑事实，不论是实体法事实还是程序法事实都适用较为自由的证明。可见，各国学者间对严格证明与自由证明的选择各不相同。

（三）我国严格证明与自由证明的选择

在我国，程序法事实上适用自由证明并没有太大分歧，但是在实体法事实上是全部适用严格证明还是有选择地适用严格证明与自由证明上存在着较大的分歧。

笔者认为，对于实体法事实应当有选择地适用严格证明与自由证明。首先，需要对量刑事实进行分类。量刑事实依分类的标准不同，有多种分类方式，其中对量刑证明模式的选择最有意义且最适宜的分类为，以量刑事实是否有法律明文规定为标准，可以分为法定量刑情节与酌定量刑情节。对实体法法定的量刑事实适用严格证明，对酌定量刑事实适用自由证明。对法定量刑事实进行严格证明是很有必要的，对其进行严格证明可以把法官的自由裁量权限制在合理的范围内行使，既不偏纵犯罪，又不损害被告人的合法权益。而其中的酌定事实则都适用自由证明，因为酌定事实适用的酌定刑罚是法律赋予裁判者的酌定权力，酌定具有主观性、自由意志性，所以，反射到酌定量刑情节证明上也可以适用自由证明。

把实体法量刑事实依法定量刑事实和酌定量刑事实进行分类，是最简单明了也是最适宜的。在刑法总则与分则中明确指出的法定量刑事实直接关系到对被告人量刑选择是从轻、减轻还是从重、加重，这是整个量刑过程中极为关键的一步，直接关系到量刑的公正与否。刑罚的目的在于保障人权与惩罚犯罪，对法定量刑事实进行严格证明，通过法定的证明方式和证明程序，实现刑罚特殊预防与一般预防的目的，实现量刑的公开与公正。而对于酌定事实则进行自由证明即可。法官行使自由裁量权，充分考虑各种形式与来源的证据，具体分析各个案件的特殊性，只需达到优势证据或者高度盖然性的标准。这可以提高审判的效率，最大程度地节约诉讼资源。

---

① 参见［日］小野清一郎《犯罪构成要件理论》，王泰译，中国人民公安大学出版社 2004 年版，第 255 页。

有学者主张，为体现有利被告的原则，依量刑事实对被告人是否有利为标准，可以分为罪重事实和罪轻事实，在量刑证明中对于罪重的事实适用严格证明，而对于罪轻的事实仅适用自由证明。笔者认为，这样对于区分罪轻事实与罪重事实适用不同的证明方法是有欠妥当的。在刑事诉讼中的有利被告原则是指对于存疑的证据有利于被告，而不应随意地做扩张解释。对于与罪轻相对应的罪重事实，若是两者适用的量刑证明模式不同显然是有失公正的。这样的适用是否会偏纵犯罪就值得我们思考。在自由证明中，证明标准达到优势证据或者高度盖然性即可，法官的自由裁量权大，这必然就会增加在庭审中对罪轻事实证明的"操作性"，无疑是不利于司法公正和公开的。而且仅单纯地以罪轻罪重进行区分难以树立法的权威，震慑犯罪，对于刑罚目的一般预防的实现也将大打折扣。所以对于有法定的罪轻事实与罪重事实都应适用严格证明，需要达到排除合理怀疑的程度。这样不仅能保护被告人的人权，也可以维护被害人的权益，起到刑罚特殊预防与一般预防的目的，体现司法的公平与正义。另外，对于控辩双方的重大争议事项，不管是程序法事实还是实体法事实都应适用严格证明。这是对于司法公正的要求。

　　需要特别指出的是，对于简易程序案件一般不存在重大争议事件，在不违反公正的前提下可以更大程度地发挥自由证明的灵活高效性，进行量刑。对于死刑案件，根据最高人民法院、最高人民检察院、公安部、国家安全部和司法部联合发布的《关于办理死刑案件审查判断证据若干问题的规定》，对死刑案件中的证据规则、各种证据的审查判断、证人出庭及证明标准等问题进行了进一步的明确细化，进一步凸显了严格证明的要求。所以，在死刑案件中更加注重严格证明，真正达到排除合理怀疑，审慎适用死刑，但这并不否认死刑案件中不能适用自由证明。

　　严格证明与自由证明都是相对而言，在具体的庭审量刑适用中都具有一定的灵活性。另外，在严格证明与自由证明之间是否还存在着更为适宜的证明方式，日本学者平野隆一提出"适正之证明"，即"适当的证明"的概念也应值得引起我们的思考。我国的量刑程序改革还在不断进行，相应的对适合我国实际的量刑证明模式的选择各学者也都在不断探索。只有在实践中不断总结经验形成理论成果，将理论成果应用于指导量刑实践，再在实践中不断发现问题，修正理论中不适于实践的部分，才能使理论做到真正地源于实践，指导实践，才能真正实现司法公正与审判效率。

二　量刑证明对象范畴界定

在量刑证明程序中，保障其顺利进行的首要步骤为明确量刑证明对象，即狭义量刑事实。考虑影响量刑事实范畴确定的各项因素，首先从量刑证明对象的特殊性、证明的本质属性等方面了解量刑证明对象确立的背景，再从量刑逻辑层次关系、量刑证明与诉讼程序设置模式、量刑证明与司法审判模式的关系方面来限定狭义量刑事实的范围，即除去犯罪情节以及构成犯罪要件的量刑情节之外的量刑事实，进而完成量刑证明对象范围界定的构想。

（一）　量刑证明对象确立背景

1. 量刑证明对象的特殊性

在定罪量刑程序合一的模式下，定罪证明与量刑证明程序也难以明确区分开来，证明程序"在普遍的认识上以'定罪证明'称之，量刑证明隐含其中"①。且在"重定罪、轻量刑"的观念下，定罪证明也占据庭审证明程序的主要地位，定罪证明对象成为庭审证明程序中待证事实的主要部分，定罪证明对象明确为犯罪事实，即属犯罪构成要件的情节，其多在法律中有明确规范，且理论发展较为完善，因此范畴较为清楚明确；而对于量刑证明对象则鲜有规范，其范围不清，适用混乱，易造成法官自由裁量权滥用。而今在定罪与量刑程序分离之大趋势下，量刑证明程序开始受到重视，与定罪证明程序分离，并逐渐与定罪程序按照"先定罪，后量刑"的顺序并列成为独立程序，因此定罪证明对象也与量刑证明对象在待证事实范畴中处于并列关系，而区分两者并为明确量刑证明对象范畴而探寻其关系则成为必然步骤。

首先，对定罪证明对象与量刑证明对象的证明在程序上具有顺序性，在定罪程序中对定罪事实进行证明后，再于量刑程序中对量刑事实进行证明。其次，定罪证明对象与量刑证明对象的共通之处在于两者都应是待证事实，即可运用证据进行证明的事实，"正是因为证明对象的本源是事实问题，决定了司法证明是解决事实问题的。所以，无论是定罪证明还是量

---

① 吕泽华：《定罪与量刑证明一分为二论》，《中国法学》2015 年第 6 期。

刑证明都是解决事实证明问题的，两者在证明对象上体现出一致性"①。
而量刑证明对象又有其特殊性：区别于犯罪构成要件事实，其不包括犯罪
构成要件的事实部分；对量刑证明对象进行证明是为了在定罪的基础上确
定量刑幅度，即为确定刑罚的"量"，适用的证明标准、证据规则等因其
与定罪证明"定性"的不同而有诸多差异。因此，作为量刑证明程序完
善的首要步骤，甚至作为关系到"司法证明本质属性认识"② 的探索，独
立研究量刑证明对象是为完善量刑证明程序，进而完善量刑程序的重中
之重。

　　2. 量刑证明对象释义

　　何为证明？《现代汉语词典》释为"用可靠的材料来表明或断定人或
事物的真实性"。司法证明过程，则是在庭审过程中负有证明责任的一方
提出证据证明待证案件事实成立，法官依据一定的证明标准和证明规则进
行审查和裁判，判明待证案件事实真伪的过程。因此，证明的本质是针对
客观性事实，是运用具备真实性的材料（即证据）对待证事实进行的辨
明真伪的活动。因此量刑证明活动，即是针对量刑事实，即与量刑有关的
待证客观性事实所进行的证明活动。那何为量刑证明对象？通说定义量刑
证明对象为量刑事实，又称为量刑情节，即是指人民法院对犯罪分子量刑
时据以处罚轻重或免除处罚的主客观事实情况，即是量刑阶段需使用证据
进行证明的事实③。有学者认为量刑证明对象为量刑事实和量刑请求，认
为除了对某些特定量刑事实进行证明之外，还应当考虑控辩双方对于量刑
所提出的请求，依靠请求来限定相对模糊的量刑证明范围④，应当认为此
种观点将量刑证明对象过于泛化。"请求"与"事实"本质为两种性质的
概念，"量刑请求是诉讼各方量刑活动的目的诉求，此目的是否达成，需
要中立裁判者以量刑情节为根据，以量刑刑罚的法律规范标准为准绳，依
法进行量刑计量和衡平裁量，确立最终的刑罚"；"一案中可以有两个甚
至三个量刑请求，检察院的称作'量刑建议'，被害人方和被告人方的称
作'量刑意见'，"⑤ 所以，量刑请求是控辩双方基于待证量刑事实之上

---

①　吕泽华：《定罪与量刑证明一分为二论》，《中国法学》2015 年第 6 期。
②　吕泽华：《定罪与量刑证明一分为二论》，《中国法学》2015 年第 6 期。
③　参见高铭暄、马克昌主编《刑法学》（第十版），北京大学出版社、高等教育出版社
2022 年版。
④　参见闵春雷《论量刑证明》，《吉林大学社会科学学报》2011 年第 1 期。
⑤　参见吕泽华、于子雯《量刑规范化的逻辑层次关系解析》，《东方论坛》2015 年第 2 期。

的，提出的控辩双方主观关于量刑适法问题的请求；其内容虽包含一定的量刑事实，但因而量刑证明对象应当予以限定，即只能为量刑事实。

（二）影响量刑证明对象确立的因素

1. 量刑程序中各层次关系

量刑程序是裁判者以量刑事实为根据，以恰当量刑裁判方法确定量刑刑罚幅度的过程。确定量刑事实的过程便是量刑证明程序，即量刑证明程序包含于量刑程序之中，是量刑程序的有机组成部分，量刑证明活动是进行量刑裁判的前提。[①] 因量刑是对量刑事实进行的计算裁量，相当于刑罚量化过程，因此量刑事实在量刑程序中产生了一定限制，即也必须能进行量化，即依照量刑刑罚的法律规范进行量刑计量。所以，确定量刑情节的过程即量刑证明程序中，作为量刑证明对象的量刑事实必须是可量化的。

而从量刑证明程序中各要素之间的相互联系来看，"量刑证明是以量刑证据为基础，以量刑证明的模式、量刑证明标准和量刑证明责任等证明要素组成的对量刑情节进行司法证明的活动"，[②] 因此，量刑证明对象的界定对于整个量刑证明程序乃至量刑程序有着极其重要的影响。首先，对量刑事实的证明是其他各要素存在的前提；而对量刑事实的证明又应当以量刑证据为基础，体现出作为量刑证明对象的量刑事实必须存在相应证据进行证明。量刑证明对象的选择又直接决定量刑证据采纳的范围，进而引发量刑证据规则的适用与证据规则体系的建立的讨论；其次，在证明过程中针对不同量刑事实，所采用的证明标准也有巨大争议；而量刑事实证明责任的分配问题，亦需根据量刑事实进行判断。不同的量刑证明对象的界定影响着量刑证明模式，更关系到量刑程序的规范性。

2. 量刑证明与诉讼程序设置模式

定罪量刑程序完全独立的模式存在于英美法系中，此种模式下量刑事实的范围明确，明显与定罪事实的概念相分离；英美法系国家将定罪程序归于"定性"过程（即由陪审团确定属于何种罪名），而将量刑程序归为"定量"的活动（即由法官依据法律裁量刑罚），使得在量刑程序上具有相对于大陆法系国家规范化、体系化的特点。而量刑程序中的量刑证明程序所证明的对象，即为法官依照所获得的证据，运用一定的证明方法证实

---

① 参见吕泽华、于子雯《量刑规范化的逻辑层次关系解析》，《东方论坛》2015 年第 2 期。
② 参见吕泽华、于子雯《量刑规范化的逻辑层次关系解析》，《东方论坛》2015 年第 2 期。

的，影响刑罚裁量的待证事实。而大陆法系一直采用定罪与量刑相统一模式，定罪量刑程序在庭审过程中不作区分统一进行。这种模式下，此处的量刑事实中属于犯罪事实的量刑事实，与犯罪事实的范围重叠。随着我国司法改革的发展，特别是颁布《人民法院量刑指导意见（试行）》《人民法院量刑程序指导意见（试行）》、进行量刑改革试点后，确定了我国的刑事诉讼定罪量刑相对分离的模式，这种定罪量刑相分离模式，其实是将定罪程序与量刑程序在庭审阶段中做了大致划分，定罪程序与量刑程序的分离存在于被告人不认罪的案件中，对于被告人认罪案件还是采用相统一模式。这种模式弥补了统一模式下的一些弊端，却也使此模式中量刑证明对象范围有较大异议。具体来说，在被告人认罪时的量刑程序中，定罪事实与量刑事实可统称为广义上的量刑事实，仍遵循统一证明的模式；而在被告人不认罪时，定罪与量刑程序相分离，类似于英美法系国家，首先进行的定罪程序中将对定罪事实进行证明，一旦罪名确定，量刑程序便开始进行，其中的量刑证明活动便会对量刑事实进行证明。两种程序的差异导致证明程序证明对象的差异，显然影响证明对象范围的确定。

3. 量刑证明与司法审判模式

司法裁判模式的不同，对于量刑证明的对象范畴也会产生一定的影响。在英美法系中的陪审团审判模式下，定罪程序是由公民组成陪审团进行，代表着当下社会的一般价值观念判断，而量刑程序是由法官进行的专业性极强的裁判活动，如在美国，法官一般会以定罪阶段所确定的事实作为量刑的基础，此外法官通常会委托那些固定、独立隶属于司法机关的缓刑监督官制作"量刑前报告"，以此作为量刑依据之一。量刑前报告的内容细致地体现量刑所应考虑的各种因素，主要有犯罪行为、认罪态度、犯罪前科、量刑选择、个人品格特征、赔偿能力、辩诉交易影响和量刑建议等内容，量刑事实便基本包含于报告中，量刑前报告也作为法官量刑的重要依据。[①]

而我国采取了人民陪审员制度，人民陪审员与法官共同审理案件。这种模式下裁判的主导地位仍为法官所有，人民陪审员因为非法律人士，其意见也多依附于法官。因此，人民陪审员在量刑阶段虽有社会价值观念判断作用，但其作用极其有限，量刑证明过程仍由法官主导进行。除法定情

---

① 参见汪贻飞《论社会调查报告对我国量刑程序改革的借鉴》，《当代法学》2010 年第 1 期。

节已有明确法律规定，可对法官裁量权进行约束之外，酌定情节的范畴也多由法官自主决定，量刑情节范畴因法官个人主观意识偏差较大而有各种差异，类似案件在不同情节的取舍下的判决可能出现天壤之别。这也更加反映出对量刑证明对象范畴进行科学确定的必要性和紧迫性。

（三）我国量刑证明对象的确立

1. 量刑证明对象范畴确定前提

据以上关于量刑证明对象的范围解析，笔者认为对于量刑证明对象即量刑事实范围的确立，首先应当明确提出量刑情节的前提为定罪证明程序与量刑证明程序相分离。只有在此条件下，量刑事实区别于定罪事实，量刑证明对象才可区别于定罪证明对象，更能体现定罪属于定性分析活动，而量刑证明为定量分析活动。

其次，作为量刑证明对象的量刑事实应作狭义理解。本质上，量刑事实应当是包括定罪事实的，因为整个司法审判的过程就是定罪量刑的过程，量刑本就是定罪事实确认之后的对罪行进行适法裁量的活动，因此无论定罪阶段还是量刑阶段的待证事实实际都服务于量刑。但为便于区分，广大学者都将定罪事实与量刑事实概念相分离，量刑事实是与定罪事实并列成为刑事诉讼中待证实体法事实的。其中，定罪事实因在定罪过程中已被证明，应当排除在量刑证明对象之外；除定罪事实之外的某些属于犯罪构成要件的量刑事实，在定罪证明中已经进行过证明，在量刑证明中无须重复证明增加烦琐，因此也应当排除。所以，作为量刑证明对象的量刑事实应当是最狭义量刑事实，即除去定罪事实和属于犯罪构成要件的量刑事实之外的量刑事实。值得一提的是，量刑事实也并不一定与特定的案件有关联。

2. 量刑证明对象的分类

根据以上条件限制，便大大缩小了量刑证明的范围，也避免了量刑证明的无用之功。就此，狭义量刑事实可再适用不同角度进行分类，以期更细化确定其范围。明确量刑证明对象范围，就不同分类方法综合吸收利用，才有助于确立量刑事实的范围，从而能准确地适用刑罚，做到量刑公正。结合我国现状，首先采用根据是否有法律明文规定分为法定情节和酌定情节①的分类方法：在此分类下，法定情节已有法律明确规定，因此在进行证明时，证据准入规则的适用可保证法定情节的证明程序最大程度的规范；而对于酌定情节，可根据证明危害性类型的角度分为证明社会危害性大小的情节，例如对被害人及其亲属的精神损害、被害人谅解程度等；证明人身危险性的情节，如成长履历、道德品性、受教育程度等②。此种分类方法可明确法官自由裁量权的范围，在规范量刑证明程序的同时不会对法官的自由裁量权做过多限制；同时，在第一层分类中采取通说分为法定情节和酌定情节，也能更好地适应当下实践的需要。

量刑证明对象范畴作为量刑证明程序的首要步骤，对量刑程序乃至整个司法程序的完善与公正起到至关重要的影响。本章着重从理论方面阐述量刑证明对象范畴，而在实践中，案情千差万别，量刑证明对象也有极大的差异，如何能使理论更好地服务于实践也是我们所不能忽略的问题。因此，应当坚持理论与实践的结合，构建严密规范的量刑证明程序，逐步推进量刑程序改革进程的脚步不可停歇，实现司法公正的长路仍需不断地探索发现。

三　量刑证据规则探究

在我国定罪量刑一体化的模式下，现有的证据规则在定罪程序和量刑程序中并没有明确的法律规定来进行区分。随着量刑规范化改革在全国试点改革起，我国的量刑改革相关问题受到了广泛的关注。虽然量刑证明程序改革目前在一定程度上取得了突破，但是我国量刑证据规则并没有明确的规定，量刑证据规则对于分离定罪程序和量刑程序、建立独立的量刑证据规则体系、推进我国的量刑庭审程序改革，进而建立我国完善的量刑程序有着不可忽视的重要作用。但是作为量刑程序改革中重要的一环，量刑证据规则确实没有获得足够的重视。笔者主要就当今主流学说，对定罪与量刑证据规则的关系进行辨析，并对量刑证据规则体系的构建提出自己的设想。

---

① 参见吕泽华《定罪与量刑证明一分为二论》，《中国法学》2015 年第 6 期。
② 参见李玉萍《量刑事实证明初论》，《证据科学》2009 年第 1 期。

（一）量刑证据规则主流观点及辨析

1. 无规则说

学界对于量刑证据规则的争论颇多，多年来难以定论，笔者认为可将目前学界观点大致划分为三种主要观点：一是"无规则说"，此种学说以陈瑞华[①]与闵春雷的学说为典型代表。此种学说认为量刑程序相较定罪程序而言应简易运作，方便广泛采纳量刑证据，有利于法官进行自由心证和自由裁量并充分发挥法官在量刑程序中的作用，基于此观点则传闻证据规则、非法证据规则、品格证据规则等不再作为量刑证据规则适用于量刑程序中。笔者对这种学说态度持有异议，放开量刑证据规则的限制无异于打开权力的枷锁，无形中扩大了法官的自由裁量权。没有了量刑证据规则的限制就难以保证证据来源的可信度，证据的真实性、合法性、关联性也无法得到保障。况且我国目前已经逐步确立证据裁判原则，即认定事实必须依靠证据，证据要有证据能力，证据必须查证事实。以品格证据为例，品格证据与案件事实和犯罪嫌疑人的犯罪行为并无直接关系，关于品行好坏的认定也无法制定具体的量化标准，不能以此作为依据左右其量刑的结果。可见品格证据缺乏证明能力，查证和认定事实也有较大难度，并不符合当代的证据裁判原则，因此笔者不支持"无规则说"的学说。

2. 规则沿用说

第二种主要学说以陈卫东和张佳华[②]的观点为代表可称之为"规则沿用说"，此种学说认为在量刑各个环节上都应遵循相应的证据规则，以达到限制法庭的自由裁量权的目的。同时还认为量刑程序中应沿用定罪证据规则，仅在执行力度和约束力上对二者加以区别即可。笔者认为此种学说在量刑各环节都注重适用证据规则十分可取，在很大程度上限制法官的权力同时保障程序正义的实现，同时在适用中具有一定程度的灵活性。但是笔者认为量刑和定罪在性质、目的和任务上有着本质的区别，如果单纯沿用定罪证据规则并且仅在执行力度和约束力上加以区分，还不足以达到将定罪证据规则和量刑证据规则完全分离开的目的，更何况此种学说并没有

---

① 参见陈瑞华《量刑程序中的证据规则》，《吉林大学社会科学学报》2011 年第 1 期；陈瑞华《论刑事诉讼中的过程证据》，《中国检察官》2015 年第 1 期；陈瑞华《程序性裁判中的证据规则》，《法制资讯》2011 年第 12 期。

② 参见陈卫东、张佳华《量刑程序改革语境中的量刑证据初探》，《证据科学》2009 年第 1 期。

归纳和形成一个独立、完善的量刑证据规则体系，也难以明确执行力度和约束力的具体标准。可以预见实践过程中由于缺乏具体标准和体系很容易造成二者的混同，同时将如何把握执行力度和约束力的权力又交回了法官，也就是说在量刑各环节都注重适用证据规则来限制法官自由裁量权的做法就失去了其原本的意义。

3. 折中说

"折中说"代表观点为张月满教授[①]的观点。此种观点认为在量刑程序中既要保证有相应的规则来进行约束，又不是照搬定罪证据规则的全部内容而是以其作为量刑证据规则的参考，对其适当取舍并进行创新改制，保证量刑证据规则的独立运用。笔者更倾向于此种观点，既可以对量刑和定罪证据规则进行有效的区分，又可以达到限制法官自由裁量权保证公平正义的目的，并且此种观点更适于我国量刑程序的现状以及未来的发展，在司法实践中更易于推行，对建立完善的量刑证据规则是一个很好的过渡和缓冲。

4. 争议焦点及观点辨析

综合三种学说以及我们进行的调查问卷的结果来看，量刑证据规则的争议焦点主要集中以下三种证据规则：品格证据规则、传闻证据规则和非法证据排除规则。笔者针对这三种证据规则的提出自己的观点：

（1）品格证据规则

品格证据规则是用以证明被告人、被害人及证人品格之证据的证据规则，是指诉讼中当事人提出的关于被告人、被害人、证人品格的证据不可采的证据规则。所谓品格是指某人以特定方式思考、感受和作出行为的倾向性。摩非认为，"品格"在证据上一般是包括三种含义：其一，它可以指一个在社区里认识他的人群中的名声好坏；其二，它可以指一个人以特定方式处事的个性；其三，它可以指一个人个人历史中特定的事件，如先前的刑事定罪。在定罪程序中无论其品格的好坏都会让事实认定者产生偏见，并且其品格好坏认定也相当复杂，因此在定罪中品格证据不予采用。但是有学者认为在量刑诉讼证明中品格证据不应受到限制，采纳品格证据可以获得更全面的信息，并体现对被定罪人的人文关怀。对此观点笔者并不同意，品格证据在量刑程序中的认定界线比较模糊，被定罪人的品格好

---

① 参见张月满《量刑程序论》，山东大学出版社 2011 年版。

坏的认定也多是从被定罪人以往的行为表现进行推测，与其案件本身的行为并无较大的关联性，缺乏证据能力，如果采纳品格证据有违证据裁判原则。在实践中更是由于难以确定适用标准出现了认定效率低、证明能力差的情况。所以采纳品格证据并不能体现司法的公正与准确，笔者认为我国在量刑证据规则的设立上也应坚持品格证据规则。

（2）传闻证据规则

传闻证据规则是英美证据法中最重要的证据规则之一，此规则原则上在审判中排除传闻证据，证人证言须在法庭上接受检验，只有在符合法定的例外情形时才允许采纳庭外陈述。所谓传闻证据是指证人在本案法庭审理之外作出的用来证明其本身所主张的事实的各种陈述。有学者认为我国在量刑程序中可以放宽要求采纳传闻证据，对此笔者有两点看法：一是我国在量刑程序中也应该坚持传闻证据原则，以遵守直接审理原则和直接言词规则，维持对抗式审判模式，同时原始证人出庭进行陈述可以让法官从其语言、神情及其他方面对于其陈述的真实性进行初步审查，有利于法官的心证并保证司法公正。二是鉴于我国司法实践中存在的问题，我国在量刑程序中可借鉴英美等国，在能够保证传闻证据真实性、可信性和必要性（如原始证人死亡）的情况下，依据法律规定适当的例外情况采纳传闻证据。

（3）非法证据排除规则

非法证据排除规则，是对非法取得的供述和非法搜查扣押取得的证据予以排除的统称，也就是说，司法机关不得采纳非法证据，将其作为定案的证据。非法证据的范围包括：执法机关违反法定程序制作的调查收集的证据材料；在超越职权或滥用职权时制作或提查收集证据材料；律师或当事人采取非法手段制作或调查收集的证据材料；执法机关以非法的证据材料为线索调查收集的其他证据。现代国家都禁止采取违法的手段和方式获取证据，但是对于非法证据规则的建立问题争议却由来已久。在量刑程序中非法证据是否采纳各方也是争议不休，并且形成了多种观点。对此，笔者认为在量刑程序中非法证据排除规则应当予以坚持，但可以规定法定的例外情况，甚至可以设立一个新的证据准入规则——善意准入证据规则。所谓善意指如果执行搜查、扣押的侦查机关本于善意相信自己执行的行为是合法的，纵然事后确认该搜查、扣押行为违法，则因此行为得到的证据不在排除之列，可以被保留下来。也就是说如果非法证据的取得是善意的并且不会提高被定罪人的量刑，就可以在量刑证据的举证过程中予以采纳。这样既有利于司法机关严肃执法，纠正违法取证行为，减少冤假错案的发生，保证了诉讼人的权利，又在扩大了证据可被采纳的范围的同时保证被定罪人的人权不受侵害。

（二）定罪与量刑证据规则的关系

1. 定罪与量刑证据规则的统一性

定罪证据规则与量刑证据规则的关系具有统一性。不论是定罪证据规则还是量刑证据规则都要遵循刑事证据原则即证据裁判原则、自由心证原则和直接言词原则。它们的出发点也是一致的，都是为了确保证据的真实性、合法性、关联性，保障司法程序的程序正义。除此之外，定罪证据规则和量刑证据规则在理论上有很大程度上的相似性，从某种意义上定罪证据规则可以说是量刑证据规则的基石，这个特点在我们国家的司法实践中尤为突出。我国目前是遵循定罪量刑一体化的程序，并且长期以来以定罪证据规则为主导，我国众多关于量刑证据规则的学说和理论都是以定罪证据规则作为基础，甚至也有理论及学说认为可以完全沿用定罪证据规则来作为量刑证据规则。由此可以看出定罪证据规则与量刑证据规则有着理论上有着高度的统一性，二者的关系可谓密不可分。

2. 定罪与量刑证据规则的分离性

定罪证据规则与量刑证据规则在理论上的统一性并不意味着二者的内容也是完全一致的，在其具体的规则设计内容上存在着很大的区别，具有分离性，笔者认为其原因可以分为以下两点：其一，定罪程序中最根本的目的是确定嫌疑人是否有罪，获取证据的最终目的就是为了以证据来作为嫌疑人有罪或是无罪的依据，因此对于证据证明力的要求的范围也就相对集中。而在量刑程序中获取证据的目的发生了改变，证据的作用不再是确定一个人是否有罪而是通过证据来确定对犯罪者惩戒的力度，简单来说就是变成了对其过错大小的考量。其目的由确定罪责的有无变成了确定惩戒力度的大小，由绝对的是或不是变成了模糊概念的过错大小。因此在量刑程序中需要考虑的因素也就变多了，需要纳入考察的范围也就更广泛了，在证据规则设计的内容上自然就会发生明显的改变。其二，在定罪程序的适用过程中，必须严格遵循无罪推定原则，也就是说在没有确定犯罪嫌疑人、被告人有罪的前提下不能认为其是有罪的，加之有疑罪从无原则的进一步限制，必须具有足够证据能力的证据才能对有罪无罪的最终结果产生实质上的影响，因此在定罪程序中对于证据的证明力有着较高的要求，相对量刑程序而言其证据规则也就格外严格。

反观量刑程序，嫌疑人已经被定罪也就是说无罪的概念已经不存在，无罪推定的原则实际上已经失去了本身的约束力，在司法实践的过程中就会自然地出现对于量刑证据约束力下降的情况。而相较于定罪程序的标准高和范围小的特点，量刑程序对证据证明力的要求确实会在一定程度上低于定罪的证据证明力的要求，其对应的证据准入和证据排除规则也就会相对宽松。但是这种宽松是相对的，并不是无底线的，而是需要针对量刑程序中被告人已经被定性的特点，将更多能对被告人量刑产生实质影响的证据纳入考虑范围中，这个范围相较定罪证据规则而言更为广泛，所以从以上两点来看，定罪证据规则与量刑证据规则在设计内容上的确又是彼此分离的。

综上所述，笔者认为，二者在理论上高度统一，但是在实质内容上又是彼此分离的，具有统一性和分离性。

（三）我国量刑证据规则体系构建设想

关于量刑证据规则体系构建我国法律目前并没有明确的规定，学术界也是众说纷纭，笔者在参考各国证据规则以及相关学说后提出自己对于构建我国量刑证据规则体系的设想：从流程上将四个环节都加以相应的证据规则的约束：首先，在取证环节由非法证据排除规则以及前文所提到的善意准入规则来进行约束，指引证据收集的规范（当然，这也是各个阶段合法性审查或者排除的基本规范）；其次，在举证环节参考定罪证据规则明确量刑证明责任分配规则；再次，在质证环节参考定罪证据规则采用交叉询问规则；最后，在认证环节中采纳品格证据规则、传闻证据规则、意见证据规则、最佳证据规则和补强证据规则等。当然，这些证据规则，不是严格地按照程序环节来规范的，此处，仅是强调各个程序环节中需要重点强调的规则设计。值得注意的是，非法证据排除规则、品格证据规则以及传闻证据规则并非是照搬定罪证据规则的相关内容，而是像前文所述，是在约束力、适用范围以及例外判例的调整后纳入量刑证据规则体系当中来，这样在限制了自由裁量权运用的同时保证了法官能够自由心证。这个体系参照了定罪证据规则体系的同时也纳入了新的证据准入规则，针对量刑程序与定罪程序中的区别之处对相应的证据规则做出了调整，可以说对定罪证据规则和量刑证据规则做出了明显的区别与划分。

在定罪量刑程序合一的模式下，定罪证明与量刑证明程序也难以明确区分开来，证明程序"在普遍的认识上以'定罪证明'称之，量刑证明隐含其中"①，尤其是受到我国现阶段"重定罪，轻量刑"的实际情况和量刑程序改革还正处于发展阶段的限制，构建我国量刑证据规则体系绝对不是一蹴而就的，必须紧随我国量刑程序改革一步步进行。这就意味着我们必须要针对现阶段的亟待解决的量刑证据问题优先引入相应的量刑证据规则。笔者认为必须优先引入两个量刑证据规则：

一是非法证据排除规则。在我国的司法实践中存在着大量采纳非法证据的情况，此种现象在量刑证明程序中尤为突出。无论是在学界还是实务界关于非法证据排除规则的争议也由来已久，这就造成了非法证据在量刑证明程序中被不加限制地频繁采纳，与现代法治国家的观念严重脱节，更是违背了证据的合法性这一最基本的要求。因此，我国应优先在量刑证明程序中引入非法证据排除规则，规范量刑证据准入规则，维护法律的公平与正义。

二是优先引入善意准入规则，引入此证据规则的一个重要目的是对非法证据规则在量刑证明程序中的引入起辅助和过渡作用，正如前文所言，非法证据的取得是善意的并且不会提高被定罪人的量刑就可以在量刑证据的举证过程中予以采纳。这样，既有利于司法机关严肃执法，纠正违法取证行为，减少冤假错案的发生，保证了诉讼人的权利又在扩大了证据可被采纳的范围的同时保证被定罪人的人权不受侵害。

综上所述，笔者认为，量刑证据规则较之定罪证据规则而言确实需要相对灵活和宽松，但是，也绝不能盲目地放开规则限制，不论何时都应该将权力锁在制度的笼子里。就我国目前司法现状来看，定罪证据规则与量刑证据规则之间还是有着诸多区别和值得探讨的问题。我国的量刑证据规则体系亟待构建，我国的量刑程序改革也需要进一步深化。

四　量刑证明标准的曲线式模式

司法审判过程中，相似的事实在不同的案件当中，往往会因为不同的

①　吕泽华、于子雯：《量刑规范化的逻辑层次关系解析》，《东方论坛》2015 年第 2 期。

法官对现有的证明标准，即"事实清楚，证据确实、充分"的理解上的不同，在同罪的基础上，产生不同的量刑幅度，这也是在司法实践中，量刑畸轻畸重的根本原因所在。在司法实践中，对定罪证明标准，大体上保持着相同的价值观念，而对量刑证明标准则看法各异。面对日益复杂化的犯罪环境，量刑证明标准也要跟随时代的发展，有所改革和发展，并以此引领着量刑证明环节的改革和发展，进而由微观到宏观地促进司法改革和实践。

（一） 曲线式量刑证明标准的概念

鉴于当代刑事案例区分的日益细微化，现如今的量刑证明标准应该是一种曲线式证明标准。曲线式的量刑证明标准（以下简称为曲线式）是指从全面的角度评析量刑证据，根据各个证据的证明力大小和对量刑结果的影响程度，而细化区分对待的一种高低不平的量刑证明标准。在量刑主体方面，其结合法官的内心确信和合理量刑证据，达到理性标准和感性标准相统一的程度；在量刑事实方面，其不仅仅局限于"事实清楚"的程度，而是"事态的清晰和可知"，这突破了对量刑事实客观性的界限，达到客观事实和主观意图的相统一；在加重、减轻情节方面，应结合主观价值追求和社会的评价，分开制定加重情节和减轻情节的证明标准。

（二） 曲线式与定罪标准的异同

目前在我国单一的刑事证明标准下，区分定罪证明标准和量刑证明标准似乎意义不大，证明标准被普遍理解为定罪量刑的证明标准。从我国《刑事诉讼法》颁布至今，"事实清楚，证据确实、充分"一直被视为从侦查环节到庭审环节的标准证明标准，在每一环节都经过证明标准审查的证据、事实理论上应该是完全值得确信的。但现实生活中，许多冤假错案的事实和证据都是经过了"事实清楚，证据确实、充分"的证明。由此可见，"案件事实清楚，证据确实、充分"这一证明标准在实践当中并没有得以充分适用，这就导致我国的《刑事诉讼法》规定的证明标准与现实生活有所脱离。

1. 两者的共通之处

无论是曲线式还是定罪标准都是统一适用证明标准的一般情况，即两者都是对证据证明力是否"合格"的评价指标。

2. 两者的区分

（1）对象不同。定罪标准所针对的是定罪证据，并据此来评价被告人是否入罪的一种量化指标；而曲线式则针对的是已经确定为有罪的罪犯的量刑证据，以此来确定该罪犯的"恶行"的大小，进而确定对其具体的刑罚的适用。

（2）标准不同。定罪标准适用的是"事实清楚，证据确实、充分"的单一化标准，对所有犯罪统一适用；而曲线式则是不同情形，有所区分。

（三）曲线式的历史发展

1. 古代的曲线式雏形

纵观我国的法制发展史，自夏商周到清末近五千年的古代历史中，一直是以一种"刑本位""刑重民轻""德刑相适"① 的重法思想发展和继承改良的，其中，古代刑法的发展尤为完备。古代刑法最突出的特点就是以实体法为主，诉讼法为辅，如在西周，有关"狱"的案件，即刑事案件中，《周礼》记载："以两剂禁民狱，人钧金三日，然后致于朝，然后听之。"再如唐朝的"五听"制度，确立了"众证定罪"原则②。古代刑法中，刑诉法适用的是定罪与量刑合一的诉讼模式，"定罪法定，量刑由官"的模式是古代刑事审判的通用模式，法官在审判过程中有着绝对的自由裁量权，适用刑罚完全取决于法官对罪犯的主观情感和个人喜恶，在这种模式下，法官个人的"仁治""德治"思想起着至关重要的作用，仁义道德成为法官量刑环节中一个重要的衡量尺度。

作为量刑标准的仁义道德，在个案适用上表现出对不同背景、不同动机等细微化量刑证据区分适用的一种标准。例如唐朝，在风俗教化等问题上就存在着较之盗贼更为严格的证明标准，以此来防微杜渐。

2. 近代的类曲线式的发展

在近代，随着资本主义的传入，我国司法发展出现了翻天覆地的变化，尤其是诉讼法领域，更是全盘借鉴西方法律，根据1911年《刑事诉讼律草案》的规定，在刑事诉讼程序中，采取纠问制庭审模式，并确立了"自由心证"原则。自由心证强调法官对案件事实的一种确认，与我国古代的仁

---

① 参见曾宪义主编《中国法制史》（第三版），北京大学出版社2013年版。
② 参见《唐六典》卷三。

义道德相比较，更为凸显了其在证明标准上的独断性。"一千个法官心里有一千个标准"，一个法官对一个案件的不同证据也有着不同的见解，这就导致曲线式从无形的评判标准发展到一种相对专业化的理论见解。

　　3. 现代的曲线式有待建立

　　在改革开放以来，量刑环节的法治建设在国际司法环境的影响下，尤其是英美法系国家对量刑证明的长足、迅猛的发展改革环境下，有了突破式的发展和完善。量刑标准的定义和内容也开始有了初步的探讨和确立，在 2011 年的《刑事诉讼法修正案（草案）》中，首次确立了量刑标准的内容，即"事实清楚，证据确实、充分①"。然而，在 2013 年的《最高人民法院关于适用〈中华人民共和国刑事诉讼法〉的解释》（以下简称《解释》）中对证明标准的补充规定，即"认定被告人有罪和对被告人从重处罚，应当适用证据确实、充分的证明标准"，使得理论学界对定罪证明标准和量刑证明标准的定位有着不同的争议，有的学者认为在 2012 年刑事诉讼法中规定的"事实清楚，证据确实、充分"是定罪证明标准的规定②，而有的学者认为这是量刑证明标准的规定。现代的证明标准强调的是一种明文化的标准模式，即将之前的内心活动程序化，细节化。曲线式这种对量刑细节的区分模式将会成为一种发展趋势。

（四）　量刑证明标准的相关学说比较

　　下面将就量刑的证明标准的主流观点展开详细的论述，并就其与曲线式的不同展开集中分析。

　　1. 从重的量刑证明标准③

　　从重的量刑标准是根据《解释》中的"对被告人加重处罚，应适用证据确实、充分的证明标准"，结合量刑环节的加重情节所占比率的特点，认为对量刑情节的证明应该达到较高的等级，即量刑证明标准应具有高度的盖然性。其中，"从重"是相对于从轻减轻而言的证明标准，从重的量刑证明标准严格程度要高于从轻减轻证明标准，法定从重（含加重）量刑情节等同加证明标准。在司法实践中，酌定量刑情节是审判

---

　　① 参见 2011 年《中华人民共和国刑事诉讼法修正案（草案）》第 62 条。

　　② 参见王歆畅《浅议我国多元化量刑证明标准的构建》，《河南警察学院学报》2014 年第 3 期。

　　③ 参见胡之芳、唐元华《论我国量刑证明标准的构建》，《武陵学刊》2011 年第 2 期。

实践中经验积累并加以运用的一种司法衡量活动，其必定具有一定的弹性空间，而通过较高的证明标准所证实的量刑事实，法官的内心更容易确信其可信性，进而更容易进行案件的量刑审判。在一些地方，这种量刑证明标准确实得到适用，其简便的衡量标准确实是在一定程度上方便了法官的量刑判断，提高量刑的审判效率。

2. 依据量刑环节的轻重情节分别采取不同的量刑证明标准①

这是大陆法系国家普遍采取和实行的一种证明标准，就其划分的类型来讲，主要分为严格证明和自由证明两类。日本学者松尾浩也教授曾经指出："法律所要求的证明方法，根据程序的阶段、审判的种类、应证明的事实的性质的不同是多种多样的，即在可以使用的证据的范围、证据的提出和调查证据的方法、证据的标准这三个方面，一般是不一致的。"② 因此，在量刑环节，对证据的证明标准应该是一条与案件相适应的曲线，而非一条笼统划分的直线。该学说认为，在量刑证明的标准上，应该将加重量刑情节和减轻量刑情节区分开来对待，分别适用不同的量刑证明标准，如加重量刑的情节，就应该达到"排除合理怀疑"的标准，即进行严格证明；而对于一般的量刑情节和减轻量刑情节，仅仅需要达到"优势证据"的标准即可，即进行自由证明。

从理论上来讲，这是一个比较完善的量刑证明标准，然而，在实践当中，此种证明标准很难把握，需要长期从事一线工作积累了大量经验的法官来权衡把握，而且，量刑事实和量刑情节千奇百怪，好多案件相似但不相同，要具体区分并适用相应的证明标准，需要耗费大量的时间和精力。曲线式即主要采用此种观点，随着我国司法改革的进展，越来越多专业性的人才将加入法官队伍，这种专业化思维和训练，大大有助于节约司法资源和时间，以追求更为全面的证明标准。

3. 采取与定罪证明标准相一致的量刑证明标准

该学说是以现行的《刑事诉讼法》第五十五条第二款中的规定"证据确实充分，应当符合以下条件：（一）定罪量刑的事实都有证据证明；（二）据以定案的证据均经法定程序查证属实；（三）综合全案证据，对所认定的事实已排除合理怀疑"而进行的展开和分析，并最终做出了"量刑证明标准应当和定罪证明标准一样，达到排除合理怀疑的程度"的结论。

----

① 参见彭海青《英国量刑证明标准模式及理论解析》，《环球法律评论》2014 年第 5 期。
② 参见周颖佳《浅论量刑事实的证明标准》，《人民日报》2014 年 4 月 2 日第 6 版。

　　然而，在量刑与定罪相对分离的诉讼大趋势下，很难就定罪证明标准和量刑证明标准的区分和差异进行详细论断，从而造成定罪和量刑证明的混同，显得自相矛盾。同时，根据 2021 年的《解释》中的第 72 条规定，量刑环节仅就从重处罚的情节规定了与定罪证明一样的标准，对于减轻情节，并没有规定其适用的具体证明标准，可见，相对于定罪环节来讲，量刑环节更显复杂多变，其证明标准也应该更显灵活。该学说虽然有着这样的缺陷，但是其就量刑环节和定罪环节结合考量的思想，还是具有一定的可借鉴性。

（五）　影响量刑证明标准的相关因素

　　1. 量刑主体

　　在量刑审判中，量刑的证明不仅仅靠法官的内心确信，还要有检方对量刑证据的收集和整理，辩方对量刑证据的真实性、关联性和合法性的质证，以及对不易被收集的从轻量刑情节的提出和收集相关证据。这样，在量刑证明环节，量刑的主体应该包括检方和辩方在内的三方主体。量刑证明标准的制定就需要符合三方的"需求"，即检方和辩方在证明能力上的不平等性、审判方在面对从轻情节和从重情节的衡量时的公正性、检方对被告人在定罪环节和量刑环节态度的一致性以及辩方在提供从轻环节时的客观性，等等。

　　2. 量刑事实

　　量刑事实是量刑证明的主要客体，大部分量刑证据都是围绕着量刑事实而提出的，而且，量刑证明标准所要保护的司法价值，就是保证量刑事实的客观性和对被告人量刑的公信性。正如上文所说，在司法审判实践中，量刑事实千差万别，就如同世界上不存在两片完全相同的树叶，世界上也不存在两份完全相同的证据。因此，量刑证明标准也不应该一概而论，即量刑证明的标准不应该具有单一的特征。①

　　3. 酌定情节

　　酌定量刑情节是量刑证明的重要对象，也是量刑证明标准所需衡量的重要因素。酌定情节的非法定性和与伦理的契合性②。从重酌定量刑情节

---

　　①　参见张云鹏、杨留强《论量刑事实的证明标准》，《河南机电高等专科学校学报》2012年第 1 期。

　　②　参见张明楷《论影响责任刑的情节》，《清华法学》2015 年第 2 期。

其本身并不为社会所提倡，也不符合当前人类社会的价值观念，当其存在时，必然会引起社会的不安和对人的合法权益的损害；而从轻量刑环节则与之相反，它是指与社会伦理契合性较强或以上程度的量刑情节，它符合人类社会的价值取向，甚至能够引导人类社会的价值取向向更好的方向发展，能够为人们接受和遵循。这里必须强调的是，区分从重和从轻量刑情节的标准，并不是量刑证明的标准。

4. 司法实践产生的影响因素

（1）法官的内心确信

无论是定罪证明，还是量刑证明，都是把相关事实和证据向法官展示。对证明力高的证据，法官更容易采纳；对证明力较低的证据，往往需要其他证据来补强其证明力，使法官接纳。法官的内心确信，在适用方面表现为自由裁量权，对量刑证明标准的采纳和适用具有至关重要的影响。①

（2）社会舆论

舆论，在很大程度上会影响法官对案件的合法审判。在这里把社会舆论加入量刑证明标准的构成要素当中，是因为在我国，甚至是世界各国，司法审判都不可能独立于人民群众而进行。司法存在的根本意义就在于衡平人民间的矛盾，一旦脱离了人民，脱离了人民对司法活动的信任和评价，其本身将没有任何价值。如何把舆论融入司法当中来，其关键是如何把舆论融入证明标准当中来。当然，在实践中，人民对案件的关注程度不一，单一的证明标准并不能很好地与舆论相结合，那么，通过一种曲线式的标准是不是能够更好地结合呢？答案是可以确定的，在这种曲线式的证明标准中，舆论将作为一种辅助因素，协调量刑证明标准的程度，更为接近"因案而异""因人而异"。

综上所述，曲线式对现阶段司法量刑证明的适用，具有很强的兼容性。曲线式，是适应复杂的量刑审判环境的一种配合式的发展，它突破了单一的量刑标准适用范围不足的缺陷，使得证明标准能够适应不同的证据要求，能够更为理性和人性化地进行量刑审判，进一步保障人权利益和社会公益。当然，这种曲线式的量刑证明标准较其他单一的证明标准，其便捷性会显得捉襟见肘，一个刑事案件，其在量刑环节所花费的时间和精力

---

① 参见赵恒《量刑阶段的证明责任与证明标准问题探讨》，《四川警察学院学报》2014年第5期。

会大幅上涨。但是，最近的司法改革持续进行，随着员额制的进程，经验丰富的法官处于核心地位，国家对其投入大幅提升，各种辅助人员对法官的协力更为明显，将法官从琐事中解放出来。这样，法官对审判这一本职工作投入的精力和时间将会明显提高，曲线式证明标准这种合适但耗时的证明标准将会更为符合这种司法模式下的量刑审判制度。①

五　刑诉改革下的量刑证明责任分配制度

在庭审量刑证明活动中，证明责任的分配是在确定合理的证明模式之下，针对证明对象进行选择与分配，并运用证明标准的规定，对证据加以证明并承担相应的法律后果。合理的证明责任分配制度，需要明确证明责任含义，探究影响证明责任分配的因素，最后提出量刑证明责任分配设想。

（一）　两大法系下证明责任的含义

证明责任的含义是一个见仁见智的问题，学界也没有统一的答案，但是在大陆法系与英美法系有两种不同的学说。大陆法系的学说可以分为主观责任说与客观责任说，英美法系则有证据责任说与说服责任说。其实我们可以将主观责任说和证据责任说归结于"行为说"，将客观责任说与说服责任说整合于"结果"说，不同之处在于前者认为证明责任是指在刑事诉讼中提供证据来证明案件有关事实的责任由谁承担，即在诉讼活动中收集和提出证据，证明被告人有罪还是无罪，此罪还是彼罪，罪重还是罪轻的义务到底应该由谁来承担的问题，而后者赞成证明责任指的是在诉讼的过程中一方当事人在案件有关事实不清的情况下承担证明不能这一不利后果的责任。

现今，大多数学者赞成将行为与结果相结合，构成"行为与结果双重责任说"，即在诉讼的过程中，一方当事人在提出自己的主张时，一方面要提出证据证明自己的诉讼主张，另一方面在提出证据后还应该就证据向法官进行阐述与说明，要说服法官接受自己的诉讼主张，同时如果不能说服法官，则要承担不利后果。我国学界也大都赞成此观点。所以我们可

---

① 参见王凯慧《社会舆论因素对定罪量刑的影响》，《商》2014 年第 8 期。

以认为证明责任就是在审判中，控辩双方向法院提供以证明其主张的证据事实的责任，包括提供证据的行为责任，说服法官和裁判者的行为责任以及在举证不能时的承担不利后果的结果方面的责任。

在探讨证明责任的含义时，往往会伴随着另外一个概念的出现，即举证责任。在两者关系的问题上，学界有不同的观点，有人说两者是一个概念，有人赞成前者包括后者。例如，在美国证据理论上，认为在每起诉讼中对于每个争议存在三种责任，即主张责任、举证责任和说服责任。主张责任就是提出诉讼主张或请求的义务；举证责任就是提出证据证明诉讼主张或请求的义务；说服责任就是使事实的裁判者相信举证证明的争议或事实的存在与否达到法律规定的程度的义务。后两者合称证明责任。按照前述对证明责任的解释，笔者认为显然证明责任应该包含举证责任。

（二）我国现有量刑制度之下的证明责任分配

现今，根据我国《刑事诉讼法》第四十三条规定，审判人员、检察人员、侦查人员必须依照法定程序，收集能够证实犯罪嫌疑人、被告人有罪或者无罪、犯罪情节轻重的各种证据，这就是把定罪量刑的证明责任交予国家机关工作人员，并且根据法律规定，侦查机关、检察机关和审判机关在未尽证明职责要承担一定法律后果。在刑事诉讼司法实践中，公诉时定罪与量刑的证明责任一般是交与控方的，在自诉时或特殊情况下，例如刑讯逼供等会涉及举证责任的倒置。总之，我国刑事诉讼中的证明责任可以总结为：举证在控方，补证在法院，除法定情形不强迫被告方负证明责任。

在我国，把证明是否有罪和量刑轻重的责任交给控方来担任。要求控方承担证明责任，从根本上保证了国家在刑罚上的强制力的有效实施，减少将公民陷入无意义的刑事诉讼中，防止公民人身与财产上的无意义的损失，这也是考虑到辩方在收取证据时对比控方的不利地位，很多证据作为国家司法工作人员更容易查证、搜集，但显然，这种分配模式并不完全适应定罪与量刑相分离的今天。这种问题的围绕点就是如何分配对于被告人有利的证据。在我国刑事诉讼中，控方为了使自己的主张得到确认，提供证明被告人有罪而且情节严重的证据是理所当然的，控方的目的就是把犯罪嫌疑人绳之以法，给予惩罚与教育。但是在定罪与量刑程序不完全分离的情况下，如果把量刑时证明犯罪嫌疑人罪轻的责任也给控方，就显得与司法机关的工作目标相背离，甚至将司法机关的证明责任扩大化。目前在司法实践中有一种让公诉人备感尴尬的做法："有的辩护律师在庭审调查过程中要求公诉人当庭宣读一份可能证明被告人无罪的证人证言。这份证言在公诉方掌握的案卷之中，但是公诉人认为该证言不可信，没有提交法庭。辩护律师的这种要求往往能够得到法官的支持，但却使公诉人陷入两难的境地。如果公诉人不同意宣读，那就有隐瞒无罪证据之嫌；如果公诉人同意宣读，那其行为就有些滑稽，因为他的'诉讼主张'是被告人有罪，而他却当庭宣读被告人无罪的证言。"① 同时司法机关为了让被告人服法认罪，减少有利于被告人证据的提交，或由于承担追诉职能故意不搜集有利于被告人的证据也不是不可能发生。从这一点来看，我国举证责任的分配是有弊端的。

（三）量刑证明责任分配下相关原则的解释

1. 无罪推定原则的适用问题

有的学者认为，依据英美法无罪推定原则，原则上刑事诉讼的被告人是不承担证明责任的，如果被告人承担了证明责任，那就是与无罪推定相背离。其实，笔者并不赞成此观点。按照陈瑞华教授的理解，无罪推定原则的含义可以从两个方面加以阐述：一是它规定了对被告人或任何人加以定罪的程序条件；二是它规定了受到追诉或受审的嫌疑人、被告人在刑事诉讼过程中的待遇。前者是程序上的要求，后者是说在审判时，首先不应该认为被告人是一定有罪的，应该在没经判决前，认定其是无罪的，至少认为其行为是需要加以认定的。同时应明确被告人享有的合法的权利的保护，当然包括其与控方的辩论权利。所以，笔者认为无罪推定原则强调的是定罪程序的法定性以及被告人在诉讼中的待遇，它并不意味着让政府对犯罪的追诉承担全部的证明责任，其核心理念是赋予被告人充分的抗辩权利并体现了对被告人人格的尊重。所以在诉讼公平以及效率等因素的综合考虑下，在一定条件时，让被告人承担部分的证明责任并不违背无罪推定原则的精神。从实际来说，为了弄清楚事实真相或者获得有利于被告的诉讼效果，被告人进行辩解、说明、解释是必要的，所以量刑证明中将一部分证明责任给予辩方与无罪推定原则并不背道而驰。当然，如果采取无罪

---

① 参见何家弘《刑事诉讼中举证责任分配之我见》，《政治与法律》2002 年第 3 期。

推定原则限定"罪"的狭义范畴，无罪推定原则不适用于量刑证明，则更不能推出检控方应当承担全部的证明责任了。

2. 禁止重复评价原则

对于某些属于量刑情节但对定罪有重大影响的事实，例如未成年人犯罪、防卫过当、犯罪情节等，一旦已经在定罪中作为犯罪构成要件进行了评价，那么在量刑中就不能再作为量刑情节加以考虑，防止量刑过重或过轻。其实，这也是从维护司法公正，做到罪刑相统一，维护被告人权利的要求。例如未成年人的犯罪，在定罪中已经把未成年这一情节考虑进去了，如果在量刑时，又考虑到其符合未成年人的身份，那么法官量刑就可能存在过轻的情况。又例如，有些犯罪要求"情节严重"才构成犯罪，那么如果在量刑又考虑到其犯罪情节恶劣而加重处罚，这样明显不利于被告人合法权利的保护。所以禁止重复评价原则体现了罪责刑相适应，也符合刑法目的所在。在证明责任的分配时，对于已经评价了的情节，不必要在量刑过程中再次加以证明与争辩。

(四) 构建证明责任分配制度应考虑的要素

以英美法系来说，现在美国证明责任分配的通说认为，证明责任分配不存在一般性标准，只能在综合若干分配要素的基础上作个别性决定。为此，大陆法系学者将美国现代证明责任的分配学说概括为"利益衡量说"。美国学者通过总结，认为影响证明责任分配的主要要素有：（1）政策；（2）公平；（3）证据所持（possession of prof）或证据距离；（4）方便（convenience）；（5）盖然性（probability）；（6）经验规则（ordinary human experience）；（7）请求变更现状的当事人理应承担的证明责任；等等[①]。而当代大陆法系证明责任分配的通说是规范说。规范说按照法条的措辞、构造以及适用顺序，以法律规定的原则性与例外性关系及基本规定和相反规定的关系为标准分配证明责任。综合英美法系的特点并考虑实际情况，构建量刑证明责任的分配制度，要着重考虑以下因素：

首先，证明责任分配要做到公平。司法活动原则之一就是要保证法律程序在公平公正的情况下进行，量刑活动也是一样。这种公平并不是把责任分配平分两份给予控辩双方，而是做到相对公平，平衡控辩双方的权利

---

① 参见张玉镶《刑事证明责任分配理论初步分析——聚焦于控诉方与被告人证明责任的分担》，《山东公安专科学校学报》2002 年第 5 期。

与义务。即减少控方的不必要举证，增加辩方的举证权利，给予辩方充分的空间去争取获得更轻的刑罚，同时法官也要公平地给予双方陈述、辩论的空间，平等看待双方，听取双方的证明，做到公平审判。

其次，考虑控辩双方的举证能力。作为国家司法机关的检察院，因其本身具有国家给予的权威与权力，肯定比作为被告人的一方在收集证据方面有利许多，一些档案与资料的查询也能比辩方更快一步，并且司法实践中也不止一次提到辩方的阅卷权、会见权难以实现的问题。所以构建新的证明责任分配规则一定要考虑控辩双方的举证能力问题，法官也应该考虑双方在举证能力上的不平等。

再次，利于保障被告人权利。我国刑事诉讼法明确表示保护被告人的权利，量刑活动也应本着维护被告人合理权利的原则，证明责任的分配也应该利于被告人收集证据，充分证明自己行为的过失或较轻性，便于被告人参与庭审量刑活动。

最后，利于庭审量刑程序的高效进行。庭审过程是层层相扣的，量刑程序的每一个环节都至关重要，所谓牵一发而动全身。新的证明责任分配规则的确定必定引起现有的量刑程序的改动，使其他量刑程序涉及的内容与新的责任分配规则相适应。考虑到司法活动的正常运行，新的证明责任的确立，不仅要合理，还要利于量刑活动的进行，使庭审高效率进行，争取一次结案。

（五）我国庭审量刑证明责任分配制度的构想

充分考虑到我国现行制度的不足，可从以下不同方面完善我国证明责任的分配：

1. 控方承担的证明责任——定罪事实与不利于被告的事实

与定罪有关的量刑事实以及对被告人从重，不适用缓刑等不利的量刑事实都应当由控方承担证明责任。首先，这符合不得强迫自证其罪的要求，不要求被告证明自己有罪。其次也符合无罪推定的要求，在证据不充分、事实不清之时，推定被告是无罪的，而不是要求被告再证明其是无罪的。同时对加重被告人刑罚的量刑事实由控方承担证明责任是对无罪推定原则和不得强迫自证其罪原则的扩大解释，符合国家追诉主义的要求。在这种分配下，司法机关紧紧围绕自己的职责开展活动，减少出现矛盾的情形，明确了检察机关的责任，也有利于司法活动的高效进行，检察机关减少了工作量，庭审时法官也明确地知道双方的目的，更利于法官审判。

2. 辩方承担的证明责任——有利于被告人的事实

辩方对量刑事实也需要承担一定的证明责任，辩方应当对其提出的证明被告人罪轻的诉讼主张承担证明责任，如果被告自己提出量刑主张与量刑情节的，也应由辩方承担证明责任。在量刑程序中，辩方对与定罪无关的有利于被告人的量刑事实，包括法定与酌定的罪轻情节都应该给予证据证明，承担提供证据的责任。由辩护方证明与定罪无关且对被告人有利的量刑事实，主要原因是在量刑程序中的被告人是犯罪行为的实施者，其犯罪时的主观动机、犯罪目的，对犯罪行为的认知只有本人才最清楚。同时，对被告人犯罪后的悔罪态度、对被害人或者其近亲属的补偿情况等也只能由被告人提出证据说明情况，对于这类证据只能由其本人证明。这样分配辩方更容易提出相应的证据进行证明，同时也利于被告权益的保护，和庭审辩论的展开，这既符合审判的公正性，又符合审判的效率性。

这样的模式类似于"谁主张，谁举证"。"谁主张，谁举证"这一在民诉中的基本制度适用在刑诉上，有一定的可取性。第一，"谁主张，谁举证"，要求双方就自己的主张积极举证质证，互相辩论，控方不再承担巨大的证明责任，只要从一而终的证明，把持自己的观点即可，控辩双方主张清楚明了，有利于司法工作的顺利进行，节省司法资源。第二，"谁主张，谁举证"原则可以促使双方积极搜集证据，更容易让法官全面了解案情，公正行使裁量权。而且为了使控辩双方更加平衡，对于罪重证据应采取严格证明原则，对于罪轻证据，优势证明则可，这就涉及证明标准问题的探讨。但是"谁主张，谁举证"并不完全适用于中国刑事诉讼活动，具体要参考中国实际，不能将其全部照搬。

3. 人民法院审查机制的完善——补证的必要性

案件事实清楚，证据确实、充分，排除合理怀疑，是刑事诉讼的基本原则，但在很多情况下，只依靠控辩双方的努力，很难做到这一点，所以法院在这时应该有一种机制去调整这一情况。首先法院应做好补充证据的责任①，即人民法院承担补充性的证明责任。"补充性的证明责任"是指人民法院在公诉案件刑事审判过程中，在检察机关提供证据使案件处于真伪不明的状态时，所负有的收集并运用证据查证确认案件事实的责任。其

---

① 参见陈卫东《新〈刑事诉讼法〉中的举证责任》，《中国律师》2012 年第 8 期。

次，对于人民检察院收集的有利于被告人的量刑证据而检察院没有收集，或者是对一些有利于被告人的量刑情节应由被告人收集而被告人却无力收集时，法官将会怎样处理，我国的法律只是做出"审查""核实"的规定，对具体的操作步骤和法律后果没有做出具体的规定。这也是量刑活动中的漏洞之处，新的证明责任分配需要解决这一问题。同时完善证人证明制度与确保量刑证据来源的合理合法性与准确性，也是新的证明责任制度应该关注的焦点之一。

4. 其余应注意的问题

新的证明责任分配制度要更好地适用于司法实践，证明责任分配制度就要解决更多的问题。例如，举证责任的转移，免于举证的情形以及举证责任的倒置（举证责任一般由公诉方或提出事实主张的一方承担，但是在某些情况下，法律可以规定举证责任由被告方或者具体事实主张的相对方承担，例如：巨额财产来源不明罪、刑讯逼供罪）。在司法实践中，常见的能够导致举证责任转移的辩护主张包括四类：（1）证明有关被告人责任能力的事实主张；（2）证明有关被告人行为合法性或正当性的事实主张；（3）证明有关侦查人员或执法人员行为违法性的事实主张；（4）证明被告人根本不可能实施指控犯罪行为的事实主张。在刑事诉讼中，能否发生举证责任的转移，必须对被告人提出的事实主张进行具体的分析。在自诉刑事案件中，举证责任的转移是一种更为常见的现象。免于举证也有三类情形：（1）被告人"自认"的案件事实；（2）可以通过司法认知或推定认定的案件事实；（3）已经预决的案件事实。上述事实，可以由法院直接裁定免予举证，可以由诉讼一方提出申请后法院再行裁定。免予举证的裁定可以在诉讼的任何阶段做出，但是一般都应当给对方当事人提出反对和举出反证的机会。只要对方当事人没有就免证事实提出相反的证据，主张该事实的当事人就可以免除举证责任，无须举证。这些问题是证明责任中较为特殊的问题，应在新的证明责任分配中特殊规定。

构建合理的量刑证明责任分配机制，不可能一蹴而就，同时要想真正确立证明责任规则，也需要考虑证明模式、证明标准等其他制度，本部分仅提出一种构想，以期能够对我国庭审量刑中证明责任的完善有推荐作用。

结　语

　　本章针对量刑证明程序中诸多方面的问题，在量刑证明模式框架选择之下，从量刑证明对象、量刑证明标准、量刑证明责任分配以及量刑证据运用方面进行了细致的探索，但仍有许多问题亟待深究。在量刑程序改革大背景下，如何从各个角度更加具象地构建我国量刑证明程序是广大学者不断奋斗的目标。因此，笔者作为初探法律之人希望能尽微薄之力，推进我国量刑证明程序的发展和完善，促进量刑改革的深入与司法公正的实现。

第六章

量刑证明对象的规范化研究[*]

孙镶钰

引　言

　　传统的刑事证据理念及相关规则主要是针对定罪问题的，以对法院定罪活动加以限制和约束为目标。而对于量刑事实的证明问题，由于定罪和量刑程序关系问题上模式尚不完善，至今尚未形成统一的认识。2010 年以来我国确立了一种"相对独立的量刑模式"[1]，这种模式本质上仍然是一种定罪与量刑一体化的模式。经过近几年的运行，诉讼程序及司法实践都产生了一系列的变化，庭审程序改革的不断发展也使得这种模式呈现出不同的问题和挑战。另外，从司法实践中不难看出，我国量刑证明适用对象主观裁量性大，标准不统一。因此，我们需要从源头进行分析，从量刑证明对象的界定问题出发，找出影响其界定的相关因素。而量刑证明对象的界定，都有哪些影响要素？为什么会有不同的量刑证明对象的认识差异？为什么各种量刑证明对象的概念会存在分歧？这些问题的解决需要我们厘清量刑证明对象和定罪证明对象的逻辑关系，依据对量刑证明对象确立的影响因素进行系统的分析，从而改善量刑证明对象在理论中立法缺失、实践中适用混乱的局面。

　　* 本章是 2019 年度教育部人文社会科学研究规划基金项目"量刑证明庭审实质化问题研究"（19YJA820033）和 2012 年度最高人民检察院检察理论研究课题"量刑证明研究"（课题编号：GJ2012C12）的项目成果。
　　① 陈瑞华：《论相对独立的量刑程序——中国量刑程序的理论解读》，《中国刑事法杂志》2011 年第 2 期。

一　我国量刑证明对象适用乱象

量刑证明对象的概念，国内学者有不同的理解。有的学者认为量刑证明对象包含量刑事实和量刑请求两部分。[①] 还有一些学者认为量刑证明对象的含义为诉讼主张。笔者认为，量刑证明对象是指在量刑程序中需要用证据证明的用来判断被告人如何承担刑事责任的各种量刑情节。从定罪与量刑的关系来看，定罪是为量刑做好铺垫，是量刑的基础性准备。我国目前在学理上对于量刑证明对象有多种划分标准，以至于对于量刑证明对象理解上存在偏差。由于立法中规范上的不足，因此实践中易出现量刑事实的适用混乱局面。总体而言，量刑证明对象适用乱象有以下表现：

（一）量刑证明对象的立法列举规定较为笼统且不全面

我国关于量刑证明的立法只是笼统地规定了法定量刑情节以及酌定量刑情节所涉及的减轻、从轻或者免除处罚的量刑事实，并没有详细列举其他量刑情节所包含的内容。这样容易造成法官在适用法律时无法精准地量刑。在面对法定量刑情节时，法官可以在具体的规定中找到证明对象，但是对于酌定量刑情节，由于缺乏具体的依据，法官在量刑时需要考虑哪些酌定因素需要证明，哪些不需要纳入量刑证明的范畴。这些都需要法官自由裁量权的运用，因而导致"同案不同判"的结果时常发生。并且我国的量刑证明对象的范围仅限于"法定量刑情节"和"酌定量刑情节"，范围的不全面便无法保证科刑的全面。"法定量刑情节"和"酌定量刑情节"都属于与犯罪事实有关的内容，而与人身危险性相关的内容都没有充分考虑。比如，我国对于英美法系的"量刑前报告制度"的引进较保守，只在未成年犯罪人适用，适用率低，而对于成年人犯罪时的量刑证明对象的调查就不够全面。

（二）量刑证明对象的适用相对模糊

综观我国刑事立法和司法实践不难发现，相较于酌定的量刑事实，大部分法官更关注于法定量刑事实。即侧重点主要是调查犯罪嫌疑人或者被

---

① 闵春雷：《论量刑证明》，《吉林大学社会科学学报》2011 年第 1 期。

告是否存在自首、立功行为，是否如实供述罪行，是否为惯犯等，却经常忽略对犯罪动机、被害人过错、被告人的日常表现、家庭情况及教育程度等酌定量刑情节的关注。而且法庭重定罪轻量刑，主要针对定罪证据展开调查，没有对定罪的证明对象和量刑的证明对象区分对待。我国刑法规定中往往包含比如"情节严重""情节恶劣""情节特别严重"这一类的模糊性词语。自从 1997 年刑法修订以后，各种情节的规定随着法条的增加而增加。即使最高人民法院、最高人民检察院陆续出台了一些司法解释，一些模糊的立法逐步清晰，但是又带来了新的问题——"具有其他严重情节"的兜底条款又产生了一系列模棱两可的规定。这使得量刑事实的适用问题依然存在混乱，各级法院量刑不均衡、相似案件不同判决的现象依然普遍存在。人民法院在量刑过程中，常常会遇到减轻处罚和免除处罚等的一些量刑适用问题。由于认识上存在差异，而且没有一个统一的标准，法官有时会基于自由裁量权而凭借经验或者主观感觉判案，因此量刑裁判适用不统一。如何正确适用量刑情节，做到罪责刑相适应，真正做到量刑公正平等，成为司法实践中的难题。

（三）关于量刑事实的裁判认定说理粗糙

目前的司法活动中，一些案件草草结案，量刑说理粗糙，没有树立严格司法的理念。一些量刑不当的冤假错案的发生与办案机关收集、固定、审查证据不规范、不全面，裁判认定事实不全面，说理不透彻以及量刑事实的证明程序不规范等有关。一个案件的正确审判与准确量刑需要法官切实将证据裁判的要求落实在案件办理的全过程，既要把与定罪、量刑有关的核心事实梳理清楚，又要深入了解、准确把握、综合考量与案件有关的社会背景、前因后果、传统文化、民情风俗等边际事实，使公正裁判建立在严密、准确、全面的证据体系之上，并合乎我国传统道德伦理。很显然，诉讼中并没有完全达到这些要求，某些案件的处理并没有经得起法律的检验。由此，这些情况便会导致量刑证明对象的证明问题流于表面，无法真正地为诉讼双方当事人提供实质性的帮助，这使得量刑程序仍处于相对混乱而且不完善的阶段。

二 量刑证明对象界定及其影响要素分析

通过以上对于量刑证明对象的现存问题的揭示，可以看出我国立法关于量刑的规定存在漏洞，司法实践中的量刑证明适用对象主观裁量性大，标准不统一。因此，我们需要从源头进行分析，从量刑证明对象的界定问题出发，找出影响其界定的相关因素。

（一）量刑证明对象的界定

我国有学者将量刑证明对象概括为"需要用证据证明的与案件有关的事实"，也有学者认为证明对象就是"诉讼主张"[①]，还有人主张其为"量刑事实及量刑请求"[②]。各种解释都有它的正确性，而众多定义的出现表明我国对于量刑证明对象的界定问题还没有形成统一的观点，司法界对于量刑环节需要证明的内容还没有充分确定。为了弄清楚这一问题，首先要区分好定罪证明的对象和量刑证明的对象。定罪与量刑的关系密不可分，定罪为量刑做好了支撑作用，是量刑的基础性准备。实践中，大部分庭审仍然对定罪、量刑的事实调查、证据出示、法庭辩论采取混同的方式，这种模式对于一部分疑难复杂案件而言既不利于辩护权的充分展开，也不利于法庭最终的正确裁量。因此，需要厘清案件在定罪和量刑问题上的分界线。

量刑证明对象和定罪证明的对象一样，是解决事实的证明问题的。而定罪事实的证明成立后，直接影响定罪。量刑事实证明成立后，直接影响量刑。所以，定罪与量刑证明对象本质上都是对事实的证明。但定罪证明对象和量刑证明对象的证明内容存在明显的差异。定罪程序主要解决的是被告人是否构成犯罪的问题，因而所要证明的对象主要是存在具体罪名的构成要件和违法阻却因素的不存在。量刑程序要解决的是被告人被科处的刑罚种类和幅度，从量刑事实的含义看，主要有以下三个方面：其一，量刑事实是定罪事实之外的事实；其二，量刑事实应当是与被告人自身或其行为有着密不可分的联系；其三，量刑事实能够真实反映被告人犯罪行为的社会危害性、被告人自身人身危险性程度。定罪是行为定性问题，量刑是定性后刑事责任承担的定量判断问题。从另一方面考虑，定罪虽然是定性问题，但具体罪名的成立将直接影响量刑中的基本刑罚问题。

量刑证明对象可以大体分为三类：第一类是案件情况，如被害人在案

---

①　王喆：《中国量刑程序改革问题研究》，博士学位论文，吉林大学，2011年。

②　闵春雷：《论量刑证明》，《吉林大学社会科学学报》2011年第1期。

件中是否存在过错、案件的社会危害性、社会影响、被告人是否具有正当
防卫和紧急避险因素、被告人的主观恶性强弱等；第二类是被告人在案件
侦查、审查起诉和审判中的表现，如认罪悔罪态度、自首情况、立功情
况、对被害人的赔偿情况、刑事和解情况等；第三类是被告人案外因素，
包括被告人的职业、教育程度、履历、成长经历、一贯表现、前科情况
等，这一类证据主要是用以证明被告人的再犯可能性。实际上，在英美法
系国家中"量刑调查报告"所涵盖的范围也是非常广泛的，比如被告人
的年龄、职业、履历、肤色、教育程度等。因此，定罪程序的证明对象是
法定的、封闭的，而量刑程序的证明对象则是酌定的、开放的。通过对定
罪与量刑的证明对象的区分，可以划分出量刑证明对象的大体范围。但是
目前的立法中，由于我国之前一直坚持大陆法系定罪和量刑混合的刑事诉
讼模式，所以相较于定罪，对于量刑证明对象的界定相当模糊，主要将其
分为法定和酌定情节，具体就包括从轻、减轻或从重、加重处罚情节。而
不同的划分标准就会有不同种类的量刑证明对象。

（二）学术界对于量刑证明对象的不同划分

1. 证明对象是否仅包含定罪事实

关于量刑证明对象的划分问题，学术界存在不同的观点。有的学者将
量刑证明对象区分为混合型的量刑证明对象和单独的量刑证明对象，即根
据证明对象是否仅包含定罪事实与否所做的划分。[1] 混合型的量刑证明对
象既包含定罪事实，又包含量刑事实；单独的量刑证明对象仅包含量刑事
实。比如，犯罪手段必须通过证据证明犯罪人是否有罪，同时，犯罪手段
的恶劣程度可以影响量刑，则犯罪手段就是混合型的量刑证明对象；而犯
罪人与被害人和解或者积极地赔偿被告人仅影响量刑，则是单独的量刑证
明对象。也有其他学者将量刑证明对象分为与定罪有关的量刑证明对象和
纯粹的量刑证明对象。[2] 该观点的持有者认为，与量刑有关的活动应当在
定罪程序中解决，因为定罪的证明责任分配直接影响其后量刑的证明分
配。另外，纯粹的量刑证明对象又可以分为罪前事实和罪后事实。罪前事
实就是指是否有前科，是否是累犯，被害人是否有过错等；罪后事实是指
犯罪人是否自首、立功，是否对于被害人所受的伤害有所补偿，是否与被

---

① 参见单子洪《论相对独立量刑程序中的证明责任》，《行政与法》2015 年第 8 期。

② 参见左宁《量刑证据的界定与调查初探》，《云南大学学报》（法学版）2010 年第 4 期。

害人达成和解协议，等等。而纯粹的量刑证明对象则成为量刑证明责任分配的基础。

2. 从量刑情节进行划分

如果具体从量刑情节方面来看，有学者持观点进行了如下分类：一是根据是否具有法律明确规范划分，将量刑情节划分为法定量刑情节和酌定量刑情节；二是根据是否是犯罪构成要件事实，划分为犯罪事实情节和非犯罪事实情节；三是从刑罚轻重角度考虑，划分为罪重情节和罪轻情节（或者更细致地划分为：死刑情节、加重情节、从重情节、从轻情节、减轻情节和免除刑罚情节）；四是从对于被告来说是否有利方面考虑，划分为有利被告的情节（自首、立功、从犯、坦白等）和不利被告的情节（主犯、累犯等）；五是从犯罪情节所证明的危害性类型考虑，划分为证明社会危害性大小的情节（伤亡情况以及侵害客体类型等）和证明人身危险性大小的情节（年龄、成长经历、犯罪动机、身份、学历、道德品行、犯罪前后的表现等）。①

（三）　量刑证明对象界定的影响要素分析

1. 内在特性：量刑证明对象的独特性要素

一是量刑证明对象具有相对独立性。在诉讼活动中，量刑证明对象的构成要素、调查程序和方法、目的手段等均独立于定罪时的证明对象。具体而言，对于构成要件，量刑证明对象的构成要素即控辩双方所提的罪重、罪轻主张所依据的事实，包括罪前事实、罪中事实和罪后事实等反映犯罪行为危险性和人身危险性方面的事实；而定罪程序的构成要素指控诉方所指控的犯罪构成要件事实，即有关犯罪主体、犯罪主观方面和犯罪客体、犯罪客观方面的事实。对于调查程序，定罪事实与量刑事实的调查相分离，有利于被告充分行使自己的量刑辩护权，维护其合法权益。所以量刑证明对象的影响要素与诉讼阶段的任务息息相关，这些因素可帮助法官在准确定罪的同时正确判处被告人合理的刑罚，实现公平正义并且保障人权。

二是量刑证明对象具有多样性和复杂性。前美国联邦最高法院大法官布莱克曾说：事实裁判者通常只关注被告人是否犯下特定的罪行，而负责

---

① 参见吕泽华、方晓凤《我国刑事证明责任分配体系的特点及挑战与更新》，《中国海洋大学学报》（社会科学版）2019 年第 1 期。

科刑的法官则不然。① 量刑证明的对象复杂且多样，包括各种罪前、罪中和罪后的各种情节。认罪态度、是否积极地救助被害人以及是否适用简易程序等因素都会成为影响量刑大小的重要因素。这需要法官运用正确而且科学的量刑方法，综合考虑各种因素，以罪责刑相适应原则为指导，在确定个罪的量刑种类与幅度后，最终决定被告人的具体刑罚，以实现刑罚个体化。另外，随着社会的发展变化，社会舆论、刑事政策也会给法官一定的压力，此时的量刑准确与否不能予以保证。所以这些案外因素究竟能否成为量刑证明对象？笔者认为，社会舆论、刑事政策和社会形势等不可成为量刑因素。因为量刑受多种因素影响，但离不开对犯罪行为的社会危险性和人身危险性的评估。这些因素又可划分为法定量刑因素和酌定量刑因素，均为犯罪内因素。而社会舆论、刑事政策等属于犯罪外的因素，亦不属于酌定量刑因素，不具有客观性，容易成为大众干扰司法活动的手段，因此不可成为量刑证明对象。

2. 外部因素：法官对量刑情节的识别要素

量刑情节，是指在某种行为已经构成犯罪的前提下，人民法院对犯罪分子裁量刑罚时，据以决定刑罚轻重或者免除处罚根据的各种事实情况。量刑情节分为法定的量刑情节和酌定的量刑情节。为进一步规范刑罚裁量权，落实宽严相济的刑事政策，增强量刑的公开性，实现量刑公正，最高人民法院发布的 2017 年修订的《关于常见犯罪的量刑指导意见》指出了量刑的指导原则。比如，量刑应当以事实为根据，以法律为准绳，根据犯罪的事实、性质、情节和对于社会的危害程度，决定判处的刑罚。而且量刑既要考虑被告人所犯罪行的轻重，又要考虑被告人应负刑事责任的大小，做到罪责刑相适应，实现惩罚和预防犯罪的目的。

量刑情节的识别对量刑影响重大。从一些角度可以对量刑情节进行考量。首先，对于停止形态，如犯罪预备、犯罪未遂以及犯罪中止等；其次，对于行为人身份，如主犯、从犯以及胁从犯等；然后看犯罪地点，比如是否为入户抢劫等；另外可以考量犯罪对象如何，如强奸的对象是否为幼女等。以上与犯罪构成有关的量刑情节一般影响被告人的量刑幅度，导致其在基本的量刑幅度上适用较重或较轻的量刑幅度，特殊情况下

---

① ［美］伟恩·R. 拉费弗、杰罗德·H. 伊斯雷尔、南西·J. 金：《刑事诉讼法》（下册），卞建林、沙丽金等译，中国政法大学出版社 2003 年版，第 1371 页。转引自陈瑞华《定罪与量刑的程序关系模式》，《法律适用》2008 年第 4 期。

可能影响被告人适用法定刑种类，如适用的刑种从有期徒刑到无期徒刑甚至到死刑之间的变更。与犯罪构成有关的量刑情节在定罪程序中如果已经查明，则在量刑时可以推定其合法并直接作为确定被告人量刑的依据；如果没有查明，则需要在量刑时查明。非犯罪构成的量刑情节一般指向的是被告人人身危险性大小，与犯罪构成的量刑情节不同的是，非犯罪构成的量刑情节只能在量刑程序中查明，在定罪程序结束之前不得作为证据进入案件裁判者的视野，以防止裁判者对被告人是否有罪产生预断。

　　在美国常见的量刑证据有评估被告人危险系数的证据，即美国在刑事司法判决前要对被告人的人身危险性进行详细的调查，并加以评估。主要对于被告人是否真心悔过，被告人是否为累犯，是否吸过毒，第一次犯罪时的年龄，自身的教育程度和从事的职业，以及对被害人所产生的身体和心理的影响等进行盘查。[①] 在德国，量刑所考虑的因素主要包括刑事责任和预防这两类。其中较为主要的为刑事责任，量刑主要参考刑事责任来决定刑罚。从预防的角度看，也只是考虑个别预防。比如犯罪人的履历，自身的经济状况，年龄和成长环境，犯罪的动机和方法以及犯罪后的态度等。[②] 瑞士的法律则规定了影响犯罪人量刑的因素主要有动机、行为和个人关系。而被害人过错、受到不当刺激或侮辱，以及经过相当时期且在此期间内表现良好等可成为减刑的理由。[③]

　　我国采行定罪细化的实体法，定罪直接影响量刑轻重，这样就会产生量刑事实虚化现象。因而仅从定罪的犯罪构成角度判定犯罪人刑罚的轻重过于单一，对其犯罪外的量刑事实也需考虑，其人身危险性和再犯可能性也是量刑的重要要素之一。又如陪审团审判和法官审判，也可能会影响量刑证明对象的范畴界定问题。日本裁判员制度既不同于大陆法系的参审制，也有别于英美法系的陪审制。它是按照规定的条件和程序，从普通国民中随机选任裁判员，让其与法官共同参与刑事诉讼程序，对特定范围的刑事案件进行审理和裁判的国民参与司法制度。裁判员对法律和事实的认识程度，以及对于案件量刑证明对象的界定与量刑情节的识别会对量刑产生一定的影响。而且裁判员制度为刑事诉讼程序注入全新的实质性内容，

---

① 参见陈瑞华《论量刑信息的调查》，《法学家》2010 年第 2 期。
② 参见杨诚、单民主编《中外刑事公诉制度》，法律出版社 2000 年版，第 200 页。
③ 参见徐久生、庄精华译《瑞士联邦刑法典》，中国方正出版社 2004 年版，第 25 页。

使更多国民与法官共同分摊责任，在相互合作的基础上决定裁判的内容。①

三　我国量刑证明对象的影响要素分析

（一）立法规定的模糊性，导致量刑证明对象范围存在变数

我国《刑法》第 61 条规定："对于犯罪分子决定刑罚的时候，应当根据犯罪的事实、犯罪的性质、情节和对于社会的危害程度，依照本法的有关规定判处。"这是我国衡量刑罚大小的主要法律依据。上述规定中的犯罪性质指的是行为触犯的具体罪名；"犯罪情节"指的是量刑要素，具体而言就是犯罪人罪前、罪中和罪后对刑罚有所影响的主客观因素。通过观察法条的排列顺序可以看出，刑法规定的犯罪构成为关键，其次是法定情节对刑种选择、量刑幅度的相关影响。最后是要考量其他因素的作用。由于我国现今并没有专门的量刑程序，在普遍的法庭调查与法庭辩论中并未明显区分定罪事实与量刑事实，只在《刑事诉讼法》新增第 198 条规定："法庭审理过程中，对与定罪、量刑有关的事实、证据都应当进行调查、辩论。"二者都适用于同一证明标准——事实清楚，证据确实、充分。我国的司法实践中，将量刑事实明确区分为了法定量刑事实和酌定量刑事实，然后根据量刑事实确定了不同的量刑证明标准。② 这种对于量刑的相关规定较为粗略，对比英美法系国家的独立的量刑程序，我国还需要将影响量刑的因素具体区分，将刑事诉讼中的量刑证明对象具体界定，并以法律的形式明确加以规定。

（二）一体模式或相对分离模式影响了量刑证明对象的确立

从审判模式上分析，我国试行的相对独立的量刑程序对于量刑证明的规定既保持了大陆法系职权主义的审判模式，又引进了一些英美当事人主义审判模式中的对抗因素，这符合我国当前的国情。在短时间内彻底改变

---

① ［日］佐藤幸治、竹下守夫、井上正仁：《司法制度改革》，有斐阁 2002 年版，第 332 页。

② 参见王歆畅《浅议我国多元化量刑证明标准的构建》，《河南警察学院学报》2014 年第 3 期。

我国的审判模式是不可能的，因此我国在固守法律传统的同时引进了新的诉讼元素。我国的刑事诉讼模式的选择考虑了本土的情况，遵循有限理性的思路和渐进的方式，妥善处理了法律移植与本土化二者之间的关系。① 目前，我国在混合主义的诉讼模式之下，法官依然在量刑中具有查明量刑事实的职权，而控方依然承担大部分的客观证明责任，被告人仍主要承担主观证明责任。比起之前来说具有进步意义的是，相对独立的量刑程序对于量刑证明的规定，引入了诸如"未成年人调查报告""就量刑建议和量刑意见进行量刑辩论"等原本只在英美法系中出现的做法。这种具有中国特色的审判模式为量刑对象的证明做好了铺垫。比如量刑调查报告制度的引进对量刑证明对象的全面收集来说有很大的帮助，这种引进将量刑的重点不只是着眼于犯罪事实方面，还将影响量刑证明的因素扩大到非犯罪方面的个人因素。这是对被告人判刑的综合考量，也是对量刑程序的负责。

（三）　对于各种量刑情节的考量影响量刑证明对象的范畴

对于各种犯罪情节的识别，量刑时要充分考虑各种法定和酌定量刑情节，根据案件的全部犯罪事实以及量刑情节的不同情形，依法确定量刑情节的适用及其调节比例。一般在我国，对严重暴力犯罪、毒品犯罪等严重危害社会治安犯罪，在确定从宽的幅度时，应当从严掌握；对犯罪情节较轻的犯罪，应当充分体现从宽。具体确定各个量刑情节的调节比例时，应当综合平衡调节幅度与实际增减刑罚量的关系，确保罪责刑相适应。年龄在各国都是影响量刑证明的重要因素，比如我国对于未成年人犯罪，量刑证明对象主要包括未成年人对犯罪的认识能力，实施犯罪行为的动机和目的，犯罪时的年龄，是否初犯、偶犯，悔罪表现，个人成长经历和一贯表现等情况，综合考虑并可予以从宽处罚。

我国《刑法》第 345 条第 1 款关于盗伐林木罪的规定有了很好的体现，其中规定了"数量巨大"和"数量特别巨大"两种情节加重型的犯罪构成，虽然刑法条文本身并没有对何为"数量巨大"和"数量特别巨大"进行具体解释，但是最高人民法院的相关司法解释对其作了具体规定。这些加重情节可以直接影响被告人在量刑时适用的量刑幅度，因而在

---

① 参见奚山青《量刑证明问题研究》，《犯罪研究》2013 年第 1 期。

相关司法解释中有明确的规定。在美国，一些巡回法院在其判例中主张被告人在量刑程序中的部分权利相对独立于定罪程序中的部分权利，在量刑程序中不再享有宪法条文赋予的程序保护权利。并且需要在量刑中适用较低的证明标准，由此引发了一系列争论，例如在量刑时如何区别犯罪构成的量刑情节与非犯罪构成的量刑情节，谁有权决定某些特定的事实是犯罪构成的量刑情节还是非犯罪构成的量刑情节，又如何让当事人双方所信服呢?① 笔者认为，如果通过法律明确一些犯罪构成的量刑情节，不失公正且具有信服力。可是法律具有滞后性，而且量刑证明对象又具有特殊性，无法与法律相适应。因此，在识别被告人量刑情节的问题上，尤其是刑法法条没有明确规定诸如此类案件事实的情况下，最终需要法官综合各种因素进行具体识别。但需要对法官的自由裁量权相对限制，防止其主观臆断、导致冤假错案的发生。

（四）法官裁量权过大，影响了量刑证明对象的范围实际大小

在我国，量刑问题与法官酌处权之间仍然存在不协调的关系，不同的法官在具体的案件都有自己的判断。由于量刑具有众多的司法解释，同案不同判的现象表明影响量刑的因素还在于法官的主观判断。量刑实践中，行为人可能存在数罪情形、多个法定或酌定量刑情节，而《常见量刑意见》关于基准刑调整方法的规定仅限于"具有单个量刑情节""具有多个量刑情节""被告人犯数罪，同时具有适用于各个罪的立功、累犯等量刑情节"三种情形，而未明示应当型情节与可以型情节竞合下的适用位阶或选择途径。比如按照《常见量刑意见》关于坦白情节的适用规定，要求"综合考虑如实供述罪行的阶段、程度、罪行轻重以及悔罪程度等情况""如实供述自己罪行的，可以减少基准刑的 20%；如实供述司法机关尚未掌握的同种较重罪行的，可以减少基准刑 10%—30%；因如实供述自己罪行，避免特别严重后果发生的，可以减少基准刑的 30%—50%"，对于累犯，则"应当综合考虑前后罪的性质、刑罚执行完毕或赦免以后至再犯罪时间的长短以及前罪罪行轻重等情况，增加基准刑的 10%—40%，一般不少于 3 个月"，那么当两个不同向度的量刑情节同时存在，采取不

---

① See United States v. Mobley, 956 F. 2d 450, (3rd Cir. 1992). 转引自简乐伟《量刑的证明对象及证明标准——美国量刑实践的启示》，《证据科学》2015 年第 4 期。

同的量刑位阶顺序，势必在刑罚裁量的折抵效果上产生分歧。① 这些问题
的存在，就必然会成为影响量刑的重要因素，而这些因素则是量刑所需证
明的对象，法官通过考量这些量刑情节来判处犯罪者相应的刑罚。

四　我国量刑证明对象逻辑范畴确定的指引

（一）　应明确各层次量刑证明对象的分类标准与范围界限

我国的量刑程序并没有完全独立，仍然没有从根本上突破定罪量刑一
体化的模式。因为在司法实践中，先进行定罪调查与量刑调查，再进行定
罪辩论与量刑辩论，二者是相互依附的关系。这种在定罪辩论开始之前就
进行量刑调查的程序设置，则量刑程序的开启并非以定罪问题的完全解决
为前提和基点的，量刑程序会受到定罪程序的干扰。所以针对被告人不认
罪等此类案件，应确立定罪、量刑完全分离的独立量刑模式，将定罪证明
对象和量刑证明对象严格区分开来，二者交叉的部分也应当明确其适用。
实务中要做好庭前量刑证据的展示工作，将涉及案件的各种量刑事实分类
处理，所以就需要我国完善好量刑证明对象的分类依据，以免造成具体适
用时的混乱。由于量刑证据体系庞杂，证据门槛较低，故无法全面地掌握
案件所涉及的证据，证据的可靠性往往也难以把握。如果想要完全在庭审
中解决这一问题必将耗费人力物力财力与大把时间，甚至会使量刑裁判流
于形式。为此有必要通过庭前证据展示的方式，对于量刑事实及证据进行
有效的整理。对于无异议的予以确认，对于争议较大的量刑事实及证据在
庭审中予以重点质证，必要时证人可出庭作证。这样一来，一方面可以节
省时间，可以把主要精力集中在重点、疑难点的案件事实上，将轻微案件
分流出去，大大提高了诉讼效率；另一方面，由控辩双方展示证据，可弥
补辩方无法掌握的有利于被告的量刑证据，强化量刑辩护，保障被告人的
诉讼权利。

对于检察机关提出的不利于被告人的量刑事实的证明，从限制司法权
的理念出发，应当适用最严格的证明标准；对于被告人提出的从轻、减轻
量刑事实，本着有利于保护被告人的原则，对于该量刑事实适用自由证明

---

① 　参见苏彩霞、崔仕绣《中国量刑规范化改革发展研究 ——立足域外经验的考察》，《湖
北大学学报》（哲学社会科学版）2019 年第 1 期。

标准。质言之，在证据种类、提出和调查方式上不应进行苛刻要求，对于用于证明有利于被告人量刑事实的证据的证明能力不应作严格的限制。如证据种类方面，不局限于法定证据种类，对于有关机关出具的"情况说明"、民意的反映材料等也可纳入考量范畴；提出和调查方式方面，不拘泥于证据来源的方式，如通过查阅卷宗或者电话询问的方式取得的材料也可作为对被告人量刑的依据。

（二）规范量刑证明对象的逻辑范畴与法官酌处权

美国在 20 世纪 70 年代起，为改善日趋失衡的量刑局面，颁布施行具有强制性约束效力的《量刑指南》，对于法官量刑酌处权进行了机械限缩。这一阶段通过阶层分明、复杂多样的量刑规范和量刑区间表来限制法官逐渐膨胀的量刑酌处权。但是，此举也诱发了众多饱受违宪质疑的判例，司法实务人员开始反思是否需要继续运用如此繁杂的强制性量刑规定。因为当具有强制约束性的法定刑期限适用越频繁时，对法官的约束力就越强，但对于案件的处理就越僵化。最终《量刑指南》成为实质参考，不再是通过机械的量刑区间框架来限制法官的量刑酌处权的工具。《量刑指南》的设置和适用朝着科学性、适正性方向进步。美国量刑委员会在统计和演算了上万份量刑判例，兼顾被告人犯罪前科历史、常见量刑因素和其他量刑情节后所进行了类型化处理；另外，美国量刑委员会年度适用报告和各州量刑实践数据信息，为后续《量刑指南》的调整和修正提供了实证数据支撑。①

对于我国的量刑而言，应结合我国国情，具体情况具体分析。首先，应发挥量刑改革组织的领导作用，综合各层级法院的具体的诉讼情况，将法官统一起来学习指导性的量刑裁判案例，通过知晓各种量刑事实的定性处罚，提升法官的业务能力，保障量刑证明对象的规范性处理。其次，尽量避免量刑规范设置上的多义性冲突。一方面，进一步对量刑适用与个案冲突时的情况加以规定，增设《常见量刑意见》中有关应当型情节与可以型情节的适用冲突规定，尤其需明确异向抵消规则的适用位阶，尽量减少法官量刑时的困扰；另一方面，协调常见量刑情节和宣告刑的确认方法，规避量刑方法不科学、量刑因素混同的现象发生，并要相对弱化一些

---

① 参见苏彩霞、崔仕绣《中国量刑规范化改革发展研究——立足域外经验的考察》，《湖北大学学报》（哲学社会科学版）2019 年第 1 期。

限制性规定，比如对具体常见犯罪各幅度的量刑起点的机械性规定。还要细化"调节基准刑的方法"特别是"具有多个量刑情节"的适用方法，突出对防卫过当、避险过当、犯罪预备、犯罪未遂、犯罪中止、从犯、胁从犯和教唆犯等量刑情节的调节影响，相对弱化个别不同法定刑幅度的具体情形。

此外，上文所提的日本的裁判员制度自实施以来，刑事案件的量刑趋向并未向学界预测的"趋重化"方向发展，反而呈"趋重趋轻"分散化的倾向。这一倾向不仅消除了社会和理论对制度设置和裁判员量刑的忧虑，更重要的是改变了社会对刑罚适用的观念认同。因此，我国应完善量刑改革与人民陪审员制度的有效衔接，逐步健全参与型量刑的法律制度，参与型量刑制度能强化量刑程序的公开度和透明度，促进量刑评议的民主化，保证量刑的公正性。但是一般民众毕竟欠缺量刑经验和知识，因此，有必要设计量刑参考系统为参与者提供认知和判断的指引，让其在先例引导下以自我认知和内心感悟对案件类似性和量刑标准对量刑证明对象进行判断。但为防止参考中的案例裁决相互冲突，导致量刑失衡或不公正，应对陪审员的量刑参考进行机制约束。① 这是一种前瞻性的分析我国量刑证明对象逻辑范畴确定应该前进的方向，需要在日后的量刑适用中不断加以完善。

五　我国量刑证明对象的逻辑范畴界定

（一）我国量刑证明对象应然的逻辑范畴

上文已对学术界关于量刑证明对象的各种定义和范畴做了阐述，为了防止混乱，笔者有必要对其进行重新梳理。司法证明制度是认定案件事实的一系列规则，包括证明对象、证明责任、证明标准和证明模式等。量刑活动的证明对象即量刑事实，而非量刑主张。至于量刑情节和量刑事实的关系，是学者对同一概念在不同语境中的不同表达。并且，明确定罪事实和量刑事实的区分是确定量刑证明对象的概念和范围的基础和前提。学术

---

① 参见李文杰《裁判员新制下日本的量刑实践及其对中国的启示》，《东南法学》2019 年第 1 期。

界对于两者的关系主要有三种观点：交叉关系、包含关系和并列关系。①

首先，从定义上，犯罪事实是指揭示行为的客观危害程度和行为人主观恶性的一切主客观事实，这些事实发生在犯罪的整个过程中，包括犯罪构成要件事实和非犯罪构成要件事实②，前者是指犯罪构成要件所涵盖的一切主客观情况。③ 而定罪事实，是指符合刑法分则规定的，行为人所实施的行为成立某一具体罪名所要求的最基本的主客观事实。赵廷光教授认为，在犯罪构成事实中，还包括定罪剩余的构成事实转化而来的从重处罚事实。主要是指犯罪构成要件包含多种并列选择的行为方式、犯罪对象、危害后果等，行为人同时实施了多个行为方式、侵犯了多个对象、造成多个危害结果，而只以罪重的情形认定罪名，其他情形作为从重处罚的条件。非犯罪构成要件事实是量刑事实的重要组成部分，是指发生在犯罪过程中，不影响定罪，只影响量刑的情节，如主从犯、犯罪中止或未遂等。量刑事实除了定罪剩余的构成事实转化而来的量刑事实、非犯罪构成事实中的量刑事实外，还包括与犯罪事实无关的反映被告人社会危害性和人身危险性的内容来增加刑罚量、确定基准刑。④

针对目前司法实践中的量刑建议书、社会调查报告中的内容，笔者认为，可以视情况地作为量刑的参考。在理论上，对于社会调查报告和量刑请愿书是否属于证据存在着不同的观点。对于社会调查报告，否定说认为，社会调查报告中的所记录的事项与案件事实没有太大的关联，因此不具有证据属性，只能作为司法机关具体判决案件时的一种重要参考资料；肯定说认为，《刑事诉讼法》规定"能够证明案件真相的一切事实都是证据"，社会调查报告的内容可以属于规定中的"一切事实"，所以，社会调查报告属于证据的范畴。对于量刑请愿书来说，肯定说认为，量刑请愿书和社会调查报告一样属于证据；否定说认为，量刑请愿书只能算是民意的一种形式。理论的分野造成了司法适用的偏离，在实践中多数裁判文书认可了社会调查报告和量刑请愿书的证据能力，将其作为量刑的重要参考，但是仍然有部分裁判文书不承认社会调查报告和量刑请愿书的证据能力。

笔者认为，如果社会调查报告作为证据使用，其应当具有合法性属

---

① 赵廷光：《刑法情节新论》，《检察理论研究》1996 年第 3 期。

② 赵廷光：《量刑公正实证研究》，武汉大学出版社 2005 年版，第 162 页。

③ 李永升主编：《刑法总论》，法律出版社 2011 年版，第 82 页。

④ 参见李彩玉《论量刑事实的证明》，硕士学位论文，西南政法大学，2014 年。

性。然而，社会调查报告的内容包括被告人的家庭背景、社会关系、个性特点、居所情况、一贯表现和居住地村（居）民委员会和被害人意见等。① 调查人员在向证人了解这些内容时，往往并没有遵循个别进行原则。根据《最高人民法院关于适用〈中华人民共和国刑事诉讼法〉的解释》第 76 条的规定，如果询问证人没有个别进行，该证人证言不得作为定案的根据。虽然从法条规定来看，社会调查报告作为证据时使用存在合法性的阻碍，但是作为量刑来说，与定罪证据相比，量刑证据的证据能力规则较为宽松。在实践中，尽管社会调查报告、量刑请愿书和其他相关材料不符合证据的合法性要求，但是，多数裁判文书仍然将其作为量刑证据使用。所以在具体案件中，我国司法工作人员要合法性与灵活性相结合，通过社会调查中的犯罪人的表现，分析出其人身危险性和再犯可能性，从根本上降低犯罪率。

（二）量刑证明对象的逻辑分类

无论是何种分类，量刑证明对象都要具有真实属性。任何具有欺骗、虚假的量刑情节都不能，也不应纳入量刑证明中去。综合以上学者的观点，可以看出大多数学者对把量刑证明对象分为与定罪有关的量刑信息和独立的量刑信息是持赞同意见的，并进一步将独立的量刑信息区分为有利于被告人的量刑信息和不利于被告人的量刑信息。有利于被告人的量刑信息包括自首、立功、坦白等行为以及犯罪后是否积极救助被害人、是否积极赔偿被害人损失、是否与被害人达成和解协议等，不利于被告人的量刑信息包括惯犯、累犯、犯罪前科等。此种分类更条理化且有利于在此基础上进行证明责任的分配。只有明确了量刑证明对象的范围及内容，并在此基础上对量刑证明责任进行具体分配，通过内部和外部相结合的方法具体分析，才能真正发挥量刑证明对象对宣告刑的决定作用。

对于量刑证明对象进行的逻辑分类要全面、明确，要关联到定罪时的证明对象，本章具体将量刑证明对象进行了如下分类：

第一，分为犯罪事实中的量刑事实与犯罪事实外的量刑事实。如前所述，量刑事实包括定罪剩余的构成事实转化而来的从重处罚事实、非犯罪构成要件的量刑事实和犯罪事实外的量刑事实。前两者统称为犯罪事实中

---

① 参见张吉喜《量刑事实的证明与认定——以人民法院刑事裁判文书为样本》，《证据科学》2015 年第 3 期。

的量刑事实，包括犯罪预备、犯罪未遂、犯罪中止、未成年人犯罪等；后者包括是否为累犯、主犯、从犯等。第二，按照量刑事实是否由法律明文规定，以及法官适用上的约束，将其分为法定量刑事实和酌定量刑事实。第三，根据量刑事实的属性不同，可以分为反映社会危险性的量刑事实与反映人身危险性的量刑事实。前者是根据犯罪的情况体现的，对某一利益具有危险的主客观事实①，后者是指犯罪人的性格、家庭等个人情况。第四，根据处罚功能不同，可以分为从重处罚的量刑事实和从宽处罚的量刑事实。这些分类具体包含的内容，前文已经有所叙述，而且这只是笔者按照一定的标准给予的分类，不同的标准依然会产生不同的分类，所以在法官适用法律时应找准分类，避免造成混乱。

结　语

在我国，要建立独立完善的量刑程序，必须严格梳理好各种量刑证明事实，并加以区分。无论是罪前的量刑证明对象还是罪后的量刑证明对象、犯罪构成的量刑证明对象还是非犯罪构成的量刑证明对象、有利于被告人的量刑证明对象还是不利于被告人的量刑证明对象，都要全面而具体地区分开来，并适用相对应且精确的证明标准，展开全方位、立体化的研究。结合目前的司法实践来看，相较于国外诉讼，其独立的量刑程序发展较为完善，一些先进的量刑制度值得我国借鉴学习。比如美国的"缓刑官"制度、《量刑指南》报告对量刑证明对象的全面收集，使得量刑活动更加科学化与精准化；英国的论理型量刑规范以及明确规定减刑的幅度，这些对于协调法官量刑酌处权来说意义重大。我国的量刑程序也逐渐独立于定罪程序，各种制度和规范措施也正在实行，较之前已经有很大的进步，但是仍然存在量刑证明对象的收集范围相对狭窄、量刑事实的证明说理也较为粗糙、没有重视辩护在证明中的地位等问题。这些问题需要在实务中逐步改进，并要完善、规范量刑程序。另外，对于量刑证明对象的研究，目前理论界研究成果及文献相对过少，比较而言，大多数论文侧重点在量刑证明责任及标准。对于量刑证明对象的研究，还需要有很长的路要走，需要在理论与实践中不断摸索。

---

① 杨春洗、杨敦先主编：《中国刑法论》，北京大学出版社 1994 年版，第 35 页。

第七章

量刑证明模式之建构[*]

张嘉怡　王翰纾　刘奕瑄　甄　静

引　言

中国共产党第十八次全国代表大会和第十九次全国代表大会提出推进以审判为中心的诉讼制度改革，而刑事诉讼制度的核心是定罪与量刑两大制度。量刑的重要性在实务上高于定罪，它不仅是司法机关在每个案件都要面对的问题，更是被告人和社会公众更为关心的问题。[①] 我国量刑规范化改革于 2014 年正式实施，目的是通过明确并规范量刑的实体内容和量刑程序，将量化因素引入量刑机制，保障量刑的司法化、科学化、公正化。而量刑证明作为量刑程序改革的关键环节，承载着量刑活动的公开性要求，也决定着量刑裁判公正性的实现。但是目前最高司法机关所颁行的有关量刑的文件乃至《刑事诉讼法》都没有对我国的量刑证明程序进行具体全面的规范。量刑活动的逻辑层次关系和对具体要素本质属性的共识是确保量刑规范化构建的理论前提。量刑证明模式的正式建构是量刑证据资格、证据规则、证明责任以及证明标准选择适用的前提，是量刑证明理论体系设计的第一步，是量刑证明研究中的首要问题，具有导向意义。

---

[*] 本章是 2019 年度教育部人文社会科学研究规划基金项目"量刑证明庭审实质化问题研究"（19YJA820033）和 2012 年度最高人民检察院检察理论研究课题"量刑证明研究"（课题编号：GJ2012C12）的项目成果。

① 彭文华：《酌定量刑、量化量刑与量刑双轨制——美国量刑改革的发展演变与新型量刑模式的确立》，《华东政法大学学报》2018 年第 6 期。

一　我国量刑证明模式选择的困境

在很大程度上，学界的研究成果会影响决策层对量刑证明模式的立法抉择，众说纷纭的现象使得相关法律难以具体规定。因此理顺思路，消除分歧并建立共识，是确立我国量刑证明模式的第一步。对于量刑证明模式的选择，目前我国理论上观点多元，严格证明与自由证明模式在不同国家的法律适用上有所不同，仅套用某种现有的证明模式于量刑程序中，存在制度移植的风险；实践中的定罪证明与量刑证明关系界定模糊，定罪与量刑程序的分离并未改变重定罪轻量刑的传统思想，过分依赖控方的量刑建议、虚置辩方的量刑意见、法官量刑结论说理性差为当前量刑程序反映出的主要问题，量刑证明缺乏司法经验的总结；法律规范上对于量刑证明中证明责任、证明标准等规定的冲突或缺失，也反向制约着量刑模式的选择。

（一）　理论上，多元模式引发选择困境

在法学理论上，学界对于量刑证明模式的主张大多在自由证明与严格证明之间，先通过对英美法系和大陆法系司法证明模式的演变的考察，归纳出自由证明与法定证明两种司法证明模式；[①] 进而主张在自由裁量主义和严格规则主义之间进行我国刑事证明模式的选择；最后对于量刑程序证明模式的选择，也以自由证明模式和严格证明模式的分类来进行套用。[②] 但照搬他国现有的证明模式于我国独特的立法现状和司法环境中，总有些削足适履之感。

1. 主张严格证明的量刑证明模式

对于严格证明的内涵界定，国内外学者存在不同的认识。根据严格证明在证据资格、证明方法、证明标准三个证明要素中是否进行特定要求，分为"双重标准说"和"三重标准说"。二者的核心区别在于严格证明下的规范性要求是否包括证明标准要素。双重标准说也称为二元说，认为严格证明和自由证明在证明标准上是一致的，区别在于证据资格规范（证

---

① 何家弘：《从司法证明模式的历史沿革看中国证据制度改革的方向》，《法学家》2005 年第 4 期。

② 简乐伟：《论量刑程序证明模式的选择》，《证据科学》2010 年第 4 期。

明能力）和证明程序规范（证据调查程序）上的规范程度不同。① 三重标准说认为二者的区别在于证据资格、证明程序、证明标准（心证程度）三方面是否有严格的法律进行规范。② 由此可见，严格证明与自由证明的划分依据是法律对于证明要素的不同严格程度的要求。通过严格证明，在证明环节对于证据进行资格审查、规范证据调查程序甚至要求法官的内心确定程度达到排除合理怀疑，以确保量刑正确，保障司法公正。可以说，严格证明的适用范围不断扩大是法治国家建设中智慧司法的重要表现。我国需要一个统一的量刑证明模式，但严格证明的内涵界定尚不明确，从规范内容上、严格程度把握上、各国法律制度上、学理以及学者理解上都可能产生认知层面的差异，这也是严格证明与自由证明分类学说的问题所在，③ 因此不能够简单地套用；并且量刑不同于定罪（此部分后文具体论述），要求所有量刑事实的证明都像定罪一样进行严格证明，不仅是小题大做，更是不切实际的。

2. 主张自由证明的量刑证明模式

在定罪与量刑相对分离后，很多学者将目光转向国外在量刑程序中适用的自由证明模式，④ 主张理由总体为量刑情节宽泛、调查程序灵活、影响幅度较小等。比如闵春雷教授在《论量刑证明》中指出"首先，量刑证据范围宽泛，信息量大，不受法定证据形式及证据能力的限制……品格、传闻、非法证据可以适用。其次，量刑调查程序简便灵活……最后，对量刑事实及请求可采取优势证据标准。"并认为适当证明的本质是自由证明。樊崇义教授和汪建成教授在各自的文章中建议，在量刑程序中，除死刑案件外，对量刑事实可采用"自由证明模式"，不需要限定证据的形式，在证明标准方面达到高度盖然性或者优势证据要求即可。⑤ 同时自由

---

① 参见［德］克劳思·罗科信《刑事诉讼法》（第24版），吴丽琪译，法律出版社2003年版，第208页。

② 参见林钰雄、杨云骅、赖浩敏《严格证明的映射：自由证明法则及其运用》，《国家检察官学院学报》2007年第5期。

③ 在德国刑事诉讼中，自由证明的程序一般按 Beling 及 Ditzen 所倡导的方法进行，但并未形成一套完整的理论。［德］克劳思·罗科信：《德国刑事诉讼法》，吴丽琪译，台北：三民书局1998年版，第236页。

④ 参见陈瑞华《量刑程序中的证据规则》，《吉林大学社会科学学报》2011年第1期；林钰雄：《刑事诉讼法》（上册总论篇），台北：元照出版有限公司2004年版，第414页；闵春雷：《论量刑证明》，《吉林大学社会科学学报》2011年第1期。

⑤ 参见樊崇义《量刑程序与证据》，《南都学坛》2009年第4期；汪建成：《量刑程序改革中需要转变的几个观念》，《政法论坛》2010年第2期。

证明也弥补了严格证明中效率低和成本高的局限。但同样，这种非此即彼的分类方式也属于一种断层式的证明模式判断：如果对于量刑中的定罪情节和加重情节采用严格证明模式，而对于其他量刑情节全部采用自由证明模式，在司法实践中会存在很大的不确定性。一方面，自由的程度是否存在边界欠缺回答，也就是自由证明与严格证明之间缺少一个明确合理的划分标准。① 另一方面，对于死刑或者重刑采用严格证明，其他情节一律放宽到自由证明程度，往往会产生两种极端效果：要么因为自由证明下的量刑情节的证明方式简单和影响判决较小，往往在审判中流于形式，徒有虚表，判断量刑事实是否纳入量刑情节全部依赖于法官的自由心证而非证明环节；要么因为对于量刑事实证明的要求过轻，导致法官将在严格证明下形成的量刑判断进行不适当的减轻或者免除，甚至可能因为这一证明模式的特点使得犯罪人脱罪免刑，违背罪责刑相适应原则。

3. 主张适当证明的量刑证明模式

为了弥补此缺陷，又有学者提出了"适当证明"的缓冲观点："量刑情节只通过自由证明即可。但是，倾向于加重被告人刑罚的情节需要严格证明。"② 即对某些非严格证明的事项，也赋予当事人以争辩证据证明力的机会。目前学界大多也参照田口守一教授的观点提出将严格证明与自由证明结合适用的观点，但主张的分类方法各不相同。③ 比如根据量刑情节的轻重，李玉萍教授和张月满教授主张不利于定罪人的量刑情节，应达到排除合理怀疑的标准；有利于被定罪人的量刑情节，达到优势证据的标准即可。即罪重事实应当严格证明，罪轻事实可以自由证明。④ 该观点也为台湾法学界的主流观点："法律上刑罚加重减免原因之事实，以经严格证明为必要；其加重减免为法院裁量之事项者，则以经自由的证明为足够。"⑤ 再比如康怀宇教授根据量刑情节的内容，将其分为法定量刑事实（包括涵盖在定罪事实内的量刑事实）和独立存在的量刑事实，主张前者

---

① 参见吕泽华《定罪与量刑证明一分为二论》，《中国法学》2015 年第 6 期。

② ［日］田口守一：《刑事诉讼法》，刘迪等译，法律出版社 2000 年版，第 221 页。

③ 参见林钰雄、杨云骅、赖浩敏《严格证明的映射：自由证明法则及其运用》，《国家检察官学院学报》2007 年第 5 期；竺常赟《刑事诉讼严格证明与自由证明规则的构建》，《华东政法大学学报》2009 年第 4 期；康怀宇《比较法视野中的定罪事实与量刑事实之证明——严格证明与自由证明的具体运用》，《四川大学学报》（哲学社会科学版）2009 年第 2 期。

④ 参见李玉萍《量刑事实证明初论》，《证据科学》2009 年第 1 期；张月满《量刑证明：从形式到实质》，《政法论丛》2018 年第 1 期。

⑤ 沈德咏主编：《刑事证据制度与理论》，法律出版社 2002 年版，第 705 页。

的证明原则为严格证明；后者适用自由证明。① 但基于复杂的量刑事实和不同的司法环境，将量刑情节全部归入严格或者自由两种证明模式框架内是很难统一和实现的。司法证明区别于一般证明的关键即在于它的法律属性，法律的规范性是司法证明的本质特征。不同法系、不同国家、不同诉讼模式、不同立法现状决定了各国司法证明在法律规范上的差异，因此简单地套用严格证明或是自由证明，都不足够现实。

溯本于"严格证明"和"自由证明"这两种模式，一般认为，其重要区别在于：对于刑事诉讼中作为定罪、量刑基础的实体法事实，必须采用"严格证明"模式；而对刑事诉讼中的程序法事实，可以采用"自由证明"模式。由此看来，根据传统的诉讼证明模式难以得出量刑程序中量刑事实的证明可以适用"自由证明"模式这一结论。"严格证明与自由证明的范围界定，实际上是对于作为证明对象的要证事实是适用严格证明还是自由证明的划分。"② 有学者认为界定严格证明与自由证明的标准有二：其一，不影响实体公正；其二，有利于被告人。③

由此可见，尽管将严格证明与自由证明相结合作为量刑证明模式的做法一定程度上填补了单一模式适用的缺陷，但是对于严格证明与自由证明的界限问题，以及何种情况适用严格抑或自由，目前处于探讨阶段，尚未形成统一且合适的建议。

（二）法律中，规定的缺失制约模式的选择

量刑证明作为量刑程序改革的关键环节，承载着量刑活动的公开性要求，也决定着量刑裁判公正性的实现。2012 年《刑事诉讼法》首次以基本法的形式确立了相对独立的量刑程序，司法部门也陆续颁布相关文件推进量刑规范化。但无论是最高人民法院《关于常见犯罪的量刑指导意见》（以下简称《量刑指导意见》）（一）（二），以及 2020 年最高人民法院、最高人民检察院、公安部、国家安全部、司法部《关于规范量刑程序若干问题的意见》（以下简称《规范量刑程序意见》），还是 2018 年《刑事

---

① 参见康怀宇《比较法视野中的定罪事实与量刑事实之证明——严格证明与自由证明的具体运用》，《四川大学学报》（哲学社会科学版）2009 年第 2 期。

② 陈卫东、谢佑平主编：《证据法学》，复旦大学出版社 2005 年版，第 261 页。

③ 竺常赟：《刑事诉讼严格证明与自由证明规则的构建》，《华东政法大学学报》2009 年第4 期。

诉讼法》，都未对量刑证明作出较明确的规范。比如，最高人民法院的《量刑指导意见》中规定的量刑步骤仍以价值判断为主，缺少前置程序和过渡阶段的具体规范，不利于实现法定刑幅度和法官自由裁量权的有效结合；① 以及在《规范量刑程序意见》中，对于当事人量刑建议权的行使，并未明确规定具体的行使方式、行使内容和行使时间，有学者也提出应当规定提交书面意见书，载明从重、从轻或减轻处罚的证据和理由，并在量刑辩论阶段行使。② 对于辩方提出的量刑情节要和检方所提出的情节有相同的证明程序，这不仅是量刑程序规范化的要求，也是保障当事人量刑建议权有效行使的途径。再者，《刑事诉讼法》第 51 条明确规定有罪判决的举证责任，但并没有规定有关量刑事实的举证责任；第 55 条区分了定罪事实和量刑事实的概念，但是在判决有罪和处以刑罚的证明标准上，是放在一起，对案件定罪证明上要求达到排除合理怀疑的程度，这显然不符合法理并且难以实现。法律规范的缺失使得量刑证明成为量刑改革中最为薄弱的环节，相应地，量刑证明实践也陷入困境，严重阻碍了量刑改革目标的实现。

1. 缺乏量刑证据收集的法律规定

以审判为中心视域下，量刑证据的充分性是维持庭审量刑控辩活动对抗性和有效性的前提条件，有效的质证认证是审判公正的必经程序。虽然《规范量刑程序意见》中明确规定"侦查机关、人民检察院应当依照法定程序，收集能够证实犯罪嫌疑人、被告人犯罪情节轻重以及其他与量刑有关的各种证据"，但从司法实践看，量刑证据的收集不够充分，量刑证据的提出也呈现出非对抗性的特征，这直接影响到庭审中对量刑证据的调查与辩论，不利于审判中心的关键环节——质证的有效展开。

具体而言，首先，各类收集主体的证据收集力度均不达标。（1）公安机关。《公安机关办理刑事案件程序规定》第 69 条规定："需要查明的案件事实包括犯罪嫌疑人有无法定从重、从轻、减轻处罚以及免除处罚的情节。"但对于酌定量刑情节的查明却没有作出规定，导致了公安机关全面收集量刑证据的缺位。（2）检察机关。部分检察机关和检察官对量刑

---

① 参见李冠煜《量刑规范化改革视野下的量刑基准研究——以完善〈关于常见犯罪的量刑指导意见〉规定的量刑步骤为中心》，《比较法研究》2015 年第 6 期。

② 参见穆远征、张云飞《论量刑程序改革中的当事人量刑建议权——以〈关于规范量刑程序若干问题的意见（试行）〉为考察对象》，《湘潭大学学报》（哲学社会科学版）2012 年第 2 期。

建议工作的重视程度不够，认为量刑是法院的工作，检察机关只要定罪准确即可。有的地区提出量刑建议的比例不到 20%，难以适应认罪认罚从宽制度对量刑建议工作提出的新要求。部分检察官还存在畏难情绪，认为量刑建议客观上增加了工作量和办案难度，提出量刑建议的动力不足。同时，量刑建议主要集中在基层检察机关，主要办理重大案件的分州市院由于所办案件复杂和社会维稳等因素，长期以来倾向于不提量刑建议，间接导致重大案件领域推进认罪认罚从宽困难重重。[①]（3）辩方。比如在不认罪案件中，辩方投身于无罪证据的收集，在量刑程序开展前没有足够的时间收集有关罪轻事实的证据。而庭审中的量刑证明是控辩双方的领域，在规范控方对于量刑证据的调查与收集的同时，也必须重视提高辩方收集证据的能力，特别是保障其对于有利于被告人量刑情节证据的取证权利，以消除检察机关选择性收集的隐患。

其次，对于量刑证据的收集内容不够完整。能够集中反映量刑证据的到案证明中，尤其有关自首的情节记录过于简单，难以反映行为人自首、悔罪的程度，而这恰恰是重要的量刑事实；成年人案件中没有引入社会调查报告制度，且未成年人社会调查报告也不规范，大多流于形式，反映出的量刑证据信息笼统。

这些现象相当程度是受以前刑事审判"案卷笔录中心主义"及"侦查中心"诉讼模式的影响。司法人员惯于"重定罪，轻量刑"，量刑辩护缺乏有效开展，导致各方对量刑证据收集的忽视，严重影响庭审对量刑证据的质证和辩论。"以审判为中心"视域下，加强量刑证据的收集十分必要，更应强调依法收集以保障量刑证据的可靠性。量刑证据的真实可靠性是止当程序的要求，是量刑证明中需首先被关注的因素。应当将法律规定与司法实践相结合，并借鉴量刑程序相对发达国家的经验，规范量刑证据的收集。

2. 缺乏量刑证明规则的法律规定

如何划分量刑证明中的证明责任、怎样理解量刑证明中的证明标准问题在《刑事诉讼法》及相关司法解释中没有明确规定，学界也存在较大争议。争议的焦点在于如何理解无罪推定原则与量刑证明的关系，由此引导证明责任分配、疑罪从无证据等证据规则的具体规定。

---

① 陈国庆：《量刑建议的若干问题》，《中国刑事法杂志》2019 年第 5 期。

目前量刑证明不同于定罪证明已经成为通说，但无罪推定原则能否继续适用于量刑证明还存在不同观点。随着相对独立的量刑程序建立以及量刑规范化改革的不断推进，明确我国量刑证明中的量刑规则是必要的。但是对于无罪推定原则的适用与否，以及基于此而成立的控方举证责任和严格证明标准在量刑证明中的取舍，现行立法并未给出答案。正是由于量刑证明规则的法律规定缺失，掣肘了量刑证据的举证、质证过程，造成量刑证明的虚化。不仅如此，还使得法官在决定是否采纳控方的量刑建议时无规则可循，量刑说理制度由此成为无米之炊，量刑程序也面临着被架空的风险。虽然量刑规范化改革已推行十余年之久，但最高司法机关所颁行的有关量刑程序规范化改革的文件乃至 2018 年《刑事诉讼法》的规定中都未对量刑证明标准明确要求。2021 年《最高人民法院关于适用〈中华人民共和国刑事诉讼法〉的解释》中，也仅对被告人从重处罚的证明标准做出了规定。在量刑证明标准方面，作为量刑规范化改革的重要成果，最高人民法院最高人民检察院制定的《量刑指导意见（试行）》鲜有提及，理论界则存在较大分歧。

3. 相对独立量刑程序下的量刑证明缺位

2009 年 6 月 1 日，最高人民法院制定颁布了《人民法院量刑程序指导意见（试行）》，其中第一条规定：人民法院审理刑事案件，应当保障量刑活动的相对独立性。之后全国 120 多家法院展开了全方位的试点工作，一场以量刑控制为目的的司法改革正在全国轰轰烈烈地展开，中国传统的定罪与量刑程序合而为一的审判模式正在面临重大的挑战。这次量刑程序改革基本上遵循了构建相对独立量刑程序的改革模式。2012 年《刑事诉讼法》第 193 条规定："法庭审理过程中，对与定罪、量刑有关的事实、证据都应当进行调查、辩论"，标志着我国相对独立量刑程序的正式确立。

所谓相对独立的量刑程序，是指在《刑事诉讼法》规定的法庭调查和法庭辩论总体框架不变的前提下，对被告人认罪案件和不认罪案件不作区分，在法庭调查阶段，先进行定罪调查，再进行量刑调查，而在法庭辩论阶段，先进行定罪辩论，再进行量刑辩论，从而形成一种既独立于定罪问题的审理，又与定罪问题交错进行的程序模式。① 相对独立的量刑程序

---

① 陈瑞华：《论相对独立的量刑程序——中国量刑程序的理论解读》，《中国刑事法杂志》2011 年第 2 期。

与独立的量刑程序相比，突出特点在于将量刑调查放在了定罪辩论之前，这种程序设置虽然对于案件事实的全面把握和提高诉讼效率有促进作用，但理论研究成果和司法实践效果都逐渐证明：在被告人不认罪案件、死刑案件与未成年人刑事案件中，相对独立的量刑程序已然无法满足量刑证明的现实需要。主要有下列两大原因：

（1）相对独立量刑程序无法确保量刑程序的独立性和完整性。以被告人不认罪案件为例，在进入审判之前，辩方并不知道自己作出的无罪辩护主张是否会得到法官的支持，因此也不会轻易放弃罪轻辩护的机会，这样就会出现在定罪和量刑交错审理的过程中，辩方立场游移不定，易出现无罪辩护和罪轻辩护交错进行的矛盾现象，导致法庭审理紊乱无序。甚至很可能一些被告人和辩护人为了维护自己立场的一致性，在作出无罪辩护后，拒绝参加量刑调查和量刑辩论环节，导致量刑程序形同虚设，辩方所掌握的量刑事实也无法进入法官的视野。针对这种情况，实践中也进行了相应的探索，比如上海某中院在量刑规范化改革第二阶段中，针对不认罪案件的特殊情况，通过采用释明—告知—选择的程序，以解决被告方对参与相对独立量刑程序的顾虑。具体而言，被告方可以选择在量刑程序中发表量刑辩护意见，或在法庭告知有罪结论后，再提交量刑辩护意见，从而打消其顾虑，全面保障被告的辩护权。[①] 从本质上来看，如果被告方选择在法庭作出有罪结论后进行量刑辩护，那么这种选择程序应当归属于完全独立的量刑程序范畴，这表明相对独立的量刑程序无法有效保障量刑调查和量刑辩论环节的展开，对于特殊情况难以应对，在程序开展中存在较大的局限性。并且学界已经就构建不认罪案件独立量刑程序进行了充分的论证，定罪与量刑完全独立的分离证明模式更具有正当性和必要性。[②]。

（2）相对独立的量刑程序缺乏调查量刑证据的时间保障。一方面，在相对独立的量刑程序中，由于定罪与量刑交错混同在同一个时空条件下，量刑程序容易遭受到定罪程序的侵蚀和压迫。在定罪程序中，辩方将全部精力都集中在收集证明被告人无罪的证据上，而一旦被确定有罪，则要求辩方在量刑程序中提供罪轻证据，但我国目前的司法现状并没有为其

---

① 参见敖颖婕、马言荟《"阳光"量刑更精准———中院破解无罪辩护量刑规范化难题》，《上海人大月刊》2010 年第 10 期。

② 参见岳悍惟、李希瑶《论我国独立量刑程序的构建》，《河北法学》2011 年第 2 期；陈卫东、程雷《隔离式量刑程序实验研究报告———以芜湖模式为样本》，《中国社会科学》2012 年第 9 期。

留下足够的准备时间。另一方面，尽管《规范量刑程序意见》要求侦查机关和检察机关必须全面地收集量刑情节，但是事实上，它们只有在保证有关定罪事实的证据收集足够充分时，才会真正关注对量刑事实的调查。特别是在被告人不认罪或者辩护人作无罪辩护的案件中，期待侦查机关和检察机关全面搜集被告人的量刑证据是尤为不现实的。加之在量刑程序独立的司法审判中，有关量刑证据的调查与辩论会因个案的不同处于一种不确定的状态，法官的自由裁量权受到约束，工作量也相应增加，以至于法官在审理环节很有可能压缩量刑程序的空间，实践中存在难以对量刑证据进行充分举证质证风险，不利于量刑公正。

（三）实践下，司法现状缺乏经验总结

根据最高人民法院量刑程序改革意见的规定，可以明确我国目前的量刑程序处于相对独立阶段，这一阶段的特殊性质要求表明现阶段将某种成熟的证明模式直接应用于实践的做法有待商榷。在我国司法实践中，定罪证明采用的是较为完善的一种印证证明模式。而印证证明模式在本质上属于严格证明模式，即对于证据资格、证明能力甚至证据数量都有严格的法律限定。印证证明在证据判断中属于客观主义的认识立场，强调这一判断具有普遍接受性，这一点不同于自由证明下基于个人的感受和经验的判断（自由证明下的判断只要求具有合理接受性即可）。[1] 基于量刑事实的复杂性，量刑证据的多样性以及量刑程序的轻省性，在司法实践中，定罪程序中普遍适用的印证证明并没有用于量刑程序。但存在不同量刑事实的证明方式界限模糊，一些必要的量刑证据缺失证明规范等问题却不容忽视，量刑程序存在虚置做法的风险，量刑证明规范化刻不容缓。

有学者通过分析2012—2014年的相关判决书，总结出量刑证明存在以下现实困境与障碍：（1）重量刑建议、轻量刑程序的选择普遍存在于量刑裁判中：量刑建议在判决书中的采纳率占八成以上，但对于量刑程序的提及却微乎其微。这反映出司法机关对于量刑事实的调查辩论，即量刑证明视若无睹。（2）重定罪、轻量刑的传统思想仍在左右量刑证明：主要体现在法庭调查中量刑证据稀缺、与定罪混同、种类单一。（3）量刑裁判说理性差。由于缺乏适合量刑程序自身特点的证明规则，法官在心证

---

① 参见龙宗智《印证与自由心证——我国刑事诉讼证明模式》，《法学研究》2004年第2期。

的过程中无章可循，导致判决书的量刑说理性差。缺少对于量刑建议采纳理由的说明，没有对于不采纳建议后量刑事实的举证质证。① 量刑证明重法定情节而轻视酌定情节、量刑证据收集不力，量刑效果未得到充分重视等。

尤其是在现阶段认罪认罚案件比例不断上升的司法现状中，一方面要保证认罪认罚的自愿性和合法性，另一方面要充分重视此类案件的量刑证明问题，做到合理妥当的从宽，保障被告人的权利有效的行使。最高人民法院发布的《人民法院第五个五年改革纲要》明确规定："认罪认罚从宽制度下，不同的量刑程序，应有不同的证明方式。"这也为建立分层次的规范证明模式的确立提供了法律依据。因为在我国刑事诉讼证明中，过分强调法官的自由裁判和法律思维能力，并且目前我国适用这种制度的主客观条件都不够充足，对于印证证明模式这种具有错判风险的制度安排的借鉴应当谨慎。进行一种逐步的、有条件的、有选择的证明模式改革更为保险妥当，同时也能最大限度防止新的证明模式带来的潜在弊端。

二　量刑证明模式选择的法理分析

根据德国学者首次给出的严格证明的含义："严格证明指对于攸关认定犯罪行为之经过、行为人之责任及刑罚之高度等问题的重要事项，法律规定需以严格之方式提出证据。法定证据和法定使用规则的限制。"② 可得知严格证明模式的选择，考虑到了证据的证明力和证明过程的严格性。同理，量刑证明会因证据的类型差异、证明力大小、不同量刑情节对应的刑罚等级、量刑方向正反、价值选择等因素导致受重视程度不同，而不同量刑情节的适用又都会影响最终的量刑。③ 探究量刑证明模式的法理要求，是实现我国量刑证明模式选择的必经之路。

（一）惩罚犯罪与保障人权的价值平衡

美国联邦最高法院大法官在判决书中作出如下陈述："法院的刑事判决会对被告权利产生非常重大的影响，被告可能基于刑事判决失去其自由

---

① 参见闵春雷、孙锐《量刑证明的困境与出路》，《学术交流》2015 年第 8 期。
② ［德］克劳思·罗科信：《刑事诉讼法》，吴丽琪译，法律出版社 2003 年版。
③ 吕泽华：《定罪与量刑证明一分为二论》，《中国法学》2015 年第 6 期。

权利，甚至是生命权利，为保障被告人合法的自由权和生命权，以及社会对刑事司法的尊重和信心等诸多重大利益，必须以'排除合理怀疑'的标准，作为降低基于量刑事实认定错误风险的基本手段。"① 可以说定罪给被告打下了犯罪人的标签，而量刑则是对于被告自由权和生命权等现实利益的处决。量刑是对犯罪人展开刑事处罚的必经之路，通过剥夺犯罪人的利益从现实层面惩罚了犯罪，在保障人权方面也更应注重，与定罪相比只会有过之而无不及。有学者认为量刑比定罪更为重要："从某种意义上说，定罪是量刑的一部分，因为罪名的确定意味着基本刑的确定，这也是定罪证明模式愈发严格的原因，从这一层面，可以说量刑的重要性高于定罪。"②

在量刑程序中如何确立一种有别于定罪程序的证明模式，以避免量刑事实认定方面的错误，其事关量刑的公正性、科学性，也是量刑程序改革中的一个关键环节。在事实发现和人权保障、国家安全、个人隐私等方面的冲突中，量刑证明模式的确定需要体现出价值选择的属性，但这仅仅为量刑证明中事实属性上的价值权衡。保证量刑证明中法律推理的客观性和科学性要求推理主体具有一种正确的、动态平衡的、多元的价值观，即在法律推理过程中兼顾国家政策、立法精神与目的、法理基础等方面的要求。因此量刑证明法律推理的价值观应当与刑事诉讼法的价值目标相一致，在公正与效率之间权衡达到动态平衡，以保证量刑证明客观性，实现量刑证明实质化。

基于人权保障观念的不断加强和落实，英国在陪审团制度的保障下，建立了较为完善的量刑程序，并且对于复杂的量刑信息进行了系统的规定，制定了较为完善的量刑前报告制度；在美国，"法官要考查诸多的量刑信息，认为只要是从轻量刑情节、对被告有利的证据都应当进入量刑考量"。③ 可见，英美法系国家已经拥有了较为完备的量刑报告制度，用以保障量刑事实的全面性和公开性。

我国目前量刑证明中也已经有了法律价值权衡的体现：比如在有关年

---

① See In Re Winship, 397 U. S. 358 (1970).

② 张月满：《量刑证明：从形式到实质》，《政法论丛》2018 年第 1 期。

③ 虞平：《美国死刑量刑制度的统一性与个别性的协调》，《法学》2007 年第 11 期。

龄的量刑情节中，事实真伪不明的情形下，适用保护弱者的司法推定。① 即在有关年龄的证明中，从有利被告，保护未成年人和老年人角度出发，在证据不足时进行司法推定。

（二） 不同证明模式下司法成本的考量

在社会转型时期，不成熟司法环境下的"案多人少"、司法资源紧缺问题日益突出。在这一大背景下，如何做到将案件"繁简分流"、有效配置司法资源，犹如司法改革的"阿喀琉斯之踵"。② 对于定罪程序中普遍适用的印证证明模式，因为其突出特点就是以嫌疑人对案件事实的印证性口供为主要破案依据，可以说刑事司法过程中的违法行为很大程度上归因于诉讼证明中的技术要求和有效控制犯罪的政策目标所形成的双重压力。同理，量刑证明相较于定罪证明在证据的收集和审查环节表现更为突出，如何合理地配置司法资源以保证量刑的最大公正，要求对于不同的量刑事实或者案件种类进行层次性剖析，以形成一种普遍适用于各类案件的量刑证明模式。

由于司法者不能回到过去亲自去感知犯罪行为的发生经过，因此在证明过程中，通过证据来推导出的客观案件真实，只能成为司法者和法学界希望达到的一个理想状态，而无法达到百分百的还原。在现实面前，基于司法认识的模糊性和司法裁判的确定性，司法者只能退而求其次，选择法律真实作为诉讼证明的要求。同理，作为量刑程序证明模式的选择，也不能脱离司法实际，而追求那些不切实际的梦想。从司法证明被划分为严格证明模式和自由证明模式之初，人们为了尽可能地避免司法权之滥用，立法规定对实体法事实要通过严格证明后，方可以作为定罪、量刑之基础。

从限制国家权力、保障人权的角度来看，对诉讼中证明的对象都通过严格证明的方式加以证明，当然是一个理想的选择。然而，在使用严格规则限制国家权力的背后，却是诉讼证明所产生的巨大经济成本。在打击犯罪与保障人权这两大看似矛盾的价值追求之间，在具体的刑事诉讼中，证

---

① 2021 年《最高人民法院关于适用〈中华人民共和国刑事诉讼法〉的解释》第一百四十六条规定："证明被告人已满十二周岁、十四周岁、十六周岁、十八周岁或者不满七十五周岁的证据不足的，应当作出有关于被告人的认定。"

② 王瑞剑：《严格证明抑或自由证明——非法证据排除证明方式新探》，《北京警察学院学报》2018 年第 1 期。

明模式如何取舍，一定要慎重。有学者主张对于程序法事实采用自由证明模式：首先对于程序问题，应该朝着有利于被告的解释，只要达到大致可信的心证程度或者不排除有这种可能性的程度即可，这样有利于人权的维护；① 这样也有利于明确诉讼的主要争点，集中关注实体法上之定罪事实的调查与认定。诚如有研究者指出，对于不属于认定被告有罪无罪事实，如程序上侦查中的作为，是不需要达到严格证明程度的，如果硬要达到这种程度，那只会造成极度的诉讼浪费和不经济。② 因此在考量诉讼证明成本的前提下，清楚区分哪些情况下适用严格证明模式，哪些情况下适用自由证明模式，以达到利益最大化，这对量刑乃至刑事诉讼法的发展具有重要意义。③

（三）　无罪推定原则的法理精神之范围

联合国人权事务委员会认为："无罪推定是保护人权的基本要素，要求控方提供控诉的证据，保证在排除所有合理怀疑证实有罪之前，被告应被视为无罪，确保对被告适用无罪推定原则，并要求根据这一原则对待受刑事罪行指控者。所有公共当局均有责任不对审判结果作出预断，如不得发表公开声明指称被告有罪。"由此可见，无罪推定原则作为现代刑事诉讼法的基本原则已经无可厚非。但是该原则的准确含义、适用范围、限制和例外等问题还存在争议。我国《刑事诉讼法》第十二条规定，"未经人民法院依法判决，对任何人都不得确定有罪"，是无罪推定原则作用于定罪证明的法律依据。但对于无罪推定原则的法理精神能否延伸至量刑证明，法律未给出明确的回答，学界也存在较大争议。

肯定方的理由为量刑与定罪同根同源，都是国家对于罪犯行使惩罚权的过程。比如英国学者认为无罪推定原则在量刑阶段仍然发挥着影响，并且英国的量刑证明标准体系也与无罪推定精神相契合。④

否定方立足于无罪推原则的证据法功能，指出无罪推定属于允许证伪

---

① 林钰雄、杨云骅、赖浩敏：《严格证明的映射：自由证明法则及其运用》，《国家检察官学院学报》2007 年第 5 期。

② 林钰雄、杨云骅、赖浩敏：《严格证明的映射：自由证明法则及其运用》，《国家检察官学院学报》2007 年第 5 期。

③ 简乐伟：《论量刑程序证明模式的选择》，《证据科学》2010 年第 4 期。

④ 参见彭海青《英国量刑证明标准模式及理论解析》，《环球法律评论》2014 年第 5 期。

的法律推定，因此在量刑程序中其失去了在定罪证明中的指导效力。① 有学者指出："在定罪审理阶段，'存疑有利于被告'是一项重要的原则……在量刑问题上，对于那些存疑的、没有被证明的事实，即便是有利于被告人的，法官同样将他们视为不存在。也就是说，在量刑阶段，存疑有利于被告人原则并不适用，对于那些存疑的事实，其存疑利益并不会赋予被告人。"

笔者对该问题持肯定态度。无罪推定原则不应该仅局限在字面意思，即不仅在定罪环节存在合理怀疑的情况下要求法官进行无罪判决，在量刑环节同样应当作为法官的心证依据。因为被告人在整个刑诉过程中都享有人权且应受到相应的保护，无罪推定作为人权保护的要素之一，其所反映的法理精神应当贯穿刑事诉讼程序的始终。并且从惩罚犯罪的角度来讲，定罪是为了精确地判刑，真正能做到罚当其罪的方法为量刑。并且罪与罪之间的主要区别就是刑罚的选择和力度不同，量刑就是在相对确定的法定刑中进行更细致的刑罚选择。甚至可以说定罪是为了量刑而服务，直接限制或者剥夺犯罪人基本权利的是量刑而非定罪。综上，将无罪推定的法理精神（即人权保护）纳入量刑阶段不仅是量刑规范化改革的原则要求，也是实现司法公正，做到罪责刑相适应的应有之义。

关于无罪推定原则在量刑方面的具体要求，有学者提出："在实行有罪推定的封建专制诉讼制度中，是按照'疑罪从有'的原则来处理的……当被告人罪重罪轻难以确定时，按罪轻处理。在我国，原刑事诉讼法对疑难案件的处理没有明确规定，在实践中也是以'疑罪从轻'的方法处理了。疑罪从轻实际上就是疑罪从有。"②

对于要求达到合理怀疑程度的量刑情节，即适用于基本犯罪构成和修正犯罪构成的量刑情节的证明，我国要求达到排除合理怀疑的标准，③ 但是对于其他量刑情节的证明，并没有采取如此高标准，那么对于这些量刑情节的证明力要求，如果遵循无罪推定原则，也应当遵循存疑有利于被告的既定要求，对于存疑的、未被证明的量刑事实不得作为判刑的根据，但

---

① 参见闵春雷、孙锐《量刑证明的困境与出路》，《学术交流》2015 年第 8 期；汪贻飞：《论量刑程序中的证明标准》，《中国刑事法杂志》2010 年第 4 期。

② 参见阮国平、丁翠英、杨华主编《刑事诉讼法教程》（第四版），中国人民公安大学出版社 2019 年版，第 188 页。

③ 简乐伟：《量刑的证明对象及证明标准——美国量刑实践的启示》，《证据科学》2015 年第 4 期。

如果属于有利于被告人的量刑情节，则应当将存疑利益赋予被告人。

主张无罪推定不适用量刑环节的学者进一步提出，禁止强迫自证其罪原则在量刑程序中应受到一定的限制。对于被告人或者被害人向法庭提交的量刑事实和所作的陈述，只要有其他证据加以印证并具备证明力，就都应当转化为量刑的根据。①

（四） 定罪与量刑一体化诉讼模式的影响

定罪与量刑一体化的诉讼模式或者定罪与量刑两分离的诉讼模式会影响到量刑证明模式与定罪证明模式的分野，在我国目前定罪量刑一体化的诉讼模式中，定罪与量刑不分，导致在诉讼程序中量刑被定罪所掩盖。在量刑事实的发现、举证和质证中，侦查机关、检察机关和审判机关的活动像是一个流水作业，往往配合有余，制约不足。② 理论来源于实践，实践中量刑程序在量刑定罪一体化的诉讼模式中的虚设现象，直接导致了理论上量刑证明模式无从发现和判定。

基于我国职权主义特色的诉讼模式，受对抗并不强烈的诉讼制度以及实质不平等的控辩关系的影响，实践中，量刑证明的形式化相对普遍：量刑证据不充分、社会调查报告等量刑证据的法律性质不明确、量刑证明要素环节被定罪证明所掩盖、量刑证明主体对量刑证明缺乏应有的重视，等等。量刑证明基本要素的欠缺，使量刑证明的进行往往只是形式化，或者说一些案件在目前的司法环境下只能开展形式化的量刑证明，造成量刑不均衡甚或不公正。③

对我国现有诉讼模式和诉讼程序进行反省，明确其对于量刑证明选择的影响，来进行有针对性的改良和设计。这不仅是量刑证明庭审实质化的要求，也是我国司法机关的义务使然。在我国目前的诉讼模式朝向定罪量刑两分离的方向转变的同时，也有必要对控辩审三方的诉讼活动进行明确，比如公安机关应当承担罪重、罪轻情节的全面收集义务和公示义务，甚至举证义务。并且，检察机关应该转变证明观念，不仅应注重定罪证据的收集，更要重视量刑证据的发现、固定与举证工作，由"定罪为核心"

---

① 穆远征、张云飞：《论量刑程序改革中的当事人量刑建议权——以〈关于规范量刑程序若干问题的意见（试行）〉为考察对象》，《湘潭大学学报》（哲学社会科学版）2012年第2期。

② 王守安、韩成军：《审判中心主义视野下我国刑事证明模式的重塑》，《政法论丛》2016年第5期。

③ 张月满：《量刑证明：从形式到实质》，《政法论丛》2018年第1期。

的证明观转向"定罪、量刑并重"的证明观。[①]

三　量刑证明模式选择的内在本质分析

就刑事诉讼的基本目的而言，所谓"事实之认定"或者"事实之查明"，意指实体法上事实的认定或查明。刑事诉讼最终之目标在于具体法律关系之形成与确定，即所谓法律的实体形成。而实体法的结构，又有犯罪与刑罚的分别；其在刑事诉讼领域内的对应效果，就是定罪活动与量刑活动。实体法上的事实，相应地可以区分为定罪事实，即与作出是否符合犯罪成立条件的认识、判断活动相关联的事实；以及量刑事实，即与定罪无关，而与应当科处何种具体刑罚的认识、判断活动相关联的事实。故而，旨在认定实体法上事实的证明活动，当然包括对定罪事实及量刑事实的查明。

（一）　量刑证明与定罪证明的区分

"定罪与量刑是我国刑事审判的两大基本活动，实现定罪的准确性和量刑的合理性是整个刑事审判最基本的要求。"[②] 定罪证明与量刑证明作为发现案件事实的证明活动，是刑事审判中的关键。在我国证明活动中，定罪与量刑一体同生，量刑证明往往隐含在定罪证明中，二者分属定性和定量关系不同，量刑证明的重要性相较于定罪证明也更为弱化。对量刑证明内在本质进行分析，有利于定罪与量刑的两分离，进而确立量刑证明模式的理论基调。

1. 量刑证明与定罪证明的性质差异

司法证明的发展趋势是由自由证明向法定证明的方向发展，法定证明体现着人类司法证明经验的积累和进步程度。就我国来说，定罪证明相较于量刑证明具有严格证明的特点，量刑相较定罪来说，是专业性极强的裁判工作，需要对不同关联程度、不同刑罚程度，不同刑罚方向的量刑因素进行复杂的量化裁量。与定罪证明不同的是，量刑证明的目的在于全面地论证被告人的人身危险性和可处罚性，由实现定罪的准确性转向了刑罚的个别化。因此，证明的范围更加宽泛、内容更加复杂、形式更加多样。定

[①]　吕泽华、于子雯：《量刑规范化的逻辑层次关系解析》，《东方论坛》2015 年第 2 期。

[②]　陈卫东主编：《刑事证据问题研究》，中国人民大学出版社 2016 年版。

罪证明判断的是是与非的问题，而量刑证明判断的是多与少的问题，是一个呈现等级差异的综合评价过程。量刑证明会因证据的类型差异、证明力大小、不同量刑情节对应的刑罚等级、量刑方向正反、价值选择等因素导致受重视程度不同，而不同量刑情节的适用又都会影响最终的量刑。

量刑证明比定罪证明更为复杂，在我国定罪证明尚未达到完全严格的证明模式条件下，在量刑中引入严格证明不切实际。

此外，对于英美理论学说主张的"量刑证明适用自由证明"进行剖析，以英国为例，自由证明的量刑证明模式根植于长期以来严格区分定罪与量刑的刑事诉讼程序背景。由于量刑阶段没有陪审团的参与，其程序与证据规范相对宽松。[①] 但这种量刑证明的适用的前提是："陪审团已经大体上没有进一步发挥的功能，对被告人的询问变得更一般，宽泛和严格审问口吻，证据和程序规则开始放松。"但此种放松是建立在陪审团定罪审判模式，为防止误导陪审团而构建的复杂证据规则前提下进行的相对的放松，而不是那种所谓的"自由证明"模式。"比较而言，我国的庭审模式更似英美的量刑审判模式，而不是其定罪审判模式，所以，我国的定罪与量刑证明缺乏英美复杂的证据规则体系，严格性上不如英美定罪程序。在法官主导的、缺乏严格、繁复证据规则规范的审判模式下，定罪与量刑程序的相对分离，又何谈量刑证明应采行英美的'自由证明模式'。"[②]

2. 量刑证明与定罪证明的内容差异

定罪证明与量刑证明的不同，体现在证据种类、证据规则、证明责任等方面。在定罪证明中，定罪证据采取法定形式，仅指《刑事诉讼法》明确规定的几种证据形式，并且对于证据资格的关联性、合法性规定了非法证据排除等证据规则，证明责任为控方。而在量刑证明中，"量刑证据种类多样，传闻证据规则、意见证据规则、最佳证据规则、品格证据规则甚至非法证据排除等证据规则不再适用量刑证明"[③]；对于量刑证明责任的分配，以人权保障为理论基础，借鉴对抗式诉讼模式下的外国选择，有学者认为应当贯彻"谁主张谁举证"原则：量刑证据的取证环节对科技的依赖性相对减弱，必要时还可以请求法官调取证据材料，取证相对容易。"控辩双方对量刑证据举证能力的差异相对于定罪证明要小，以至于

---

① Martin Wasik, *The Sentencing Process*, Dartmouth Publishing Company Limited, 1997, p. 337.
② 吕泽华：《定罪与量刑证明一分为二论》，《中国法学》2015 年第 6 期。
③ 李玉萍：《量刑事实证明初论》，《证据科学》2009 年第 1 期。

不会影响量刑的实质进行。"① 例外，有学者提出，对于刑事诉讼中的基本证明原则，在量刑证明中也不再适用：例如主张无罪推定原则不适用量刑证明，禁止强迫自证其罪原则在量刑适用中受到限制，并且认为量刑程序中的证据规则重在审查证据的证明力，而不对证据的证明能力作出严格的限制。②

　　针对上述观点，可以肯定，量刑证明与定罪证明在证据种类方面，因为情节事实不同而应当有所区分。但是，在证据规则、证明原则，以及证明责任的选择上，定罪与量刑之间是否一定是你有我无的关系，还有待商榷。比如在证明原则的适用上，刑事诉讼的证明原则保护的是被告的程序性权利，这种权利不应该因为程序的分离而被剥夺，定罪原则并不失效于量刑程序。③ 以无罪推定原则为例，虽然量刑程序启动的前提是有罪的存在，无罪推定自然失去必要，但是该原则倡导的限制公权力以保护被告诉讼权利的精神内涵，仍然应当作为量刑的指导原则。如上文所述，在量刑证明中应当对照定罪证明中的适用条件，若存在量刑事实不清、证据不足的情形时，根据存疑有利被告的原则进行裁量。再如在证明责任的划分上，可以看出，目前我国刑事诉讼法在定罪证明上的划分方式为控方承担证明责任，而对于量刑证据的举证责任没有进行分离和规定。考虑到证据收集的灵活、证据种类的多样，倡导在量刑中控辩双方承担谁主张谁举证责任，的确对于增强控辩双方的对抗性、促进庭审实质化和降低司法机关工作压力、提高办案效率具有积极作用。但是，正因为量刑事实的复杂性与收集证据难易程度的不同，片面、断层的转移证明责任的方式会不利于被告人诉讼权利的保护，也违反了公平原则。举例来讲，对于一些要依靠侦查机关收集的证据，以及在犯罪行为发生后生成的证据，比如认罪认罚和积极退赃，其制作主体是侦查人员，他们可能受到与犯罪做斗争价值取向的引导，在证据收集公开上有选择的或者不全面的活动，以至阻碍辩方的取证。因此，笔者认为不应当在量刑证明中完全适用谁主张谁举证原则，正确的做法应当是根据证据来源和证据证明力大小等因素规范划分各类证据的证明责任。

---

① 张月满：《量刑证明：从形式到实质》，《政法论丛》2018 年第 1 期。
② 参见陈瑞华《量刑程序中的证据规则》，《吉林大学社会科学学报》2011 年第 1 期。
③ 吕泽华：《定罪与量刑证明一分为二论》，《中国法学》2015 年第 6 期。

(二) 量刑要素与定罪要素的划分

关于量刑证明与量刑证据、量刑情节、量刑请求的关系，学界已经有了明确的界定：量刑证明的基本单位是量刑证据；量刑证明的直接对象是量刑情节，量刑证明、量刑情节的载体是量刑证据。基于量刑情节的证明是以量刑证据为基础，以量刑证明的模式、量刑证明标准和量刑证明责任等证明要素组成的完整量刑证明体系，那么规范化的量刑证明模式就是将量刑的各个证明要素规范地确立在法律中。这里要与严格证明有所区分，严格证明模式下对于证明要素进行的法律规范都是在最高标准层次上；而规范证明模式虽然也要求对于各种证明要素进行法律规范，但是根据量刑事实的不同对于证据证明能力的要求严格程度不同，或者说，规范证明模式是一个动态发展的证明模式，在适应现有诉讼环境的基础上不断完善证明规范，从略显粗疏的证明方式不断向规范、严格的证明方式转变，最终走向严格证明模式。

"历史上所有的政府和法律制度，无一不是法律规则与自由裁量共存。"[1] 量刑兼具主观性价值判断和司法经验积累的特点使然，完全的法定化必然陷入僵化，必须在法定量刑之外确立酌定量刑的补充、调整的功能地位。法定量刑为量刑确立了基本的公正框架，实现了量刑公正的统一性和规范性；酌定量刑为量刑的个案特殊性，个案的具体公正提供权衡的可能性，同时也达成对法定量刑僵化、机械的调整。

有学者主张，法定情节外的酌定量刑情节才构成了量刑的特殊性研究——"定罪事实与量刑情节的独立性，则意味着法院在认定这部分量刑事实过程中不可能固守传统的理念，而应确立一些新的原则。事实上，恰恰是这些独立于犯罪事实之外的量刑情节，决定了量刑程序中证据规则的特殊性。"[2] 但从量刑活动的整体性角度考虑，我们必须全面地看待量刑活动。不可否认，酌定量刑情节的证明和酌定量刑情节的量刑适用体现了更多的司法裁判者和诉讼双方的自由意志的博弈，因此，在量刑证明和量刑计量中体现出自由证明的鲜明特色，但此处的量刑裁量一定要限缩幅度、限缩范围，酌定量刑要在量刑裁判文书上进行说理解释，指明量刑裁

---

[1]　王锡锌：《自由裁量与行政正义——阅读戴维斯〈自由裁量的正义〉》，《中外法学》2002 年第 1 期。

[2]　陈瑞华：《量刑程序中的证据规则》，《吉林大学社会科学学报》2011 年第 1 期。

量的诉讼主张的争点、裁量取舍的理由，做出裁量修正的价值、理念的
理由。

四　我国量刑证明模式的初步建构

证明模式，是指实现诉讼证明的基本方式，即人们在诉讼中以何种方
式达到证明标准，实现诉讼证明的目的。[①] 量刑证明模式，即通过证据认
定证明标准下的案件事实（即量刑事实）的方式和方法，能够体现出量
刑证明的特征和规律的总结。量刑证明模式的选择将直接反映量刑证明的
整体特征，引领后续量刑证据资格、证据规则、证明责任乃至证明标准的
设计，因此，量刑证明模式的选择是量刑证明研究中的首要问题。[②] 并且
量刑证明作为刑事诉讼证明的重要组成部分，从形式走向实质是实现庭审
实质化的重要步骤。[③] 但是根据前文总结，当下现有的证明模式并不适合
于我国的司法模式和立法现状，简单地进行区分和套用难以满足相对独立
的量刑程序下的证明要求。结合量刑规范化改革要求，一种总结现有理论
研究成果，并且根植于我国目前司法实践的证明模式亟待提出和确立。

（一）量刑规范化改革凸显量刑证明模式选择的重要性

在刑事审判中，正确的定罪与量刑是实现刑事诉讼目的之惩罚犯罪和
保障人权的最基本要求。纵观历史，我国量刑模式经历了从同态复仇的确
定刑，到罪责刑相适应原则指导下的相对确定刑为主、确定刑为辅的转
变。在这种模式影响下，我国刑事诉讼长期奉行定罪与量刑合一的审判程
序，并形成"重定罪，轻量刑"的传统观念。[④] 以天价过路费案为代表的
改判案件，如广东许霆案、云南许霆案、西安药家鑫案、云南李昌奎案、
浙江吴英案，[⑤] 以及孙小果减刑案中对于量刑事实的证据审查，不断反映
出司法实务界存在的量刑失衡问题：同案不同判、罪责刑不相适应、量刑
不说理或者说理不充分。[⑥] 最高人民法院量刑指导意见（试行）2010 年，

---

① 龙宗智：《印证与自由心证——我国刑事诉讼证明模式》，《法学研究》2004 年第 2 期。
② 吕泽华：《定罪与量刑证明一分为二论》，《中国法学》2015 年第 6 期。
③ 张月满：《量刑证明：从形式到实质》，《政法论丛》2018 年第 1 期。
④ 参见陈卫东《反思与建构：刑事证据的中国问题研究》，《法学家》2015 年第 1 期。
⑤ 陈卫东主编：《刑事证据问题研究》，中国人民大学出版社 2016 年版。
⑥ 参见李玉萍《中国法院的量刑程序改革》，《法学家》2010 年第 2 期。

使量刑地位不断提高成为不可逆转的趋势。《最高人民法院公报》指出，"自2005年以来，我国99%以上的刑事被告人被宣告有罪，每年因被定罪而面临量刑问题的被告人人数平均超过95万"。根据最高人民法院发布的工作报告，2019年各级法院按照审判监督程序再审改判刑事案件1821件，其中依法纠正"五周案"等重大冤错案件10件。2020年各级法院按照审判监督程序再审改判刑事案件1774件，山东等法院依法纠正张某超等重大冤错案件。人民法院明确坚持宽严相济刑事政策，该严则严，当宽则宽，罚当其罪。深入推进以审判为中心的刑事诉讼制度改革，全面准确适用认罪认罚从宽制度，促进量刑程序规范化进程，是保证审判公正减少错判的必经之路。作为量刑程序改革的薄弱环节，量刑证明需要制度化的建构，首要问题就是量刑证明模式的提出。

尽管以规范法官自由裁量权、确保量刑均衡为目的的量刑指导意见细化和规范了法官的量刑活动，较大程度统一了法官的量刑裁判尺度，但依然存在缺陷，无法彻底解决量刑不均衡和量刑僵化等实体问题。一方面，量刑规范化实体方案的案件适用范围有限。无论是在量刑规范化改革试点时期，还是量刑规范化全面实施阶段，最高人民法院都将案件适用范围限定在15种犯罪中。尽管实践中这些案件占绝大多数，但也的确排除了其他犯罪的被告人适用量刑规范化实体方案的权利。考虑到无期徒刑、死刑案件同样存在量刑不规范、不均衡问题以及对被告人命运更为致命的影响等因素，理应将其纳入量刑规范化范畴，并确立与之相适应的量刑方法。因此，着眼于量刑公平、公正目标的实现，在适用案件范围方面，未来应将所有刑事案件的量刑活动都纳入规范化改革范畴。这也意味着我国量刑证明模式会逐步走向规范化证明的趋势。

另一方面，相对独立的量刑程序改革方案某种程度上改变了过去"法官办公室作业"的量刑模式，强化了控、辩双方对量刑的参与度，增强了量刑决策的透明度和公开性，而且在结构上与我国刑事诉讼法设定的刑事审判结构相契合，但是这种单一的量刑程序模式并没有充分关照我国刑事诉讼法规定的多元化审理程序和司法实践。其没有充分考虑到基层法院所审理的刑事案件绝大部分是通过简易程序处理或被告人认罪的简单刑事案件，在这类案件中强调控、辩双方对量刑活动的充分参与事实上既无必要也不经济。① 并且也没有充分考虑到被告人不认罪案件或中级法院审理的一审刑事案件的案情重大或案件结构复杂性，这类案件对量刑程序的参与性和公开性的要求更高，现行相对独立的量刑程序模式并没有完全回应控辩双方尤其是被告人要求充分、有效参与的公正性需求。因此，着眼于量刑公正和效率目标的实现，对于被告人不认罪案件或中级人民法院审理的重大案件，应当从程序的完备性着手，强化被告方的量刑辩护能力，使量刑程序的对抗化色彩进一步凸显。

（二）以审判为中心的刑事诉讼改革指引量刑证明规范化

2010 年最高人民法院分别于 2010 年和 2017 年正式发布《人民法院量刑指导意见（试行）》和《人民法院量刑指导意见（二）（试行）》，先后规定了常见 15 种犯罪的量刑情节，包括犯罪构成下的量刑起点和符合影响犯罪构成的其他事实的具体刑罚幅度。这种规定是与规范证明的概念相匹配的，也体现出实践指导理论的过程，"量刑规范化改革历经十余年，全国法院量刑思维和方法更加规范、科学，量刑过程更加公开、透明，量刑结果更加公正、均衡。规范量刑已成为法官的自觉和常态，规范量刑的思维已经延伸到其他案件和刑种。目前，纳入量刑规范范围的常见罪名已达 23 种，从拘役、有期徒刑扩大到罚金、缓刑，案件数量占全国基层法院刑事案件的 90% 左右"。② 为进一步推进量刑规范化改革，扩大量刑规范化范围，最高人民法院发布《量刑指导意见》，并进行全国试点工作。为落实以审判为中心的刑事诉讼制度改革和司法责任制，完善认罪认罚和刑事速裁程序的量刑，最高人民法院在全面总结评估的基础上，进一步扩大量刑规范化范围，研究制定了《关于常见犯罪的量刑指导意见（二）（试行）》，将近年来多发易发、与人民群众生命财产安全密切相关的危险驾驶、非法集资、信用卡诈骗等八个罪名纳入规范范围，从有期徒刑、拘役扩大到罚金、缓刑，规范罚金、缓刑的适用。可以说规范化是法治发展的基本趋势，是人类诉讼认识水平提高的必然结果。规范化的量刑证明模式，也是刑事诉讼发展的应有之义。规范量刑成为法官的自觉和常

---

① 苏镜祥：《理论与实践之争：量刑规范化改革评析》，《四川师范大学学报》（社会科学版）2015 年第 1 期。

② 陈学勇：《最高人民法院立项开发建设量刑智能辅助系统》，《人民法院报》2017 年 9 月 27 日第 1 版。

态，量刑方法更加规范，有利于量刑思维更加符合司法规律；量刑过程更加公开、透明，有助于控辩双方提出具体明确的量刑建议和意见，在法庭上公开辩论，法官居中裁判，实现量刑从神秘走向公开；量刑结果更加公正、均衡，通过规范量刑方法和步骤，明确量刑标准和尺度，促进类案同判，促进公正廉洁。

（三）主张我国适用分阶段层次性的规范量刑证明模式

不同于严格证明与自由证明，我国目前的量刑证明程序尚处于相对分离阶段，其下的证明责任、证据规则、证明标准也存在一定程度的不合理或者缺失，因此在量刑证明模式选择上不能笼统地主张某种现有的模式。我国的量刑证明应以"规范证明"为特征，通过理论与实践的发展，将量刑证明向更规范、更严格的方向发展，以法律规范具体的证明过程，而不宜定位某种抽象特征的证明模式。

我国的量刑证明应在参酌定罪证明的基础上，进行特色性的规范证明，具体而言主要有三大方面：（1）量刑证明的某些方面要等同于甚至严格于定罪证明，比如从重判刑和死刑证明；（2）有些方面可能要弱于定罪证明，比如法官的自由裁量的酌定情节部分，可适度降低证明的要求；（3）当然，通过经验积累和研究深入，量刑证明应该更多地进行法律规范，法定情节的概念也不应仅限于与定罪相关的量刑情节和从重、加重情节，还应该包括体现量刑特色的独有情节，将酌定情节的司法适用成熟类型进行法律规范，更多地纳入规范证明之中。

总之，量刑证明的日益规范化才是我国司法证明的真正发展趋势，才是量刑分离的必然，这也才能真正体现量刑在司法公正中的重要地位，量刑程序公正价值也才能真正得到彰显。此外，量刑与定罪相分离是刑事诉讼改革的必然结果，量刑证明不仅在内容上应当与定罪证明有所区分，在庭审程序中，也应当考虑二者的相互影响。有学者提出"实行隔离式庭审模式，确立中间判决制度，在定罪程序进行的基础上，及时作出是否有罪的判决，只有被定罪的被告人才经历量刑程序"①，笔者认为这一做法将会随着量刑证明模式的确立而逐渐应用于庭审环节。对于减轻定罪证据在量刑证明中影响法官自由心证、解决辩方同时进行无罪与罪轻辩护的矛

---

① 张月满：《量刑证明：从形式到实质》，《政法论丛》2018 年第 1 期。

盾、节省司法资源提高诉讼效率三方面都有积极作用。

结　语

量刑规范化改革促成了定罪与量刑证明的相对分离，促成了我国量刑模式的发展研究。从学界严格证明、自由证明之辩，再到本章主张的规范证明，体现出了对量刑证明模式不断规范发展的基本思路。但是，在量刑程序没有完全分离，量刑事实多元，无罪推定等理论指导思想尚未形成统一认识的现状下，对量刑证明模式的研究仍在路上。本章在量刑证明模式构建上提出的量刑情节对应的量刑刑罚轻重关系，量刑的程序规范程度，以及量刑指导思想等要素，是未来量刑证明模式构建的重要影响要素，亟待后续研究持续跟进，以推进我国量刑证明模式的生成。

第八章

量刑证据规则体系构建研究[*]

周玮佳

引 言

刑事案件在经过立案、侦查、审判等阶段，在是否构罪方面已经不存在较大争议，量刑成为整个程序的重心，也是被告人最关心的问题。[①] 如果定罪程序规范、严密，但在量刑程序中却草草了事，量刑结果的可接受性难以保证，说服力不强。为了进一步推进司法精细化，实现对犯罪人准确刑罚的目的，最高人民法院在 2010 年开展了量刑规范化改革。此次改革从实体和程序两个方面着手。在实体方面，最高人民法院发布了常见犯罪的量刑指导意见，[②] 明确了量刑的方法和步骤，开启了一场数字化的量刑改革，实现了对量刑的定性与定量分析；在程序方面，最高人民法院确立了相对独立的量刑程序，[③] 改变了以往量刑依附于定罪的模式。虽然我国量刑程序不再以办公室作业的形式完成，控辩双方可以在独立的量刑程序中质证对抗，法官对常见犯罪的量刑情节也可以更好地把握，但量刑证明仍存在一些问题，如对量刑证据的采信缺少规范，没有明确证明责任规范等问题。没有明确的量刑证据规则作为支撑，量刑证明就会产生一系列

---

* 本章是 2019 年度教育部人文社会科学研究规划基金项目"量刑证明庭审实质化问题研究"（19YJA820033）和 2012 年度最高人民检察院检察理论研究课题"量刑证明研究"（课题编号：GJ2012C12）的项目成果。

① 参见熊秋红《中国量刑改革：理论、规范与经验》，《法学家》2011 年第 5 期。

② 2010 年 9 月 13 日最高人民法院《关于印发〈人民法院量刑指导意见（试行）〉的通知》明确了量刑程序的方法和步骤等相关内容。

③ 2010 年 9 月 3 日最高人民法院、最高人民检察院、公安部、国家安全部、司法部印发《关于规范量刑程序若干问题的意见（试行）》的通知中明确将量刑纳入法庭审理程序。

问题，比如由法官自行决定何种证据可以进入量刑程序以及有何证明力，可能会导致权力滥用，严重违背了量刑规范化改革的目的。因此，量刑程序建立明确的量刑证据规则是十分必要的。因量刑程序的目的、证明标准与证明责任与定罪程序均存在差异，量刑程序不能完全适用现有的定罪证据规则，针对量刑程序的特点明确量刑证明应适用的证据规则，有助于深化和完善量刑程序规范化改革。

一　量刑证明中证据的使用面临困境

（一）学界对量刑证明模式的认识模糊

选择何种司法证明模式决定了证据规则的设定应遵循的理念。严格证明和自由证明是司法证明常见的两种模式，严格证明的"严格"主要体现在对证据资格以及在刑事诉讼中对程序规则的严格限制，[①] 自由证明则表现为证明方法不受严格限制，无论是在证据能力、证明标准还是程序方面，法官都可以更自由[②]。当前世界主要国家没有极端的严格证明也没有极端的自由证明，基本上都是两种模式的结合。

目前，学界主流观点认为在量刑程序中应遵循自由证明的理念，论证理由为：其一，量刑程序具有相对简易的形式，导致法院对量刑证据的调查采取相对自由的方式。[③] 其二，量刑证据的范围宽泛且涵盖信息量大，对量刑事实及请求的证明采取低于排除合理怀疑标准，总体适用优势证据标准，决定了量刑证明应采用自由证明的方法。[④] 另有学者认为有关量刑证明的模式不应是严格证明与自由证明的断层式选择，定罪与量刑同属司法证明，法律的规范性作为司法证明的本质特征决定了量刑程序应遵循规范证明模式。[⑤]

我国到底采用何种证明模式，对证据的采纳到底该严格把控还是降低要求？学界观点不一，立法也没有明确规定，实践中依靠法官的自由裁量。

① 参见侯东亮《刑事证据规则论》，法律出版社 2015 年版，第 17 页。
② 周子琦：《量刑证明研究》，硕士学位论文，辽宁大学，2020 年。
③ 陈瑞华：《量刑程序中的证据规则》，《吉林大学社会科学学报》2011 年第 1 期。
④ 闵春雷：《论量刑证明》，《吉林大学社会科学学报》2011 年第 1 期。
⑤ 吕泽华：《定罪与量刑证明一分为二论》，《中国法学》2015 年第 6 期。

（二）定罪与量刑证据规则混同

在证据的收集和采用问题上，各国法律或多或少对司法人员的行为进行限制，只是各国侧重点不同。[①] 非法证据、传闻证据、意见证据等是否可以在量刑证明中作为证据使用，我国法律没有明确规定，因此，实践中出现了定罪与量刑证据规则混同的现象。

定罪证明与量刑证明因证明责任、证明标准、证明目的等均存在差异，在量刑证明中不加区分地使用定罪证据规则会产生一系列不兼容的问题，如有关生活品行的证据往往是经过长期相处，根据生活经验判断得出的结论，在定罪程序中被禁止使用。但为了全面了解犯罪人的人身危险性和社会危害性，允许品格证据在量刑程序使用，若继续沿用定罪程序中对品格证据的严格排除规则，难以实现量刑证明的目的。

（三）量刑证据规则的规定分散且模糊

我国尚没有统一的证据法，有关证据的内容散见于三大诉讼法中，个别司法解释中也体现了某些证据规则，如《最高人民法院关于适用〈中华人民共和国刑事诉讼法〉的解释》第75条规定："证人的猜测性、评论性、推断性的证言，不得作为证据使用，但根据一般生活经验判断符合事实的除外。"这条规定对意见证据规则予以明确。但这些规则都没有明确量刑证明应该照搬适用还是区别适用。此外，2010年"两高三部"正式通过了两部司法解释，从非法证据排除和死刑案件审查判断证据两个方面确立了证据规则。[②] 这两部司法解释确立的证据规则大部分仍然是传统的定罪证据规则，只有少数规则对量刑证据的审查方面做出规定。不难看出，这两部司法解释虽然具有制度突破，但重心仍在防范错误定罪等方面，对于量刑证据的采纳等问题没有重视。

此外，刑事诉讼法解释规定了证据的证明力判断应当根据具体情况，从证据与待证事实的关联程度、证据之间的联系等方面审查。这仅仅是宣示性规定，如何判断证据之间的关联程度还是没有明确的规定，具体的判

---

① 何家弘：《中国刑事证据规则体系之构想》，《法学家》2001年第6期。

② 2010年6月13日，最高人民法院、最高人民检察院、公安部、国家安全部和司法部联合发布了《关于办理刑事案件排除非法证据若干问题的规定》与《关于办理死刑案件审查判断证据若干问题的规定》。

断由法官自由心证。法官对证据证明力的判断缺少约束，将难以保证公正。

二 量刑证据适用困境的原因分析

由于我国长期形成的"重定罪、轻量刑"的观念，传统的法律规定主要针对定罪程序，对量刑证明持"漠视"态度，导致量刑证据的收集、证明力判断等问题都没有明确规定，学界对量刑证明中是否适用证据规则、适用何种证据规则观点不一，这些因素共同导致了量刑证明存在一系列困境，阻碍量刑规范化改革。

（一）理念认识上——长期存在"重定罪、轻量刑"

启蒙运动后，为了避免法官的罪刑擅断，实现绝对的罪刑法定主义，法官只需要判定行为人是否构成犯罪、犯何种罪行，量刑则是一项不费工夫的任务，从此形成了"重定罪、轻量刑"的审判传统。虽然绝对的罪刑法定主义解决了法官擅断的问题，但难以实现刑罚的个别化，体现量刑的公正。随着量刑制度的不断发展，法官开始对同一犯罪的不同犯罪人进行区分，对其判处不同的刑罚。为了实现刑罚的个别化，现在世界各国普遍确立了相对确定的罪刑法定主义，赋予法官适当的自由裁量权。随着信息传播的大众化，人们越来越关注量刑均衡的问题，许多量刑不均的案件也成为全国关注的热点，人们对量刑均衡问题的广泛关注倒逼司法改革。

受重定罪、轻量刑观念的影响，我国长期以来的审判形式表现为量刑依附于定罪，控辩双方针对犯罪构成、定罪证据的采纳等方面在法庭上展开对抗，量刑程序由法官以办公室作业的形式完成，判决书中有关量刑部分的说理也比较粗疏。虽然量刑规范化改革设置了相对独立的量刑程序，规定法官应加强量刑说理，但公检法三机关仍受重定罪、轻量刑观念的深刻影响，重视定罪程序，忽略量刑程序。当前，侦查机关的侦查重点仍在犯罪构成要件及法定量刑情节上；检察机关也很少直接调查被告人的量刑事实，只注重收集被告人犯罪的证据以及体现被告人身危险性严重的证据，忽略对被告人的全面评价。目前我国的量刑建议如此高的采纳率也可以看出法官对量刑程序的忽略，① 定罪程序经过严格的控辩对抗，达到真理愈辩愈明的目的，而量刑程序则以采纳检察官的量刑建议为主，难以实现对被告人全面评价。"重定罪、轻量刑"对司法学界的影响严重阻碍了量刑规范化改革，很难保证量刑规范化改革落向实处。

（二）立法规范上——对量刑证据规则的漠视

我国尚未形成统一的证据法，有关证据规则的内容散见分布于三大诉讼法及司法解释的相关规定中。《刑法》第 61 条是量刑的一般性、原则性规定，② 这个原则仅是宣示性规则，可操作性不强。《刑事诉讼法》第 56 条规定了非法证据排除规则、规则的相关内容，司法解释中也有部分条文涉及证据规则，最早从 2010 年"两高三部"联合发布的《关于办理死刑案件审查判断证据若干问题的规定》和《关于办理刑事案件排除非法证据若干问题的规定》对非法证据的排除问题及死刑案件中的相关证据规则作出的比较详尽的规定。但有关证据规则远没有形成系统，而且这些适用于定罪程序的证据规则是否可以直接适用于量刑程序，也没有明确的规定。最高人民法院为了推进量刑规范化改革，在《最高人民法院关于常见犯罪的量刑指导意见》中也列举了量刑的基本方法、常见量刑情节的适用、常见犯罪的量刑，但就是没有关于量刑事实证明的相关规范。

从表面上看我国开启了一场数字化量刑改革，但最高人民法院主导通过的刑事证据规则主要适用于定罪裁判程序，目前我国所通过的量刑规范主要集中在量刑的实体和程序规则上，对量刑证明中的证据规则鲜有提及。立法对量刑证据规则的漠视很可能导致法官在量刑证据的审查、采纳以及具体量刑情节的认定上，都存在着不规范使用自由裁量权的可能性。③

（三）学界理论上——构建何种量刑证据规则观点不一

量刑程序中适用何种证据规则，学界观点不一，主要争议点在于如何

---

① 十三届全国人大常委会第二十二次会议上，时任最高人民检察院检察长张军作关于《人民检察院适用认罪认罚从宽制度情况的报告》时说，2019 年 1 月至 2020 年 8 月庭审对检察机关确定刑量刑建议采纳率为 89.9%。

② 《中华人民共和国刑法》第 61 条："对于犯罪分子决定刑罚的时候，应当根据犯罪的事实、犯罪的性质、情节和对于社会的危害程度，依照本法的有关规定判处。"

③ 陈瑞华：《量刑程序中的证据规则》，《吉林大学社会科学学报》2011 年第 1 期。

规制证据资格和证明力。主流观点认为量刑证据规则应重点规范证明力，而非证据资格。论证理由有：（1）为了量刑证据的可靠性和真实性，不应当对证据的合法性给予过分强调；① （2）为了获得尽可能多的量刑证据，对被告人适用最准确的刑罚，在量刑程序中有关证据可采性的规则不再发挥限制功能。② 还有观点认为量刑证据规则应证明力和证据资格兼顾，论证理由为："为了获得尽可能全面和准确的信息，量刑程序证据规则应当规范证据的证明力，同时为了实现量刑公正，不能适用不合法的证据。"③

上述争议焦点在于量刑证据规则构建时仅考虑证明力还是证明力与证据资格兼顾。究其根本，构建量刑证据规则应考虑的因素由量刑证明模式决定。如果采用严格证明模式，则量刑证据规则应证据资格和证明力兼顾；若采用的是自由证明模式，则无须对证据资格做过多限制，为了实现刑罚信息收集的广泛性，只需要规范证据的证明力即可。目前我国对量刑证明的模式还没有形成统一规定和认识。因此，学界对量刑证据规则构建的观点存在差异性，这也导致了法官在量刑证明中适用何种证据规则存在困惑。

三　构建量刑证据规则之理念指导

随着我国量刑规范化改革向精细化方向的深入开展，量刑证明亟须建立明确的量刑证据规则。合理、明确的理念指导，才能真正建立立法规范所缺、实践所需的量刑证据规则，才能促使法官从证据规则构建的理念层面考虑如何使用证据规则，尽可能实现量刑公正。

（一）量刑程序的地位更正——量刑应与定罪同级别，甚至更高

"定罪与量刑作为我国刑事审判的两大基本活动，实现定罪的准确性与量刑的合理性是整个刑事审判最基本的要求。"④ 对于被告人实现准

---

① 陈瑞华：《量刑程序中的证据规则》，《吉林大学社会科学学报》2011 年第 1 期。

② 闵春雷：《论量刑证明》，《吉林大学社会科学学报》2011 年第 1 期。

③ 吕泽华：《定罪与量刑证明一分为二论》，《中国法学》2015 年第 6 期。

④ 陈卫东、张佳华：《量刑程序改革语境中的量刑证据初探》，《证据科学》2009 年第 1 期。

确的定罪处罚不仅关乎司法公信力建设，还关乎社会的安定。量刑一直依附于定罪程序存在，但在司法规范化改革深入推进的今天，量刑均衡应与准确定罪同样重要，甚至更重要。据统计，2003 年以来，在法院审结的刑事案件中，99%以上的被告人被判定有罪。实践中，控辩双方对是否有罪的问题争议不大，如此一来，刑事诉讼审判制度的关键不再是定罪，而在于如何实现量刑的公正。

我们可以设想一下：如果量刑程序的地位低于定罪程序，法官将重视定罪程序，严格判断法定犯罪构成要件，但对量刑要件事实及其论证证据的认定就会草草了事，不受监督，难以保障公正。假如两名罪犯都被犯抢劫罪，一人抢劫数额巨大，另一人日常表现良好，因为家中确有困难才在公共交通工具上抢劫，法官如果只重视定罪程序，对犯罪人的人身危险性和社会可能性考虑甚少，甚至不加考虑，这两种情况都应加重处罚，根据刑法第 263 条规定，做出十一年有期徒刑的相同量刑决定，这样的判决必定难以服人，法律不是生硬条文的简单利用，它关乎情理、关乎几个家庭的幸福。

准确定罪是司法公正的第一步，准确量刑、实现罪责刑相适应才是审判最关键的一步，实现公正量刑是司法精细化发展的必然要求。通过对量刑证据的审查，全面判断犯罪人的人身危险性和再犯可能性，适用科学、合理的刑罚，既能让当事人从心底认可判决，又能实现特殊预防的目的，这才是公正司法的要义。因此，量刑作为审判的另一关键活动，应对量刑的地位进行更正，至少保证与定罪地位相当，甚至高于定罪程序。量刑程序的地位只有高于定罪程序，才能改变附属地位，在程序上受到重视，在普遍定罪的情况下得到公正合理的判决。

（二）量刑证明的模式选择——有限制的"自由证明"模式

严格证明对证据资格的要求比较严格，一些体现犯罪人日常表现、社会危害性的证据难以出现在法庭上，而且对证明程序的严格规定也与量刑程序的简易模式相悖，所以严格证明不适用于量刑程序。自由证明对证据资格、证明标准等规定比较宽松，表面上好像符合量刑证明比较宽松的要求。但自由证明的限度如何？是完全由法官自由裁量吗？这样将无法保证量刑程序的公正，而且如果对证据资格不加限制，任何非法证据都可以进入量刑程序，控辩双方会采用各种非法手段获得量刑证据，公民的合法权利将无从保障，庭审实质化与量刑规范化改革更将无从谈起。不同的证明模式各有优劣，无论选择哪种极端的量刑证明模式都过于武断。

因此，有限制的"自由证明"模式更适合量刑程序。首先，与定罪程序相比，法庭对量刑证据的调查程序采取比较简易的方式，对于控辩双方没有异议的证据，对该证据的举证、质证等程序都尽可能作简化处理，因此，适用严格证明模式与量刑程序的相对简化目标相悖；其次，对证据可采性的严格把控，可能导致无法对被告人实现全面评价，如我国定罪程序原则上禁止使用非法证据，但如果量刑程序严格排除非法证据的适用，阻碍一切非法证据进入法庭，难以实现对犯罪人的全面评价，未免因小失大；再次，如果量刑证明适用自由证明模式，对证据资格等都不做任何限制，任何非法证据都可以证明量刑事实，将违背了我国刑事司法改革的初衷，人权的保障将无从谈起；最后，定罪与量刑同属于司法证明，而法律的规范性是司法证明的本质特征，① 因此，量刑证明模式应是有限制的自由证明，限制的标准应至少符合司法证明的规范性特征。

（三）量刑证明的证据资格——"准入门槛"适当降低

刑罚与犯罪嫌疑人的人身权、财产权以及生命权存在密切的关系，生命权等权利的剥夺往往是无法逆转的，而证据作为定案的依据应当至少保障具有证据资格，才可以作为认定案件的依据，否则无法保障犯罪嫌疑人的权利，很容易造成冤假错案，也是对司法资源的极大浪费。因此，证据合法是证据具有可采性的第一步，应当保障量刑证据的证据资格。

基于量刑程序的目的，量刑证明中应尽可能收集证明犯罪人一贯表现、品格等可以表现人身危险性和社会危害性的量刑证据。因此，严格限制证据资格，将意见证据、收集程序存在轻微瑕疵的非法证据阻挡在量刑程序外，难以实现对被告人的全面评价。为了获得尽可能多的证据，量刑证据的证据能力严格性应降低，意见证据、品格证据等可以证明犯罪人人身危险性和再犯可能性的合法证据都可以进入量刑程序。

因此，相较于定罪证据的严格性，量刑证据在合法性的基础上，其证据能力严格性应当适当降低。即：量刑证据首先应具有合法性；其次，量刑证据的证据能力的严格性应适当降低，确保更多的证据可以纳入量刑程

---

① 吕泽华：《定罪与量刑证明一分为二论》，《中国法学》2015 年第 6 期。

序予以考虑。

（四）量刑证据的证明力规范——相关性规则为主线

证据作为证明案件事实的依据，具有相关性、合法性和客观性三大属性，相关性是所有属性的基础。一旦某个证据与待证事实不存在法律关系，其他属性也就无从谈起。证据的相关性包括实质性与证明性两个方面，实质性是指证据与待证事实存在联系，而证明性是指所提出的证据支持待证事实的某种倾向性，有实质性的证据不一定具有证明性，比如双方不存在争议的证据不属于待证事实也就不具有相关性。

在量刑程序中有关证据证明力审查判断的规定笼统模糊，量刑证据的证明力主要由法官根据自由心证裁量，基于量刑程序的目的，量刑证明需要获得尽可能多的证据，与证明力相关的规则如补强证据规则、最佳证据规则等在量刑程序仍适用。法官对量刑证据的裁量应以相关性规则为主线进行个别化裁量，既考虑证据具有实质性，同时应具有证明性。例如，如果意见证据的内容与证明犯罪人的人身危险性和社会危险性无关，那么这个意见证据则没有证明力；如果某一个意见证据可以证明犯罪人一贯表现，并可以推测社会危害性大小的，可以纳入量刑程序考量其证明力。

为了更好地规范法官对证明力的判断，应明确规定量刑程序中对证据证明力的判断应以相关性规则为主线进行个别化裁量，同时，还可以通过指导案例、量刑规范化培训等形式增强法官素质，进一步规范法官的自由裁量权。

四 量刑证据规则的构建

虽然量刑证明与定罪证明的指导原则、证明责任、证明标准均存在差异，但两者同属于司法证明，均具有规范性的要求。因此，一些定罪证据规则在量刑证明中仍然适用，如非法证据排除规则、相关性规则、最佳证据规则、补强证据规则。只是为了获得尽可能多的量刑证据，在确保证据合法且具有相关性的前提下，量刑证明适当降低证据资格的严格程度。因此，一些证据规则在定罪程序中禁止使用，但基于量刑程序的特殊目的，在量刑程序中允许例外适用。如传闻证据、意见证据等在量刑程序中可以适用，只是应做到原则排除，例外适用。另外，基于量刑程序的目的，最

佳证据允许在量刑程序中适用。

（一）量刑程序适用非法证据排除规则——实物证据程序轻微违法除外

证据的合法性是保证证据具有证据资格的关键一步，若对所有非法证据实行严格排除的制度，可能导致疑案无法破解，犯罪人逃之夭夭等后果出现。但是非法证据是一条高压线，如果因为破案率等原因对非法证据不加干涉，人权的保障、司法的公正均无从谈起。权衡之后，"两高三部"在 2017 年出台《关于办理刑事案件严格排除非法证据若干问题的规定》中明确作出了对于非法的言词证据应严格排除，对于实物证据若收集物证、书证不符合法定程序，但能做出合理解释或补充说明的，可以不排除的例外规定。① 虽然量刑程序具有特殊目的，需要获得尽可能多的证据证明犯罪嫌疑人的人身危险性，但是量刑与定罪同属于司法证明，应遵守司法证明证据合法性的本质要求。因此，我国的量刑程序应沿用有关定罪程序中关于非法证据排除规则的法律规定。

量刑证明中对非法证据排除规则的适用，具体表现为非法言词证据的绝对排除和非法实物证据的有限排除。无论是主张量刑程序中仅排除非法言词证据，不排除非法实物证据，② 还是主张量刑程序中根据提出非法证据的主体决定是否排除非法证据③的观点都是值得商榷的。

排除非法证据规则的目的是通过对程序的严格规范，实现实体公正的保障，但对非法证据采用简单一刀切无法保障证据的合法性和真实性。基于量刑程序的特殊性，为了实现对犯罪人全面准确评价，应获取尽可能多的证据证明犯罪人的人身危险性和再犯可能性。如果量刑程序严格排除非法证据的适用，阻碍一切非法证据进入法庭，难以实现对犯罪人的全面评价，未免因小失大。非法获取的言词证据虚假的可能性比较大，因此，对于非法手段获得的言词证据应绝对排除。实物证据的客观性往往较强，对于如果因搜查、扣押手续或程序上的小瑕疵获得的实物证据，则可以作为

---

① 最高人民法院、最高人民检察院、公安部、国家安全部、司法部印发《关于办理刑事案件严格排除非法证据若干问题的规定》的通知，第 1—7 条相关规定表明，非法言词证据一律排除，收集物证、书证违反法定程序，可能影响司法公正，应当予以补正或作出合理解释，如果不能补正或作出合理解释的，应当排除。

② 闵春雷、孙锐：《量刑证明的困境与出路》，《学术交流》2015 年第 8 期。

③ 陈瑞华：《量刑程序中的证据规则》，《吉林大学社会科学学报》2011 年第 1 期。

证据使用。

（二）　量刑程序适用传闻证据有限排除规则

传闻证据指陈述主体将非亲身感受的事实运用以证明争议问题的陈述。因其主观性较强，在定罪程序中不能作为证据使用。在量刑程序中是否可以适用传闻证据作为量刑依据，学界主要存在两种观点，一种观点认为：为配合对抗制的诉讼模式在量刑程序中应当适用传闻证据规则，但可以规定例外情节，即传闻证据有限排除规则。① 但持否定观的学者认为在量刑阶段，传闻证据已经影响不了法官对基本事实的判断，反而可以增加量刑信息，因此不应适用传闻证据规则。② 有关传闻证据规则的争论焦点在于：在量刑程序中，传闻证据是限制排除还是不排除？

在量刑程序中设置排除传闻证据为主，例外接受传闻证据为辅的证据规则更能实现量刑程序的目的。一方面，证据应该首先满足真实性这一重要属性。因传闻证据是对非亲身感受的事实进行转述，不是直接证据，人们在转述时不可避免地会掺杂个人情感，因而其真实性难免会让人怀疑，因此，量刑程序原则上应排除传闻证据。另一方面，如果绝对适用该规则，将导致所有的传闻证据都无法适用，基于量刑程序特殊目的，适当降低量刑证据资格有利于获得尽可能多的量刑证据，实现对被告的准确评价，体现量刑公正。因此，在特殊情况下，量刑程序应当允许查证属实的传闻证据规则的适用。具体表现为在直接证据不足以对犯罪人进行全面了解、做出合理的评价时，允许传闻证据的使用，但前提必须经过控辩双方进行交叉询问，在真实性不存在疑问的情况下。

（三）　量刑程序适用意见证据有限适用规则

有学者认为量刑程序应适用意见证据规则，论证理由是量刑证据的真实性决定量刑情节的真实性，量刑情节的真实性则直接影响量刑裁判。因此如果证据的真实性存在问题，就谈不上证据以及证明的作用，因此量刑程序中应遵守意见证据规则。③ 但持否定观的学者认为，有关品格方面的证据，如社会调查报告等，都是在长期的生活实践中形成的，很难脱离主

---

① 陈卫东主编：《刑事证据问题研究》，中国人民大学出版社 2016 年版，第 128 页。
② 孙锐：《论量刑程序中的证据规则》，硕士学位论文，吉林大学，2014 年。
③ 吕泽华：《定罪与量刑证明一分为二论》，《中国法学》2015 年第 6 期。

观的感受。因此为了实现量刑刑罚的个别化，获得较为广泛、全面的量刑信息，量刑程序不应受意见证据规则的约束。

真实性是证据一个重要属性，不真实的证据不可能作为裁量依据。意见证据同传闻证据一样，主观因素影响较强。基于司法规范化和精细化的要求，量刑程序应原则上适用意见证据规则。只要在量刑程序中，法官综合全案证据可以准确判断犯罪嫌疑人的人身危险性和再犯可能性，实现对犯罪嫌疑人的准确量刑，就排除意见证据。但如果该案件鲜有证据证明犯罪嫌疑人的人身危险性和社会危害性，法官无法做出准确量刑，这时社会调查报告等证明被告人品格的证据经过查证属实，可以作为证据使用。因而，对量刑程序中的意见证据规则而言，可以适用借鉴英美法系对意见证据弹性的适用，即原则上适用意见证据规则，例外允许意见证据的适用。

结　语

量刑证明模式的不确定导致量刑证据规格的严格程度规定不明、法官对证据证明力的判断过于自由，多种原因共同导致量刑不均衡现象的出现。量刑不均衡严重阻碍量刑规范化改革的进程，量刑规范化需要以量刑事实为前提与基础，而量刑事实需要量刑证据来构建。解决这一问题应首先建立明确的量刑证据规则，构建量刑证据规则首先要从理念上更正量刑程序的地位，至少与定罪程序相当，甚至高于定罪程序；在证明模式的选择上，基于规范性作为司法证明的特征，量刑证明的模式应为"规范证明"；相较于定罪证明，量刑证据规则的构建应兼顾证明力与证据资格，只是严格性降低。量刑证据规则的体系构建既应与定罪证据规则保持统一，也要根据量刑证明的特殊性建立存在差异的证据规则。

第九章

我国刑事量刑证明责任的理论重构[*]

张 雪

引 言

准确定罪和恰当量刑是世界各国刑事司法所追求的两大目标，也是我国现代法治社会对刑事审判的两项基本要求。但是目前，无论是在法学研究还是立法、司法实践中，定罪问题都是研究的重点，立法规定相对完善，实践经验较为丰富。反之，量刑问题的研究及关注度却远不及此，成为刑事诉讼研究的薄弱点。从证据法的角度，探讨量刑事实的证明责任的著述更是少之又少，也没有明确的立法规定。随着我国法治建设的不断发展与完善，进入 21 世纪以来，构建与定罪程序相分离的相对独立的量刑程序改革逐渐步入正轨。随着人民法院、人民检察院以及公安机关关于规范量刑文件的不断出台，我国相对独立的量刑程序改革思路已经大体确定下来。但我们也应该注意到，改革过程中并没有涉及相关量刑活动的证明问题，这可谓是量刑改革的一大缺憾。

一 我国量刑证明责任的界定

在我国，关于证明责任的说法较为复杂，其中，行为责任说、结果责任说和双重含义说是当前三种流行观点。行为责任说是当事人对其主张的事实负有提出证据加以证明的责任。这种责任具体体现在，法律要求当事人在诉讼过程中就自己的主张实施提供证据行为和证明行为。结果责任说

* 本章是 2019 年度教育部人文社会科学研究规划基金项目"量刑证明庭审实质化问题研究"（19YJA820033）的项目成果。

基本上是借鉴罗森贝克的客观证明责任说，认为"证明责任是由法律预先规定，在事实的真假虚实难以确定的情况下，由一方当事人承担风险及不利后果的法律假定。"双重含义说则是李浩教授在后期提出来的观点，他认为，"应当从行为和结果两个方面来解释举证责任（这里的举证责任即证明责任）"。① 即，举证责任具有双重含义：行为意义上的举证责任和结果意义上的举证责任。前者指当事人对所主张的事实负有提供证据加以证明的责任；后者指在事实处于真伪不明状态时，主张该事实的当事人所承担的不利后果。这种不利的诉讼结果既表现为实体法上的权利主张得不到任何法院的确认和保护，又通常表现为因败诉而负担诉讼费用。现在有很多学者都持这一学说。② 因此，根据这一观点，我们可以认识到，刑事量刑证明责任存在如下三个方面的特征：第一，与一定的诉讼主张相关联。例如，检察院向法院提出的公诉主张，该公诉主张具有拘束法院审判的效力。第二，是提供证据责任与说服责任的统一。提供证据责任，即行为责任，即在控辩双方的诉讼过程中，应当就其主张的事实或者反驳的事实提供证据加以证明的责任；说服责任，即结果责任，是指负有证明责任的人应当承担运用证据对案件事实进行说明、论证，使法官形成对案件事实的确信的责任。第三，与一定的不利诉讼后果相关联。如果承担证明责任的人不能提出足以说服法官确认自己诉讼主张的证据，将承担败诉或者其他不利后果。因此，我国刑事诉讼中的证明责任应该指在刑事诉讼中所承担的对自己陈述的事实和请求提供证据的责任，并在证据不足或不充分的情况下承担证明不利的法律后果的责任。③ 我国《刑事诉讼法》第五十一条中明确规定：公诉案件中被告人有罪的举证责任由人民检察院承担。但没有具体规定量刑的举证责任如何分配。根据我国以往的刑事诉讼的司法传统，我们国家将定罪程序和量刑程序合一审理，量刑程序隐含在定罪程序之中，因此，立法上的缺失，导致定罪与量刑证明责任分配混同，一般以定罪证明来把控量刑证明，或者量刑证明采取自由证明，由法庭自由裁量确定，体现出了量刑证明责任分配上的随意性。

---

① 李浩：《我国民事诉讼中举证责任含义新探》，《西北政法学院学报》1986 年第 3 期。

② 参见石岩《论刑事诉讼中量刑事实证明责任之分配》，《云南大学学报》（法学版）2014年第 3 期。

③ 参见陈光中主编《刑事诉讼法》（第七版），北京大学出版社、高等教育出版社 2021年版。

二 我国量刑证明责任分配上的问题

综观理论与实践，现有的刑事证明责任分配存在着证明责任分配不平衡的弊端，影响诉讼效率和司法公正。主要表现如下：

（一） 检察机关承担过多的举证责任

在我国定罪与量刑一体的诉讼模式下，检察机关不但要承担定罪事实的举证责任，还要承担量刑事实的举证责任。检察机关要"收集能够证实犯罪嫌疑人、被告人有罪或者无罪、犯罪情节轻重的各种证据"。因此，根据《人民法院量刑指导意见（试行）》中"量刑的前提是查明影响量刑的一切事实"的规定，检察机关对于被告人的成长经历、家庭环境、教育状况等以及被害人的惩罚欲望等这些量刑事实都需要搜集并提供证据，以准确量刑。但基于一些量刑事实的特殊性及专属性，检察机关不可能一一详尽地调查清楚，该规定无疑是增加了检察机关的取证难度，也是对司法资源的一种不合理配置。

（二） 对于被告人量刑证明权利的剥夺

根据我国刑事诉讼法的规定，被告人无须承担证明自己无罪或有罪的责任，即使是对指控提出反驳，也是由控诉方承担证明责任。基于被告人弱势地位的考虑，该规定在定罪阶段是对被告人的一种保护，但在量刑阶段，这一保护就演变成了对被告人诉讼权利的一种束缚。一些只有被告人才知悉的量刑事实，需要通过控诉方向法庭提供，容易导致被告人的诉讼权利受到侵害，也剥夺了被告人参与诉讼的机会。

（三） 对被害人证明责任分配的缺失

在我国，被害人作为诉讼当事人，刑事法律赋予了多项诉讼权利，却并没有明确其证明责任，使被害人在司法实践中只能作为证据来源处理。在法庭的审判过程中，被害人也只能作为旁听人员，不能参与到诉讼活动中。即使是在量刑事实的证明中，我国目前的审判模式，还是不容许被害人参与到法庭的审判活动中，使被害人不能够充分表达自己的诉讼意愿。被害人具有追究被告人刑事责任的最强烈的意愿，尤其是在针对被告人的量刑方面，其有很强的意愿表达和证明被告人的犯罪事实和量刑相关情节。因此，有必要引入被害人对于量刑情节相关事实进行证明的权利，以切实维护被害人的合法权益，维护司法公正。

三　量刑证明责任问题产生的原因分析

上述实践困境的出现不是偶然的，一项新制度的引入总会引发人们的不适应，对于习惯于将量刑视为"办公室作业"的法官，对在法庭上进行量刑证明的要求显然不够适应，但更为重要的还不是思想观念或工作惯性的原因。量刑程序改革的不彻底性、证据占有观点差异及量刑证明责任体系缺失及不足才是引发上述实践困境的根本原因，亟待在理论上进行深入探讨。

（一）　量刑程序改革的不彻底性

量刑程序改革的不彻底性使得量刑程序并没有完全脱离定罪程序的藩篱，使得其不能为量刑证明提供完整独立的程序空间，而这也成为量刑证明中各种规则与制度无法落实的根本原因。尤其是在被告人不认罪案件、死刑案件与未成年人刑事案件中，相对独立的量刑程序已然无法满足量刑证明的现实需要。一方面，相对独立的量刑程序缺乏收集量刑证据的时间保障。以被告人不认罪案件为例，辩方将全部精力都集中在收集被告人无罪的证据上，而一旦被确定有罪，则要求其在接下来的量刑程序中提供罪轻证据，显然没有给辩方留下足够的准备时间。在辩护形态中，无罪辩护与罪轻辩护是相互对立的两种辩护路径和形式。无罪辩护是基于犯罪构成、案件事实、证据问题、违法阻却事由等而提出的从根本上推翻《起诉意见书》或《起诉书》罪名指控的辩护意见，因此，无罪辩护不会涉及量刑问题。而罪轻辩护则是要求辩护律师收集关于被告人罪轻等量刑方面的各种证据，由于此时庭审已经开始进行，这也就导致了辩护律师没有足够多的时间去收集更多的有关量刑方面的证据。另一方面，相对独立的量刑程序难以为量刑证明提供程序支持，不能为量刑证明提供理论上的自洽性。在相对独立的量刑程序中，由于定罪程序与量刑程序交错混同在同一个时空条件之下，量刑程序容易遭受到定罪程序的侵蚀和压迫。在这样"相对独立"的程序设计下，法庭定罪的结论在哪个环节作出？在定罪辩论尚未开始之前就进行量刑调查无疑违反了无罪推定原则，同时会对定罪和量刑的公正性造成损害，导致定罪影响量刑的展开，不利于量刑证明的独立性开展。

（二）证据占有观点差异

关于证据占有的问题，一些学者认为检控方在关于量刑证据的收集方面具有天然的优势：被告方对于自己主张的量刑事实负举证责任，固然能调动被告人举证的积极性，但我国的检察机关与被告人之间关于量刑证据的举证力量并不平衡，被告人的举证和取证能力明显较弱。从我国的实际情况来看，被告人羁押率高，律师辩护率低，被告人的举证能力与检察机关相比明显不足，让被告人承担罪轻事实的举证责任不现实。例如有关自首、立功的事实侦查机关更易直接掌握。此外，尽管我国现行的诉讼模式是混合模式，但仍带有较强的职权主义色彩，检察机关负有客观、勤勉义务，不仅要对罪重事实承担举证责任，对罪轻事实也应承担举证责任。① 检察机关通过完善内部考核机制、责任追究机制与监督机制，对罪轻事实的证据收集也很重视，特别是量刑建议制度实施促使检察机关不得不平等对待罪重、罪轻证据的收集。对于法定量刑情节，不管是罪重事实，还是罪轻事实，控诉方都应当承担举证责任；对于酌定量刑情节，应当赋予审判机关量刑调查权，审判机关可以通过制作量刑社会报告的方式完成酌定量刑情节的调查。

而另外一部分学者则认为，按照中国的侦查体制，侦查是一种查获犯罪嫌疑人、收集犯罪证据的专门调查活动。在侦查过程中，侦查机关一般要通过两道审查程序：一是尽可能收集犯罪证据，以便达到批准逮捕所需要的证据条件，顺利通过检察机关的审查批捕程序；二是在通过审查批捕程序之后，继续补充收集证据，以便达到向检察机关移送起诉的条件，顺利通过检察机关的审查起诉程序。正因为如此，侦查机关对犯罪证据的收集主要集中在与嫌疑人是否构成犯罪有关的事实上，而对于涉及被告人量刑情节的证据则通常不会进行全面的收集。结果，在侦查机关移交检察机关的案卷笔录之中，一些非常重要的法定量刑情节或许会受到重视，并被收集起来。这些情节通常涉及嫌疑人自首、主犯、累犯、犯罪中止、犯罪

---

① 参见李玉萍《程序正义视野中的量刑活动研究》，中国法制出版社 2010 年版，第 119 页。

未遂、认罪态度等诸多方面。但是，对于那些涉及社会危害程度、犯罪人主观恶性、犯罪人回归社会的可能性等方面的量刑情节，如犯罪人平常表现、前科劣迹、犯罪原因和动机、被害人有无过错、退赃退赔、赔偿被害人等情节，则通常为侦查机关所忽略。从另一角度来看，有些量刑事实和信息为被告人自己掌握或独占，比如被告人的犯罪动机、是否属于激情犯、被告人的家庭状况以及被告人的一贯表现等，如果仍坚持由控方承担证明责任则显属不公平。因为即使控方在收集证据方面会占据优势地位，但是对于这种类似于犯罪动机、家庭情况之类的调查，被告人自己比任何人都清楚，也更容易收集此类事项的证据。[①] 即使由控方对此类事实进行举证，也可能由于各方面原因造成无法收集到全面的证据，进而影响到案件事实的认定。

（三）证明责任体系的缺位

我国关于证明责任分配的理论研究和司法实践还不成熟。在理论上，尚没有形成比较统一和权威的证明责任分配理论，更多的研究是对国外有关学说的引介应用。法规范实践层面，尚无独立的证据规则和证据立法，对于具体的证明责任的规定都分散在各个法律规范和司法解释中，对量刑事实证明责任的分配原则更是没有明确的立法规定。在刑事诉讼中，量刑证据相关材料的搜集，都是由控诉方来完成。

《人民法院量刑指导意见（试行）》的出台，明确列举了量刑事实的范围，对法官裁判量刑起到了一定的指导作用。但在量刑证明责任体系缺位的情况下，一味地追求量刑事实的全面性，不但让相对缺乏的司法资源更加紧张，也使被告人的诉讼权利很容易受到侵害。同时，这种情况也会导致法官自由裁量权的扩大，影响司法裁判权威。证明责任没有明确的量刑指导规范，使得当事人与法官之间对于证明责任的理解会发生冲突，甚至法官与法官之间因个人知识水平、工作经验等的不同，对于证明责任的理解也有所不同，会导致类案不同判现象，影响了司法公正，损害了法院的威信。因此，健全量刑证明责任体系，是提高司法证明与诉讼证明水平的基础工作。

---

① 参见石浩旭《量刑证据——法官量刑裁量的基础》，《湖南工程学院学报》（社会科学版）2010 年第 4 期。

四 量刑证明责任分配体系的构建

在量刑阶段，对被告人是否定罪的问题已经解决，控辩双方的争论焦点集中在被告人的量刑问题。此时被告方的天然弱势地位已经消除，因此应当对各方的量刑证明责任进行重新合理分配，目的是陈述各方的量刑证据，使法官采纳己方的量刑请求。首先，在量刑环节，被告人被人民法院认定为有罪，因此无罪推定原则被推翻，被告人也不存在受到定罪冤枉的可能性，所以，再一味地要求公诉方承担量刑证明责任显失公平，也加重了公诉方的工作负担。其次，在量刑阶段，各方当事人对于证据的收集几乎具有同等的证据收集能力，甚至对于酌定量刑情节的证据，被告方还具有天然的证据收集优势。最后，使刑事诉讼各方各自对于自己的量刑主张承担证明责任，对于刑事诉讼效率的提高具有重要意义。这样可以使得控辩双方明确自己收集证据的范围，避免随意举证，导致诉讼进程停滞不前。关于量刑证明责任的具体分配如下：

（一）公诉方承担被告人的量刑事实的主体性证明责任

检察机关作为国家的公诉人，有查处犯罪、维护社会稳定的职责，同时负有调查取证的义务。根据刑事诉讼法的规定，在公诉案件中检察机关承担证明被告人有罪的责任，并且检察机关"必须依照法定程序，收集能够证实犯罪嫌疑人、被告人有罪或者无罪、犯罪情节轻重的各种证据"。

因此，在量刑事实的证明活动中，检察机关不仅要收集属于法定量刑事实的证据，也要收集属于酌定量刑事实的证据；不仅要收集诸如主犯、累犯这样的罪重的量刑证据，也要收集自首、立功、犯罪前后良好表现等证明被告人罪轻的量刑证据。并且在法庭诉讼中，检察机关应当就其主张的特定量刑事实和从重、从轻、减轻、免除处罚的情节提出证据并加以证明，这是检察机关在量刑证明中应当承担的行为责任。当检察机关举证不能或不足时，则要承担其主张不被法官所支持和确认的不利后果。

（二）被告方对于有利于自己的量刑事实和情节承担主张责任

被告方提出的有利于自己的量刑事实主张应承担证明责任。实践证明被告方在法庭上提出的大多为未被公诉方掌握的酌定量刑情节，因为多数酌定量刑情节是有利于被告人的，如被害人事先存在过错、被告人一贯表现良好、犯罪后积极救助被害人、积极赔偿被害人、犯罪动机的可原谅性等，以上情节被告方一经向法庭提出以支持己方的量刑意见就应提出证据证明。此外，我国刑事辩护制度发展的相对滞后导致被告人在大多数情况下无法获得辩护律师的有效帮助，而绝大多数被告人审前被羁押的状态及其法律知识的欠缺也极大制约了自行辩护的有效发挥。在有辩护律师参与的情况下，部分辩护律师以追求无罪辩护为最高境界，实践中经常忽视对有利于被告人的量刑事实尤其是大量存在的酌定量刑事实的收集。实践证明如果辩护律师关注对被告人有利的各种法定和酌定量刑情节的证明，经常会收到较为理想的辩护效果。辩护方提出的量刑意见不但不会遭到公诉方的强烈反对，反而在某种程度上会得到公诉方的支持。因此，有了辩护律师的帮助，被告人对提出证据证明自己主张的事实便更加容易起来。

　　与定罪证据不同，量刑证据的形成具有双面属性，有些量刑证据在犯罪行为完成之时就已经存在，也有些量刑证据是随着案件的进展而后续生成的，譬如退赃退赔、刑事和解、被害人谅解，等等。按照宽严相济的刑事政策以及和谐社会的理念，法律不仅不禁止律师促成量刑证据的生成，反而是一种鼓励支持的态度，使律师充分挖掘量刑辩护的空间和独立价值，最终实现辩护制度对被告人权利的双重保障。

（三）被害方对于自己提出的量刑事实主张承担主张责任

　　为什么被害人应当充分参与量刑决策过程呢？被害人作为刑事案件的受害方，亲自亲历了刑事案件的发生经过，是案件的直接当事人，对案情最为了解，对证据和证据线索也较为了解。同时，由于被害人受到被告人侵害，被害人对被告人受到何种程度的刑事制裁也非常关切，愿意提供证据或者证据线索。因此，被害人有权向检察机关与审判机关提出证据或证据线索，必要时，可以申请调取证据。按照前面的分析，被害人只有充分参与量刑的决策过程，才可以获得公正审判的机会。虽然公诉方代表国家承担追诉犯罪的责任，但是在量刑过程中，被害人与公诉人的诉讼利益并不完全一致，公诉人既无法完全代表被害人的利益，更无法充分体现其自由意志。作为国家利益的代表，公诉人要承担一定的客观义务，提出公诉的目标是追求公正、适当的刑事处罚，并且要在法律范围内行使公诉权，而不可能一味地要求法院科处重刑，更不可能为促使法院处以重刑而不择手段。相反，被害人为实现个人的诉讼利益，特别是为了实现原始的复仇欲望，经常会单方面强调那些从重量刑的情节，甚至提出不切实际的从重量刑意见。这与秉持公正、客观立场的公诉人经常会发生诉讼立场和观点的分歧。正因为如此，代表国家利益和法律利益的公诉人，在量刑听证程序中不可能完全代表被害人的利益，也不可能始终发表与被害人一致的量刑意见。为使法院获得较为全面的量刑信息，被害人有必要独立地参与量刑听证程序，独立地提出本方的量刑意见和量刑情节，并对法院的量刑裁决施加本方的影响。① 此外，被害人的充分参与可以保证法官获得新的量刑信息。一般而言，公诉人在量刑过程中会结合案件的犯罪事实，强调各种不利于被告人的量刑情节，而被告人则会更多地强调诸如自首、立功、犯罪原因、家庭情况、社会评价等方面的情节，以说服法院尽量从轻量刑。与此同时，《人民法院量刑程序指导意见（试行）》也赋予了被害人充分参与庭审的机会。②

（四）人民法院承担调查核实量刑事实真实与否的客观公正义务性责任

人民法院在量刑审理过程中，有一定的调查取证权，是否意味着法官在量刑事实的认定上承担证明责任？按照《人民法院量刑程序指导意见（试行）》第 17 条规定：在法庭调查过程中人民法院应当查明对被告人适用特定法定刑幅度以及其他从重、从轻、减轻或免除处罚的法定或酌定量刑情节。这种规定体现了法官在量刑过程中的主动参与性。但此行为并非法官承担证明责任的体现，而是法官对处于弱势地位的被告人予以特殊的诉讼关照。我国的刑事诉讼法虽吸收了对抗制模式的某些因素，但仍保留法官的调查取证权。法官在进行量刑审理时，对有疑问的证据进行庭外调查核实，以及对控辩双方遗漏的影响量刑的证据进行搜集，甚至可委托有关机构就有关情况进行调查或作出说明，旨在确保法官在综合考虑各种量刑情节的基础上作出尽可能合理的裁判。当然，法官调查和搜集量刑证据

① 参见陈瑞华《论量刑程序的独立性——一种以量刑控制为中心的程序理论》，《中国法学》2009 年第 1 期。

② 参见王晓红《论量刑事实证明责任的分配——以相对独立量刑程序为分析进路》，《湖北社会科学》2013 年第 11 期。

时应更多考虑被告人的利益，即对被告人有利但未提交到法庭上的量刑证据更应引起法官的关注。

（五）社会调查机构承担协助司法提供量刑事实证明责任

量刑前的社会调查报告制度始于 19 世纪 40 年代的美国，经过一个多世纪的实行与改进，社会调查报告制度在美国司法程序中发挥着愈来愈重要的作用。目前，我国仅在未成年人司法程序中引入社会调查报告制度，虽然其在成立之初主要借鉴了美国的社会调查报告制度，但是在具体制度设计与实际运行中还是存在差异。根据我国刑法规定，刑罚的轻重不仅应当与犯罪人所犯罪行相适应，即与已然的社会危险性相适应，同时也要与犯罪人的人身危险性相适应，即未然的社会危险性。但是，所犯罪行是客观发生并且实际存在的，容易被人们所收集证据予以证明，而被告人的人身危险性包括其家庭结构、受教育情况、成长环境等因素即是否具有再犯的可能性（社会危险性）。但基于一些量刑事实的特殊性及专属性，检察机关不可能一一详尽地调查清楚，该规定无疑是增加了检察机关的取证难度，也是对司法资源的一种不合理配置。

因此在实践中，法官在对被告人量刑时，大多数考虑的还是影响其量刑的各种法定和酌定量刑情节，不免导致量刑的机械性。因此，为实现量刑程序的科学化，有必要引入社会调查报告制度，在增加量刑科学化的同时也促进了量刑程序的公开性。①

首先，在我国，社会调查机构设置得比较散乱，共青团、妇联等都可以成为法院办理未成年人刑事案件的社会调查机构。因此，在关于社会调查的主体方面，本章认为应当借鉴美国在各个法院之内设立专门的社会调查机构，专门就有关量刑问题收集证据。鉴于我国法律人力资源的紧张，可以吸纳社会上各个机构的人采用挂名的形式进入社会调查机构，就有关事项进行调查。其次，关于调查的内容而言，鉴于我们国家社会调查机构人员法律知识水平参差不齐，社会调查机构调查的内容应该以罪犯的个人特征为限，具体犯罪问题由检察机关以及其他专业性机构负责。最后，就调查报告的制作而言，由于我国的社会调查员一般很少具有法律背景，很难就法律问题提出专门的量刑建议，因此社会调查报告中应当以事实性内

---

① 参见陈瑞华《量刑程序改革的困境与出路》，《当代法学》2010 年第 1 期。

容为主，必要时可适当添加诸如量刑建议的专业性内容。

结　语

证明责任是诉讼证明的脊梁，在量刑证明中同样具有重要的地位。在定罪与量刑证明对象同一状态下，证明责任就是定罪证明责任几无异议。关键是纯粹的量刑事实的证明分配问题是量刑证明研究的关键所在。因无罪推定原则学界理解的局限性，导致量刑证明更多地体现罪责刑相适应、有利被告等原则思想。尤其是严格与自由证明的模式之争中自由证明观点占上风，导致量刑证明责任分配上呈现谁主张谁举证的基本特征。本章对此进行了比较全面的分析。证明责任分配的要素，也应该体现出举证能力，量刑情节要素占有情况，利益相关，被害人与被告人地位平等等要素，实现量刑证明责任分配适度多元，逐步规范完善的发展路径。当然，量刑证明理论与实践的探索与研究，将是量刑证明责任逐步科学的必然路径，亟待学界共同努力。

第十章

我国量刑证明标准的体系化构建[*]

袁　铭

引　言

2008 年 8 月，在中央的统一部署下，最高人民法院确定 4 个中级人民法院和 8 个基层人民法院进行试点，并于 2010 年 10 月 1 日起在全国法院试行，由此拉开了我国量刑规范化改革的大幕。量刑规范化改革从最初的针对有期徒刑试行，到后来针对有期徒刑和拘役，及至目前的有期徒刑、拘役、罚金刑和缓刑，不仅有效回应了社会关切，而且对转变我国传统刑事司法理念，推进规范化量刑，统一法律适用，促进量刑公平正义等均产生深远影响，可谓十年磨一剑，霜刃渐显。[①] 但值得注意的是量刑规范化改革对量刑程序中的证明规则，尤其是量刑证明标准未作出明确规定。量刑证明标准作为实现司法公正的必由之路，科学设置量刑证明标准，对实现量刑实体公正具有重要意义。但关于量刑事实究竟需要被证明到何种程度才能被法官采纳，相关立法及司法解释却并未给出明确的答复。同时，尽管理论界对量刑事实的证明标准进行了一定的探讨，但总体而言，数量不多，且尚未形成统一观点。因而立法上的含糊不清以及理论研究上的匮乏、不统一直接导致量刑证明标准在实践中适用混乱的窘境。有鉴于此，立足于量刑证明标准的规范、司法以及理论现状对量刑事实的证明标准问题进行一次较为深入的探讨，于理论抑或实践意义重大。按照与犯罪事实之间的关系可以将量刑事实区分为纯正量刑事实与非纯正量刑

---

[*] 本章是 2019 年度教育部人文社会科学研究规划基金项目 "量刑证明庭审实质化问题研究"（19YJA820033）的项目成果。

[①] 李玉萍：《量刑规范化　十年磨一剑》，《人民法院报》2018 年 10 月 16 日第 2 版。

事实。纯正量刑事实是指与定罪事实无关、只对被告人量刑产生影响的事实；而非纯正量刑事实是指与定罪事实相互重合的量刑事实。对于非纯正的量刑事实而言，由于其存在与定罪事实重合部分，所以有必要在定罪程序中予以证明。因此现着重研究纯正量刑事实的证明标准，据此提出的完善建议亦是针对纯正量刑事实而言。

一 我国量刑证明标准的现状分析

随着量刑程序规范化改革的推进，尤其是 2010 年相对独立的量刑程序的确立，量刑事实证明标准问题逐渐引起了重视。关于量刑证明标准的学术观点层出不穷。与此同时，司法实务中量刑证据也引起了控辩双方以及法官的极大兴趣，庭审中量刑证据的运用与采纳逐渐增多。然而，无论是理论研究抑或是实践操作，量刑事实证明标准问题都有待深入研究。

（一） 我国量刑证明标准立法现状分析

虽然我国于 2010 年起进行量刑规范化改革，但是现行的立法并没有规定独立的量刑程序，对量刑证明标准的规定相对模糊。

1. 量刑证明标准的基本法规定

根据现行《刑事诉讼法》第 55 条的规定，我国刑事诉讼统一适用"证据确实、充分"这一证明标准。该证明标准最早规定于 2010 年的《关于办理死刑案件审查判断证据若干问题的规定》的第 5 条。第 55 条第 2 款将"定罪量刑的事实都有证据证明"作为"证据确实、充分"的条件之一，换言之，无论是定罪还是量刑事实都须达到"证据确实、充分"的标准。同时《刑事诉讼法》第 253 条同样规定，对于当事人及其法定代理人、近亲属以有新证据证明原裁判事实确有错误的，可能影响定罪量刑或据以定罪量刑的证据不确实、不充分等情形提起申诉的，人民法院应当重新审判。即此处也并未区分定罪事实与量刑事实的证明标准而是统一适用"证据确实、充分"这一标准。

但与之截然相反的是《刑事诉讼法》第 200 条的规定，依据法律规定"案件事实清楚，证据确实、充分，依据法律认定被告人有罪的，应当作出有罪判决"，可以明确看出"证据确实、充分"只针对定罪事实而言，并未提及量刑事实。

2. 量刑证明的司法解释

不同的司法解释中也有对量刑证明标准的不同规定。2010 年《最高人民法院、最高人民检察院、公安部、国家安全部、司法部关于加强协调配合积极推进量刑规范化改革的通知》第 3 条提到：要确保定罪量刑事实清楚，证据确实、充分。这是司法解释性文件中关于定罪量刑适用统一证明标准的直接表述。这在一定程度上说明在我国量刑程序还不足够独立的环境下，司法实务中将"证据确实、充分"标准统一适用的情况确实存在。然而，最高人民检察院公诉厅于 2010 年颁布的《人民检察院开展量刑建议工作的指导意见（试行）》第 4 条规定对量刑事实的证明只需达到"查清"即可，而非要求达到"证据确实、充分"的程度。

3. 量刑证明标准的地方性刑事司法文件

与上述基本法与司法解释的规定相同，在地方性刑事司法文件中，同样存在对定罪量刑事实的不同规定。2005 年四川省高级人民法院、四川省人民检察院、四川省公安厅发布的《关于规范刑事证据工作的若干意见（试行）》第 34 条以及 2008 年广东省高级人民法院《关于办理刑事案件若干问题的指导意见》第 47 条，均规定定罪量刑统一适用于"证据确实、充分"这一证明标准。然而在 2010 年深圳市中级人民法院审判委员会第四次会议通过的《深圳市中级人民法院、深圳市人民检察院量刑程序规范化实施办法》第 23 条规定，对于人民检察院提出的量刑建议、被告人及其辩护人提出的量刑意见，人民法院只需审查"量刑情节是否清楚、证据是否充分"即可，而不用像定罪程序那样要求"证据确实、充分"。

综上所述，就量刑证明标准的立法规范而言，我国尚未形成统一明确的规定，不仅不同位阶的法律规范规定不同，而且相同法律规范之间的规定也尚未达成一致规定，即立法分散，规定不够周延。[①] 因此，这也导致司法实践中适用混乱以及理论界观点不一。

（二）我国量刑证明标准理论学说的现状分析

量刑证明标准不仅在立法及司法实践中定位模糊、使用混乱，而且在理论界关于量刑证明标准问题也存在诸多分歧。综合理论界关于量刑证明

---

① 孙青平：《论量刑事实证明体系的构建》，《理论探索》2011 年第 6 期。

标准问题的观点，大致可以分为以下三类：一元化证明标准、二元化证明标准以及多元化证明标准，现就以下三类证明标准进行分析评价。

　　综合学术界关于量刑事实证明标准问题的探究，目前持一元证明标准说的学者并不占多数。主张一元化证明标准说的学者中，有学者认为应当采用英美法系民事诉讼中的"优势证据标准"。① 即对于量刑事实的证明无须适用无罪推定原则，相反"谁主张，谁举证"原则的基本理念应当被遵循。因此对量刑事实进行证明时可以参照适用民事诉讼中的证明标准。也有学者认为，应从有利于量刑事实的真实发现和对证明标准的统一、准确角度出发，主张建立单层的证明标准，就我国现今诉讼立法与司法现状而言，犯罪构成内的量刑情节事实应与传统的定罪证明一样，适用统一的"犯罪事实清楚、证据确实充分、排除合理怀疑"的证明标准。②

　　主张二元化证明标准的学者占多数，且多是从量刑情节是否有利于被告人进行划分，但是各观点的出发点以及适用的证明标准不同。其主张依据也多是从对被告人的特殊保护、控辩双方举证能力的差异以及实践中的可操作性和诉讼效率等角度出发。主张对有利于被告人的量刑情节多适用"优势证据"标准；而对于不利于被告人的量刑情节多采用"排除合理怀疑"的证明标准。③ 同时也有学者提出，应当根据对量刑事实的证明以及在此基础上对量刑请求方面探讨量刑证明标准，即对法定事实情节适用"清楚可信"的证明标准；而对酌定事实情节适用"优势证据"标准。④

　　随着研究的不断深入，更多的学者主张在量刑程序中，根据量刑因素的差异性构建具有层次性的多元化证明标准。有学者提出，对被告人提出的罪轻的量刑情节，适用"优势证据"标准；对检察官提出的一般罪重的量刑情节，适用"清晰且有说服力"的证明标准；而对于"升格"加重的量刑情节，则适用"排除合理怀疑"的证明标准。⑤ 在死刑案件中对判处死刑立即执行的法定情节应当适用"证据确实、充分"标准；在普通刑事案件中按照法定情节是否有利于被告人应做如是划分，即对不利于被告人的法定情节应当被证明到"证据确凿"标准，而有利于被告人的

① 陈瑞华：《量刑程序中的证据规则》，《吉林大学社会科学学报》2011 年第 1 期。
② 吕泽华：《定罪与量刑证明一分为二论》，《中国法学》2015 年第 6 期。
③ 李玉萍：《量刑事实证明初论》，《证据科学》2019 年第 1 期。
④ 闵春雷：《论量刑证明》，《吉林大学社会科学学报》2011 年第 1 期。
⑤ 汪贻飞：《论量刑程序中的证明标准》，《中国刑事法杂志》2010 年第 4 期。

法定情节必须要有明确的证据证明且能够使人信服。①

综上所述，对量刑证明标准的划分而言，理论界都考虑到了对被告人的保护、司法公正以及诉讼经济等相关因素的影响。但各类观点的侧重点不尽相同。一元论证明标准学说的学者虽然考虑到了量刑程序在证据理念、证据规则以及证明责任等方面与定罪程序存有诸多区别，但是这种一刀切、单一化的证明标准在面对纷繁复杂的量刑事实时显然难以发挥功效。其带来的后果就是：许多经不起仔细推敲的、不利于被告人的量刑信息轻轻松松地就能进入量刑程序之中。如此一来，在法庭审理过程中，法官势必会受到这些量刑信息的影响，从而作出有失偏颇的量刑裁判。

相比一元论观点，二元论和多元论观点一方面充分考察控辩双方取证能力，按照罪重事实与罪轻事实划分不同的证明标准。对于罪重事实适用较高的证明标准，而对于罪轻事实适用较低的证明标准。另一方面更加注重量刑裁判的正当性。对罪重事实设置较高的证明标准有利于防止过多不利于被告人的事实因素进入量刑程序，从而致使刑事法庭作出有失偏颇的量刑裁决。在刑事被告人人身自由受限的现实情况下，如果对罪轻事实设置过高的证明标准，显然将阻却有利于其的量刑因素进入量刑程序，此时法官量刑裁判的准确性是有待商榷的。总之，只有在充分考察控辩双方取证能力基础上合理配置量刑证明标准，才能有利于刑事法庭作出更加准确、公正的量刑裁判。但是，其中某些观点仍值得探讨研究。尽管罪重事实和罪轻事实应当适用不同的证明标准，但是罪重事实的范围太广，而且不同的罪重事实对量刑的影响差异甚大，因此将罪重事实不加以区分而统一适用较高的证明标准，不仅不太现实，还将会浪费大量的诉讼资源。比如，对于一般酌定从重情节，如犯罪人有前科劣迹、声名狼藉等，其证明很难达到排除合理怀疑标准，即便可以达到，也将浪费较多的诉讼资源，并影响诉讼效率。

综上分析，目前存在的有关量刑事实的证明标准的观点既有其合理的一面，但也存在较为明显的缺陷。就证明标准而言，其存在必须具有现实可操作性。因而需要注重考虑以下几点：首先需要考虑控辩双方的取证能力。鉴于刑事被告人一般处于羁押状态，因此如果对其有利的事实设定过高的证明标准，将不利于被告人的权利保护，也不具有可操作

---

① 李玉华：《刑事证明标准研究》，中国人民公安大学出版社 2008 年版。

性。其次需要考虑诉讼成本，对量刑标准一律设置过高的证明标准，将会造成大量的人力、物力的浪费，不利于刑事诉讼效率的提高。最后也必须要考虑证明标准本身的合理性问题，如果证明标准太高、太抽象，将不利于诉讼各方的把握，如果证明标准太低，则往往又不利于被告人权利的保护。

二　影响量刑证明标准的因素

多样的量刑证明理论学说，体现着学者不同的价值倾向性。为了更合理地确定量刑证明标准，需要具体考虑量刑证明标准的影响因素，具体研究各因素在量刑证明标准中所起到的作用，从而得到科学、合理的量刑证明标准。

（一）诉讼模式

20 世纪六七十年代以来，模式分析方法盛行于社会科学多个领域，跃升为强势的话语体系，法学研究亦浸染着浓厚的模式论印迹。作为中国法学范式研究的重要成果，刑事诉讼模式在相当程度上影响着二十多年司法改革的路径选择和关系整合。[①] 有观点指出 "刑事诉讼模式是指由一定的诉讼目的所决定的，并由主要诉讼程序和证据规则中的诉讼基本方式所体现的控诉、辩护、裁判三方的法律地位和相互关系。而这种格局的确立与稳定，取决于一系列内外部环境条件的成熟与否，包括国家意识形态、社会传统文化、诉讼价值导向、政治体制设计、法治规范模型等方方面面的因素"[②]。即刑事诉讼模式通过建立可视化的权力关系框架，廓清了法院、检察院、被害人、犯罪嫌疑人或被告人等诉讼主体的法律地位以及彼此之间的关系安排，成为认识和剖析刑事诉讼中诉讼主体权力（利）配置的基本工具。

根据法系的不同，不同国家一般适用不同的诉讼模式，英美法系国家一般采用当事人主义诉讼模式，强调的是诉讼参与人地位的平等性，也被称为对抗式诉讼模式。大陆法系国家一般采用职权主义的诉讼模式，体现了法官在整个诉讼模式中的主导地位。我国 1996 年刑事诉讼法修改以后，

[①] 谭世贵：《论刑事诉讼模式及其中国转型》，《法制与社会发展》2016 年第 3 期。

[②] 李奋飞：《打造中国特色的刑事诉讼模式》，《人民法院报》2016 年 10 月 11 日第 2 版。

吸收了英美法系的当事人主义诉讼模式的理念，即实现了控审分离。因此，我国目前的刑事诉讼模式，就应该是控方提出被告人有罪并追究其刑事责任的诉讼请求，辩方对此予以反驳，提出被告人无罪、罪轻或从轻、减轻处罚的主张及理由，法院作为独立于控辩双方之外的第三方居中裁判，形成一个等腰三角形的诉讼结构。但值得注意的是，检察机关的诉讼地位无益于当前诉讼模式的运行。依据我国宪法和刑事诉讼法的要求，我国的检察机关是法律监督者，对刑事诉讼的审判方和辩护方享有法律监督权力，这在一定程度上就使得控方的诉讼地位超越辩方甚至是审判方。同时，虽然检察机关的追诉应当具有客观公正性，但作为控诉职能的承担者，追诉的客观公正性并不能消除其追诉犯罪的本职。因此根据控辩双方力量的不同，需要对其设定不同的证明标准，所以在一定程度上，诉讼模式也影响着我国的量刑证明标准。

（二）量刑证明对象

证明对象是诉讼证明的一个主要构成环节。证明对象既是证明的出发点又是证明的落脚点，因而研究量刑事实的证明标准，需要明确什么是量刑事实。

第一，关于量刑事实的概念，学界尚未形成统一观点。有学者提出，量刑事实是指影响刑罚轻重或有无的主客观事实。[①] 有的观点则认为量刑事实是指定罪事实以外的，与犯罪人或侵害行为密切相关的，表明行为的社会危害性程度和行为人的人身危险性程度，进而决定是否适用刑罚或处刑轻重或者免除处罚的各种具体事实情况。[②] 还有学者提出，量刑事实是指法院对犯罪人裁量刑罚时应当考虑的，据以决定量刑轻重或免除处罚的各种事实。[③] 可见有关量刑事实的概念包括以下几方面的内容，首先，量刑事实能够表明犯罪行为的社会危害程度和被告人的人身危险性；其次，量刑事实只能以法院所判之罪的法定刑为其发挥作用的范围或基础[④]；最后，量刑事实是定罪事实以外的主客观事实情况，因而其只能在定罪之后出现的法庭上。

---

① 高铭暄、马克昌主编：《刑法学》，北京大学出版社、高等教育出版社 2000 年版，第274 页。

② 马克昌主编：《刑罚通论》，武汉大学出版社 1995 年版，第 326 页。

③ 赵秉志主编：《刑法总论》，中国人民大学出版 2007 年版，第 475 页。

④ 赵廷光：《量刑公正实证研究》，武汉大学出版社 2005 年版，第 352 页。

　　第二，明确定罪事实与量刑事实的关系是确定量刑事实的概念和范围的基础和前提。学界关于定罪事实与量刑事实的关系主要有以下观点：交叉关系，即定罪事实与量刑事实有重叠；[①] 包含关系，即量刑事实包含了定罪事实，定罪事实同时也是量刑的考量因素；[②] 并列关系，即定罪事实与量刑事实没有任何的重合，是两个不同的概念。[③] 从定义上，所谓犯罪事实是指揭示行为的客观危害程度和行为人主观恶性的一切主客观事实，这些事实发生在犯罪的整个过程，包括犯罪构成要件事实和非犯罪构成事实[④]，前者是指犯罪构成诸要件所涵盖的一切主客观情况[⑤]，后者则是指犯罪事实以外与犯罪人密切相关的，表明犯罪人人身危险性的事实。而定罪事实，是指符合刑法分则规定的，行为人所实施的行为成立某一具体罪名所要求的最起码的主客观事实。[⑥] 此外根据《量刑指导意见（试行）》的规定，定罪事实用以确定量刑起点，定罪剩余的其他犯罪构成事实用来增加刑罚量、确定基准刑，而非犯罪构成事实和犯罪事实外的量刑事实用来调节基准刑，确定宣告刑。由此可以看出，量刑事实的范围比较广，作为量刑中证明对象，不仅包括犯罪事实外的量刑事实，还包括犯罪事实中的量刑事实，这些事实从不同的方面反映了犯罪和犯罪人的社会危害性和人身危险性。[⑦] 故量刑不同于定罪，量刑是对犯罪人责任具体化的关键阶段。与定罪事实相比量刑事实具有特殊之处，因此有必要区分定罪事实与量刑事实的证明标准。

　　证明对象是诉讼证明的主要构成环节。一方面，证明对象是证明的最初环节或者出发点，只有明确了证明对象，才能进一步明确由谁负证明责任，证明到何种程度为止等问题。另一方面，证明对象标示了证明主体的行为指向，在诉讼的证明阶段中又居于终点的位置，构成了证明活动的目标和归宿。[⑧]

---

① 高铭暄主编：《刑法问题研究》，法律出版社 1994 年版，第 273 页。
② 赵秉志主编：《刑法争议问题研究》（上），河南人民出版社 1996 年版，第 699 页。
③ 赵廷光：《刑法情节新论》，《检察理论研究》1996 年第 3 期。
④ 赵廷光主编：《量刑公正实证研究》，武汉大学出版社 2005 年版，第 162 页。
⑤ 李永升主编：《刑法总论》，法律出版社 2011 年版，第 82 页。
⑥ 赵廷光：《量刑公正实证研究》，武汉大学出版社 2005 年版，第 163 页。
⑦ 陈兴良：《规范刑法学》（第二版上册），中国人民大学出版社 2008 年版，第 338 页。
⑧ 樊崇义：《量刑程序与证据》，《南都学坛》2009 年第 4 期。

（三）证明责任分配

"证明标准的分布，除了要考虑证明对象的因素以外，还要考虑证明责任的承担者因素。"[①] 在诉讼活动中，证明主体能否恰当地履行好应当承担的证明责任并达到证明标准的要求，是诉讼成败的关键所在。[②] 根据我国《刑事诉讼法》第 50 条[③]和第 198 条[④]的规定，与被告人相关的量刑事实都要进行收集、调查和辩论。虽然法律对量刑事实的证明责任问题有所规定，但规定太过含糊，关于量刑事实由谁证明完全没有涉及。但在现行法律和相关司法解释对证明责任规定不完善的情况下，一些地方司法机关相继出台了一些规范性文件，专门就刑事审判实践中的证据问题进行集中规定，其中很多内容都是关于刑事证明责任问题的，一些条款还直接对量刑事实的证明责任分配进行规定。例如江苏省高级人民法院制定的《关于刑事审判证据和定案的若干意见（试行）》第 5 条[⑤]规定明确了有关的量刑事实由公诉方承担证明责任，而被告人对此不承担证明责任并且享有"举证权利"。四川省高级人民法院等联合发布了《关于规范刑事证据工作的若干意见（试行）》，其中第 6 条[⑥]明确了被告人的举证权利，并进一步规定对于有明确的无罪或罪轻线索而公安、检察机关无法调查或拒绝提供调查结果时，法院可以做出有利于被告人的推定。

相对于立法上对证明责任规定的粗糙，学术界对刑事诉讼中的证明责任研究日渐丰富。学者对定罪事实的证明责任研究已经形成通说，但对量刑事实的证明责任分配方面呈现不同观点。其争议点主要集中在：控方是否应当就有利于被告人的量刑事实承担证明责任。认为控诉方应当承担证明责任的理由在于，控辩双方行使的诉讼职能不同，因而罪轻事实应当由

---

① 赵恒：《量刑阶段的证明责任与证明标准问题研究——从新常见罪量刑意见展开》，《内江师范学院学报》2014 年第 11 期。

② 余茂玉：《论量刑事实的证明责任和证明标准》，《人民司法》2011 年第 7 期。

③ 《中华人民共和国刑事诉讼法》（2018 年 12 月 26 日实施）第 50 条。

④ 《中华人民共和国刑事诉讼法》（2018 年 12 月 26 日实施）第 198 条。

⑤ 江苏省高级人民法院《关于刑事审判证据和定案的若干意见（试行）》（2003 年 8 月 28 日）第 5 条。

⑥ 江苏省高级人民法院《关于刑事审判证据和定案的若干意见（试行）》（2003 年 8 月 28 日）第 5 条。

被告人承担。① 而反对者认为，控方的职能不仅在于惩罚犯罪，而且也需要保障人权，保障无罪者不受刑事追究，因而控方需要就有利于被告人的罪轻事实承担证明责任。②

此外无罪推定原则是现代刑事审判制度的基石，已成为世界各国共同遵守的原则，在我国刑事诉讼法上也同样有所体现。关于无罪推定原则是否适用于对量刑事实的证明，争议的焦点实际上在于，对于被告方提出的罪轻事实，一旦发生争议，是由控诉方负担还是被告方负担证明责任。③ 从理论上讲，定罪与量刑问题在逻辑上的先后性决定了进入量刑程序的被告人已经被证明为"有罪之人"。因此，显然不宜将无罪推定原则直接适用于量刑程序。但是，虽然无罪推定的原则无法在量刑程序中适用，但无罪推定原则中所蕴含的保护公民权益、防止不当司法的诉讼理念仍应在量刑程序中适用。因为量刑结果的公正与犯罪的严重性、罪犯在犯罪中的地位以及犯罪本身的人身危险性相适应，任何超越犯罪之外的处罚都是不公正的。因此在量刑程序中，被告人仍应受到保护，尽量避免量刑给被告人带来的不利影响。

因此证明责任的分配不仅关系到诉讼各方当事人能否根据法律来指引预测自己的行为，也关系到诉讼各方的主张能否得以实现以及诉讼活动的顺利进行。因此，在当前我国量刑规范化改革的背景下，有必要确立量刑证明责任的分配规则，明确诉讼各方对量刑事实的证明责任。

（四）诉讼公正和诉讼效率的权衡

诉讼价值的实现是实体公正、程序公正与诉讼效率三者的结合，"迟来的正义非正义"，对诉讼进行经济分析可知高效的诉讼是以最少的司法投入及时获得案件的公正解决，同时达到良好的社会效果，进而稳固法律的权威。因而，量刑事实证明标准的设置必须考虑诉讼公正和诉讼效率的权衡，突出诉讼效率的提高。现代社会，诉讼资源有限，而随着公民法律意识的增强，付诸司法的案件明显增多。因此如何通过诉讼制度的创新实现诉讼公正和效率的权衡成为各国司法的重点，诉讼效率被摆在了比较重

---

① 闵春雷：《论量刑证明》，《吉林大学社会科学学报》2011 年第 1 期。

② 赵志梅：《试论量刑证明的特殊性——以独立量刑程序为视角》，《山西高等学校社会科学学报》2010 年第 1 期。

③ 李玉萍：《量刑事实证明初论》，《证据科学》2009 年第 1 期。

要的位置。对于公正和效率的关系问题，理论上有不同的观点。有观点认为应当侧重效率："虽然公正与效率应当兼顾，但是，公正并非永远为第一价值，有时效率也应当为第一价值，刑事诉讼在保证基本公正的基础上，应当侧重于追求诉讼效率。"① 但大部分观点认为："诉讼公正与诉讼效率要保持合理平衡，要以公正为优先，公正是司法的灵魂和生命线。"② 主流观点将公正与效率的平衡问题阐释为公正和效率的动态平衡，二者的侧重可能随时间、地域以及各种因素的变化有所调整，但在维持动态平衡过程中要坚持底线问题。

量刑作为刑事诉讼程序的重要组成部分，自然也无法回避诉讼公正和效率的权衡问题。有学者提出，在设定证明标准时，对于特定量刑事项，立法者应考虑诉讼效率因素，便于证明责任承担者较快实现其诉讼主张，从法经济学角度出发，可考虑对举证者规定较为宽松的证明标准。③ 毕竟，单一、严格的量刑证明标准不仅会影响到整个案件的审理效率，而且也会在实体上影响到量刑公正。故部分量刑事实证明标准的适当降低，扩大自由证明适用范围，对某些事项无须设置证明标准，意味着法庭审理环节的适当简化，法官审查判断事项的相对减少，控辩双方搜集证据负担的降低，这些一定程度上都有利于诉讼效率的提高。

三　量刑证明标准中应当厘清的几个问题

综上所述，量刑证明标准之所以难以形成统一的证明标准，主要存在以下几点争议，现就以下几点争议作简要分析。

（一）量刑事实的分类

量刑事实的分类是量刑问题研究中相当重要的一项内容，是量刑证明标准的设立基础。关于量刑事实的分类，主要包括：首先，以犯罪行为为分类界限的行为中事实、行为前事实以及行为后事实。然而该种分类方式并未能揭示量刑事实之间的本质区别，无法对量刑证明标准的设立提供支持。其次，我国刑法将犯罪情节分为法定事实与酌定事实两种。所谓法定

---

① 邓思清：《刑事缺席审判制度研究》，《法学研究》2007 年第 3 期。
② 陈光中：《动态平衡诉讼观之我见》，《中国检察官》2018 年第 13 期。
③ 袁家德：《论量刑事实的证明标准》，《长春大学学报》2020 年第 5 期。

事实就是指刑法明文规定的，在量刑时应当予以考虑的事实；而酌定事实则是指刑法未作出明文规定，而是根据立法精神与刑事政策，由人民法院从审判经验中总结出的，在量刑时酌情考虑的事实。最后，可根据量刑事实对被告人的刑事责任的作用将其分为罪重事实与罪轻事实。罪重事实体现被告人较大的人身危险性和犯罪行为的社会危害性，被告人需承担较重的刑事责任，应当或可以对被告人从严处罚的事实。而罪轻事实则是体现被告人较轻的刑事责任，即应当或可以对被告人从轻处罚的事实。

综上所述，对于量刑事实的划分可以罪重事实与罪轻事实为基础，结合法定事实与酌定事实的分类，将其分为法定罪轻事实、法定罪重事实、酌定罪轻事实以及酌定罪重事实四类。法定罪轻主要指刑法明确规定的包括从轻、减轻和免除处罚的三种事实。法定从重主要包括从重和加重两种不同的事实，由刑法总则和分则共同规定。而酌定的罪重罪轻事实则是从审判实践中总结出来的，对决定被告人犯罪行为的社会危害性和被告人的人身危险性有一定作用的事实，例如犯罪动机、被告人一贯表现等。

（二） 量刑证明标准分层的必要性

鉴于量刑事实中包括罪中事实，且定罪程序与量刑程序在证明对象、证明目的等方面存在差异，定罪事实的认定牵涉到被告人刑事责任的有无以及刑事责任的幅度；而量刑情节只是在法定刑幅度内考虑的事实因素，只是在法定刑幅度内考虑具体某一量刑的参考因素。[①] 因此有必要对量刑证明标准进行分层设置。

首先，量刑事实证明标准的设置必须着重考虑刑罚目的的实现。现代法治社会，关于刑罚目的的学说在经历了各种对立之后趋向于认为特殊预防是刑罚目的的主要体现。区别于报应主义与一般预防的观点，特殊预防论强调要全面衡量犯罪人的人身危险性和社会危害性。刑罚执行的目的不仅在于消除犯罪人的人身危险性，更在于防止其再犯可能性，促使其再社会化。因此，对于品格证据、一贯表现、犯罪后的悔罪表现等酌定量刑情节，应适当降低证明标准，以免这类证据因为过高的证明标准设计而被排除在量刑程序之外。[②] 其次，对所有量刑事实适用排除合理怀疑的证明标准

---

① 仇晓敏、温克志：《关于量刑程序改革几个难点问题的思考》，《中国刑事法杂志》2010年第9期。

② 徐振华：《量刑事实证明标准研究》，硕士学位论文，南京大学，2013年。

缺乏现实可操作性。一方面，从发现客观真相的角度而言，对所有事实均适用排除合理怀疑的标准当然是好事。但准确认定事实只是实现公正的必要条件而非充分条件。另一方面，"迟来的正义为非正义"，效率也是诉讼的重要价值，尤其是在我国刑事司法实践当中，被告人羁押率处于较高的水平，漫长的诉讼过程对于人身自由受限、法律地位悬而未决的被告人而言是极大的煎熬，获得迅速审判的权利已经被联合国国际司法准则予以确认。因此如果对量刑证明标准不加区分，对各种事实的证明都要求达到与定罪相同的高度，必然会造成司法资源的巨大消耗。最后，我国当下的司法实际不适宜对罪轻事实适用较高证明标准。虽然检察机关在刑事诉讼中负有客观的义务，在承担追诉职能的同时，不能忽视对被告人权利的保护，在诉讼程序当中也应当积极发现有利于被告人的证据并在法庭上提出的。但出于其检察机关的立场，其往往会有意无意地忽略有利于被告人的事实。被告人对自身的权利的保障最为关切，最有动力去查明有利于己的案情，但是被告人往往处于被羁押的状态，且多缺乏专业的法律知识，其举证能力受到限制。而且，我国刑事辩护率普遍不高，多数刑事案件中的被告人没有辩护律师的帮助。如果此时对罪轻事实适用较高证明标准，实际上变相剥夺了被告方举证的权利。因此有必要对量刑证明标准进行分层设计。

（三）　量刑事实的证明方法

刑事证据是衔接实体法与程序法的桥梁，它直接体现着程序的公正性，对刑事诉讼证明的推进和发展起重要作用。依据现行《刑事诉讼法》第55条的规定，对一切案件的判处都要重证据，重调查研究，不轻信口供，且证据必须经法定程序查证属实，达到确实、充分的要求。因而刑事诉讼法中的定罪量刑必须以"证据"为基础，此点昭示了刑事诉讼追求法治程序的慎重之处。在刑事证明中，以何种调查程序取证是合法的可以说是刑事诉讼的核心问题。其中由德国学者迪茨恩提出的严格证明与自由证明作为刑事证明的两种基本方法，在大陆法系国家和地区受到重视。依据通说，严格证明和自由证明的差异体现在证据种类（证据方法与证据资料）、证据调查程序（和证据能力）、有罪判决中的心证程度（证明标准）等三个方面的差异。即在证据种类方面，严格证明方法必须受到有关法定证据之限制，而自由证明不受法定证据之限制。在证据的提出和调查方面，严格证明要受到法定证据种类调查方法的限制，在审判期间也应遵循直接原则、言词原则与公开原则；而对自由证明则由法院自主裁量。在心证程度方面，严格证明通常适用"排除合理怀疑"，而自由证明，则只需达到可使人相信之释明程度即可。

故严格证明体现的是对权力的制约功能，因此就定罪而言，世界各国要求其达到严格证明的要求。与之不同的，自由证明则更多表达的是对诉讼经济以及被告人、被害人权利保障的价值追求。一方面，任何案件的解决都会耗费一定的司法资源，如果面对定罪事实与量刑事实不加以区分而是统一适用统一标准，显然会造成巨大的司法资源的浪费。就量刑事实而言，是能够反映犯罪行为社会危害性、被告人主观恶性以及回归社会性，再犯可能性的事实都应该看着是量刑证明的对象，对于这些内容繁复琐碎的资料，严格证明支配下的普通司法程序显然难以承受。另一方面，现代刑罚观念基于并合主义立场，尤其强调刑罚的个别化，以对犯罪嫌疑人的教育和改造为目的，这就需要法官在科刑之时尽可能地全面掌握影响被告人刑罚种类和幅度的各方面资料，而在此情况下，自由证明允许采纳不具有严格形式与证据能力的量刑事实——无论这些资料是由被告方提出还是控方提出，这使得内容丰富的量刑事实进入裁判视野，对实现刑罚个别化奠定了坚实基础。相反，强行一律适用严格证明方法将导致很多影响被告人量刑的资料被予以排除，法官也就不能很好地做到"因材施罚"。因此，量刑程序中所要调查的所有纯正量刑事实，都不再适用严格证明，而应该坚持自由证明的立场，证明过程不受严格的证据法定证据形式的限制；允许使用某些严格证明中不具有证据能力的证据；注重量刑证据的相关性要求，控辩双方应尽可能地全面提供量刑信息，为实现刑罚个别化奠定充分的事实基础。

四　我国量刑证明标准的构建

量刑证明标准设置的是否科学、合理直接关系到量刑是否公正，关乎量刑程序改革成果的好坏，并最终关涉被告人人权保障问题。从某种意义上而言，量刑事实的证明标准在整个量刑程序起着基石的作用，如果缺少了量刑证明标准的支撑，量刑程序的大厦将不复存在。因此在量刑程序改革的大背景下，量刑事实的证明标准问题应当引起改革者足够的重视。

（一）建构前提：体系性证明标准

根据上文讨论我们可以总结出我国刑事诉讼中的证明标准的一个显著特点——证明标准单一而缺乏体系性。表现为法律对于审查起诉、定罪阶段乃至量刑阶段都适用同一证明标准。这既不符合法律逻辑也难以指导司法实务。为此应当建立一种体系性的证明标准即针对不同的证明主体、证明对象设计有层次性的证明标准。具体而言：

1. 不同的证明主体适用不同的证明标准

证明责任的重要功能之一就是调节控辩双方的力量对比——证明标准高意味着证明主体要付出更大的努力才能卸去证明责任这样有助于证明能力较弱的一方能更积极地给对方制造证明障碍例如定罪过程中被告人方为控方制造合理怀疑。在普通法系控方必须要达到合理怀疑的程度才能证明被告人有罪，这是其承担的最终的说服责任的证明标准。但是被告方在自己承担说服责任时，判例并没有要求其达到排除合理怀疑的程度。另外对于一些本来属于控方承担证明责任的事项，一旦倒置给被告人的话，证明标准就降低为优势证据。可见立法者在设计证明标准时，证明主体证明能力的强弱是必须要考虑的因素之一，在设计量刑证明标准时也必须考虑到证明主体的力量对比。考虑到即使是在量刑阶段被告方仍然处于较弱的诉讼地位。尤其在中国的刑事审判中被告方的证明能力较控方比仍然较为悬殊。因此降低证明标准将有助于被告人积极举证以促进量刑公正。

2. 不同的证明对象适用不同的证明标准

根据严格证明与自由证明的理论证明对象的不同应该采用不同的证明方法而两种证明方法的主要差异之一就是适用不同的证明标准严格证明适用较高的证明标准"排除合理怀疑"或言"内心确信"。而对自由证明而言，证明标准适当降低，"在许多案例中对此只需有纯粹的可使人相信之释明程度即已足"。即以"可能性"作为判断证据指向之事实是否存在的标准。在量刑程序中被告人已经被确定为有罪，法庭的任务就是解决被告人的刑罚问题。此时量刑事实取代定罪事实成为新的证明对象，而量刑事实本身又是一个庞大的体系，针对不同的量刑事实也应采用不同的证明方法，也就意味着量刑程序中的证明标准也将是一个独立的体系性的证明标准。

（二）量刑证明标准的具体构建

基于不同的证明主体以及证明对象适用不同诉讼证明标准的基本原理，不同的量刑事实的证明也应当适用不同的证明标准，具体体现为以下几个方面：

其一，对于控辩双方没有争议的量刑事实，无须设置证明标准。与定罪程序相比，量刑程序较为简易。在有量刑听证程序的英美法系国家，量刑听证程序具有简易化和非正式化的特征且对于双方没有争议的事实并未设置证明标准，与之相类似的是我国民事诉讼的自认规则。因此在独立量刑过程序的改进过程中，为提高诉讼效率、减少诉讼资源的浪费，有必要借鉴该种规定。对于双方不存在正义的事实，其真实性显然是有保障的，相比之下此时诉讼效率对被告人而言才是最大的正义。

其二，对于与定罪事实重合的非纯正的量刑事实，无论其是否有利于被告人，均统一适用"证据确实充分、排除合理怀疑"的证明标准。对于非纯正的量刑事实而言，由于与犯罪事实不可分割，公诉方有义务对其证明该达到最高标准，因而适用"排除合理怀疑"的证明标准。

其三，对于独立于犯罪事实的量刑情节——即纯正量刑情节而言，对于法定罪重、罪轻事实以及酌定罪重事实适用排除合理怀疑的证明标准，而对于酌定罪轻事实则适用优势证据证明标准。鉴于法定事实是由刑法明文规定的事实，是法官精确量刑的主要依据，因而没有严格的证明过程和高的证明标准，法官就不能形成正确的"心证"，从而准确量刑。所以对法定事实采用排除合理怀疑的标准是刑事判决合理性和公正性的保障。对于酌定事实而言，不同于对法定事实的严格遵照，法官对此类事实享有自由裁量权。但受无罪推定原则的影响，在量刑程序中依然应坚持有利于被告人的原则，因而有必要限制法官在认定酌定罪重事实的自由裁量权。除此之外，根据证明责任分配的原则，罪重请求一般是由控方提出的，其在证明能力上与法定罪重事实并无二致，因此要求酌定罪重事实达到排除合理怀疑的证明标准并无不当。而之所以将酌定罪轻事实的证明标准规定为优势证据证明标准，在于一般由被告人在对自己的罪轻主张负有证明责任，然而被告人的收集、运用证据的能力有限。同时从推进量刑程序而言，出于控辩双方对抗的需要，不能对酌定罪轻事实设定过高的证明标注，达到优势证明标准足矣。

结　语

　　量刑证明标准是学界研究量刑证明的主要抓手，对此的学术研究成果颇多，形成了一元论、二元论以及多元论等不同的证明标准学说。本章对影响量刑证明标准的要素分析，提出了体系性的证明标准观点。实际是对学界观点的综合分析所得。强调证明标准要体现出量刑轻重、情节复杂、主体多元、证明难易、法定量刑情节与酌定量刑情节等要素，界定证明标准的差异性。必须面对现实，证明标准的研究尚在路上，还需要我国量刑规范化的推进，在量刑证明程序独立性、量刑模式选择、量刑证据规则明晰以及量刑证明责任分配确立基础上，更好地推进量刑证明标准的完善。量刑证明标准的研究将伴随量刑证明整个理论体系的发展状态而呈现不同的学说认知，亟待进一步的研究探索。

参考文献

中文著作

蔡墩铭主编：《刑事诉讼法论》（修订版），台湾：五南图书出版股份有限公司 1992 年版。

李玉萍：《程序正义视野中的量刑活动研究》，中国法制出版社 2010 年版。

林钰雄：《刑事诉讼法》（上册总论编），中国人民大学出版社 2005 年版。

林钰雄：《严格证明与刑事证据》，法律出版社 2008 年版。

吕泽华、刘品新、何家弘：《2008 年度中国证据法学研究报告》，载中国人民大学法学院组编《2008 年度中国法学研究报告》，中国人民大学出版社 2010 年版。

马克昌主编：《刑罚通论》，武汉大学出版社 1995 年版。

阮国平、丁翠英、杨华主编：《刑事诉讼法教程》（第四版），中国人民公安大学出版社 2019 年版。

沈德咏主编：《刑事证据制度与理论》，法律出版社 2002 年版。

宋英辉主编：《刑事诉讼原理》（第二版），法律出版社 2007 年版。

曾宪义主编：《中国法制史》（第三版），北京大学出版社 2013 年版。

张吉喜：《量刑证据与证明问题研究》，中国人民公安大学出版社 2015 年版。

张圣洁主编：《论语》，浙江教育出版社 2019 年版。

张月满：《量刑程序论》，山东大学出版社 2011 年版。

赵秉志主编：《刑法总论》，中国人民大学出版社 2007 年版。

赵秉志主编：《刑法争议问题研究》（上），河南人民出版社 1996 年版。

赵廷光：《量刑公正实证研究》，武汉大学出版社 2005 年版。

郑旭：《非法证据排除规则》，中国法制出版社 2009 年版。

中文译著

［意］贝卡里亚：《论犯罪与刑罚》，黄风译，中国大百科全书出版社 1993 年版。

［英］边沁：《道德与立法原理导论》，时殷弘译，商务印书馆 2000 年版。

［英］吉米·边沁：《立法理论——刑法典原理》，孙力译，中国人民公安大学出版社 1993 年版。

［德］伯恩哈德·格罗斯菲尔德：《比较法的力量与弱点》，孙世彦、姚建宗译，清华大学出版社 2002 年版。

［德］《德国刑法典》，徐久生、庄敬华译，中国法制出版社 2000 年版。

［德］费希特：《论学者的使命 人的使命》，梁志学、沈真译，商务印书馆 1984 年版。

［德］克劳思·罗科信：《刑事诉讼法》（第 24 版），吴丽琪译，法律出版社 2003 年版。

［美］罗纳德·德沃金：《认真对待权利》，信春鹰、吴玉章译，上海三联书店 2008 年版。

［美］米尔建·R. 达马斯卡：《漂移的证据法》，李学军等译，中国政法大学出版社 2003 年版。

［美］乔恩·R. 华尔兹：《刑事证据大全》（第二版），何家弘等译，中国人民公安大学出版社 2004 年版。

［英］J. W 塞西尔·特纳：《肯尼刑法原理》，王国庆、李启家等译，华夏出版社 1989 年版。

［日］田口守一：《刑事诉讼法》，刘迪等译，法律出版社 2000 年版。

［日］小野清一郎：《犯罪构成要件理论》，王泰译，中国人民公安大学出版社 2004 年版。

中文论文

敖颖婕、马言荟:《"阳光"量刑更精准——一中院破解无罪辩护量刑规范化难题》,《上海人大月刊》2010 年第 10 期。

陈瑞华:《程序性裁判中的证据规则》,《法制资讯》2011 年第 12 期。

陈瑞华:《定罪与量刑的程序关系模式》,《法律适用》2008 年第 4 期。

陈瑞华:《量刑程序中的证据规则》,《吉林大学社会科学学报》2011 年第 1 期。

陈瑞华:《论刑事诉讼中的过程证据》,《中国检察官》2015 年第 1 期。

陈卫东:《新〈刑事诉讼法〉中的举证责任》,《中国律师》2012 年第 8 期。

陈卫东、程雷:《隔离式量刑程序实验研究报告——以芜湖模式为样本》,《中国社会科学》2012 年第 9 期。

陈卫东、张佳华:《量刑程序改革语境中的量刑证据初探》,《证据科学》2009 年第 1 期。

何家弘:《刑事诉讼中举证责任分配之我见》,《政治与法律》2002 年第 3 期。

康怀宇:《比较法视野中的定罪事实与量刑事实之证明——严格证明与自由证明的具体运用》,《四川大学学报》(哲学社会科学版)2009 年第 2 期。

李玉萍:《量刑规范化　十年磨一剑》,《人民法院报》2018 年 10 月 16 日第 2 版。

李玉萍:《量刑事实证明初论》,《证据科学》2009 年第 1 期。

李玉萍:《中国法院的量刑程序改革》,《法学家》2010 年第 2 期。

林钰雄、杨云骅、赖浩敏:《严格证明的映射:自由证据法则及其运用》,《国家检察官学院学报》2007 年第 5 期。

刘广三、吕泽华:《证明责任的分离与融合》,《人民检察》2011 年第 15 期。

龙宗智：《印证与自由心证——我国刑事诉讼证明模式》，《法学研究》2004 年第 2 期。

龙宗智：《中国法语境中的"排除合理怀疑"》，《中外法学》2012 年第 6 期。

吕泽华：《定罪与量刑证明一分为二论》，《中国法学》2015 年第 6 期。

吕泽华：《死刑案件证明标准研究的反思与分类建构》，《学术交流》2012 年第 6 期。

吕泽华、于子雯：《量刑规范化的逻辑层次关系解析》，《东方论坛》2015 年第 2 期。

闵春雷：《论量刑证明》，《吉林大学社会科学学报》2011 年第 1 期。

闵春雷：《严格证明与自由证明新探》，《中外法学》2010 年第 5 期。

闵春雷、孙锐：《量刑证明的困境与出路》，《学术交流》2015 年第 8 期。

穆远征、张云飞：《论量刑程序改革中的当事人量刑建议权——以〈关于规范量刑程序若干问题的意见（试行）〉为考察对象》，《湘潭大学学报》（哲学社会科学版）2012 年第 2 期。

彭海青：《英国量刑证明标准模式及理论解析》，《环球法律评论》2014 年第 5 期。

彭文华：《酌定量刑、量化量刑与量刑双轨制——美国量刑改革的发展演变与新型量刑模式的确立》，《华东政法大学学报》2018 年第 6 期。

石岩：《论刑事诉讼中量刑事实证明责任之分配》，《云南大学学报》（法学版）2014 年第 3 期。

［日］松冈正章：《严格证明与自由证明》，《法学译丛》1981 年第 5 期。

苏镜祥：《理论与实践之争：量刑规范化改革评析》，《四川师范大学学报》（社会科学版）2015 年第 1 期。

孙青平：《论量刑事实证明体系的构建》，《理论探索》2011 年第 6 期。

孙锐：《论量刑程序中的证据规则》，硕士学位论文，吉林大学，2014 年。

谭世贵：《论刑事诉讼模式及其中国转型》，《法制与社会发展》2016

年第 3 期。

汪建成：《量刑程序改革中需要转变的几个观念》，《政法论坛》2010
年第 2 期。

汪贻飞：《论量刑程序中的证明标准》，《中国刑事法杂志》2010 年
第 4 期。

汪贻飞：《论社会调查报告对我国量刑程序改革的借鉴》，《当代法
学》2010 年第 1 期。

王敏远：《刑事诉讼法学研究的转型——以刑事再审问题为例的分
析》，《法学研究》2011 年第 5 期。

王敏远：《重新认识"排除合理怀疑"》，《检察日报》2013 年 11 月
26 日第 3 版。

王瑞剑：《严格证明抑或自由证明——非法证据排除证明方式新探》，
《北京警察学院学报》2018 年第 1 期。

王守安、韩成军：《审判中心主义视野下我国刑事证明模式的重塑》，
《政法论丛》2016 年第 5 期。

王锡锌：《自由裁量与行政正义——阅读戴维斯〈自由裁量的正
义〉》，《中外法学》2002 年第 1 期。

王晓红：《论量刑事实证明责任的分配——以相对独立量刑程序为分
析进路》，《湖北社会科学》2013 年第 11 期。

魏晓娜：《"排除合理怀疑"是一个更低的标准吗?》，《中国刑事法杂
志》2013 年第 9 期。

熊秋红：《中国量刑改革：理论、规范与经验》，《法学家》2011 年
第 5 期。

余茂玉：《论量刑事实的证明责任和证明标准》，《人民司法》2011
年第 7 期。

虞平：《美国死刑量刑制度的统一性与个别化的协调》，《法学》2007
年第 11 期。

袁家德：《论量刑事实的证明标准》，《长春大学学报》2020 年第
5 期。

岳悍惟、李希瑶：《论我国独立量刑程序的构建》，《河北法学》2011
年第 2 期。

张明楷：《论影响责任刑的情节》，《清华法学》2015 年第 2 期。

张明楷：《论预防刑的裁量》，《现代法学》2015 年第 1 期。

张卫平：《证明标准建构的乌托邦》，《法学研究》2003 年第 4 期。

张月满：《量刑证明：从形式到实质》，《政法论丛》2018 年第 1 期。

赵恒：《量刑阶段的证明责任与证明标准问题研究——从新常见罪量刑意见展开》，《内江师范学院学报》2014 年第 11 期。

赵廷光：《刑法情节新论》，《检察理论研究》1996 年第 3 期。

赵志梅：《试论量刑证明的特殊性——以独立量刑程序为视角》，《山西高等学校社会科学学报》2010 年第 1 期。

周洪波：《迈向"合理"的刑事证明——新〈刑事诉讼法〉证据规则的法律解释要义》，《中外法学》2014 年第 2 期。

竺常赟：《刑事诉讼严格证明与自由证明规则的构建》，《华东政法大学学报》2009 年第 4 期。

英文著作

Andrew Ashworth and Julian V. Roberts，"The Origins and Nature of the Sentencing Guidelines in England and Wales"，*Sentencing Guidelines：Exploring the English Model*，Oxford University Press，2013.

Andrew Ashworth and Mike Redmayne，*The Criminal Process*（4th edition），Oxford University Press，2010.

Andrew Ashworth，*Sentencing and Criminal Justice*，Cambridge University Press，2010.

Andrew Ashworth，*Sentencing and Penal Policy*（1983），Manchester University Press，1987.

Anil Gupta，*Empiricism and Experience*，Oxford University Press，2006.

Blackstone's Criminal Practice，Oxford University Press，2013.

Blackstone's Criminal Practice，Oxford University Press，2014.

Clive Walker and Keir Starmer，*Miscarriages of Justice—A Review of Justice in Error*，Blackstone Press Limited，1999.

David Nelcon，*Comparative Criminal Justice and Globalization*，Ashgate Publishing Limited，2011.

Jonathan Doak & Claire McGourlay，*Criminal Evidence in Context*（2nd edition), Ouledge-Cavendish, 2009.

J. A. Andrews and D. M. Hirst, *Andrews&Hirst on Criminal Evidence* (4th edition), Jordan Publishing Limited, 2001.

Martin Wasik: *The Sentencing Process*, Dartmouth Publishing Company Limited, 1997.

Michael Naughton, *Rethinking Miscarriages of Justice—Beyond the Tip of the Iceberg*, Jonathan Simon, 2012.

P. J. Schwikkard, *The Presumption of Innocence*, Juta: Capetown, 1999.

Richard May & Steven Powles, *Criminal Evidence* (5th edition), Sweet & Maxwell, 2004.

英文论文

American College of Trial Lawyers, "The Law of Evidence in Federal Sentencing Proceedings", Approved by the *Board of Regents March* 19, 1997.

Andrew Ashworth, "Four Threats to the Presumption of Innocence", *The International Journal of Evidence & Proof*, 2006.

Andrew J. Fuch, "The Effect of Apprendi v. New Jersey on the Federal Sentencing Guidelines: Blurring the Distinction between Sentencing Factors and Elements of a Crime", *Fordham Law Review*, Vol. 69, Issue 4, 2001.

"Awaiting the Mikado: Limiting Legislative Discretion To Define Criminal Elements and Sentencing Factors", 112 *Harv. L. Rev.*, 1349, 1361 - 62, 1999.

Colleen P. Murphy, "Jury Factfinding of Offense-Related Sentencing Factors", 5 *Fed. Sentencing Rep.* 41, 1992.

Contra Jacqueline E. Ross, "Unanticipated Consequences of Turning Sentencing Factors into Offense Elements: The Apprendi Debate", 12 *Fed. Sentencing Rep.*, 2000.

Deborah Young, "Fact -Finding at Federal Sentencing: Why the Guidelines Should Meet the Rules", 79 *Cornell Law Review* 299, 308, 1994.

Gerald W. Heaney, "The Reality in Guideline Sentencing", 28 *AM. Crim. L. Rev.* 161, 1991.

Glueck, "Principles of a Rational Penal Code", 41 *Harv. L. Rev.*, 1928.

Joseph P. Sargent, "the Standard of Proof Under the Federal Sentencing Guidelines: Rasing the Standard to Beyond a Reasonable Doubt", 28 *Wake Forest Law Review*. 463, 1963.

Judy Clarke, "The Need for a Higher Burden of Proof for Factfinding under the Guidelines", 4 *Fed. Sentencing Rep.*, 300, 1992.

Julian V. Roberts, "Structured Sentencing: Lessons from England and Wales for Common Law Jurisdictions", *Punishment and Society*, 2012.

Richard Husseini, "The Sentencing Guidelines: Adopting Clear and Convincing Evidence as the Burden of Proof", 57 *U. Cui. L. Rev.*, 1387, 1990.

Robert E. Hanlon, "The Second Circuit Review-1986-1987 Term: Criminal Procedure: Hard Time Lightly Given: The Standard of Persuasion at Sentencing: *United States v. Lee a/k/a 'Monkey'* ", 54 *Brooklyn L. Rev.*, 465, 1988.

Stephanos Bibast, "Judicial Fact-Finding and Sentence Enhancements in a World of Guilty Pleas", *Yale Law Journal*, Vol. 1097.

Steven M. Salky & Blair Brown, "The Preponderance of the Evidence Standard at Sentencing", 29 *Amt. Crisi. L. Rev.*, 907, 1992.

Susan N. Herman, "Procedural Due Process in Guideline Sentencing", 4 *Fed. Sentencing Rep.*, 295, 1992.

Susan N. Herman, "The Tail That Wagged the Dog: Bifurcated Fact-Finding Under the Federal Sentencing Guidelines and the Limits of Due Process", 66 S. *Cal. L. Rev.*, 289, 337, 1992.

Todd Meadow, Note, "Almendarez-Torres v. United States: Constitutional Limitations on Government's Power To Define Crimes", 31 *Conn. L. Rev.*, 1583, 1604-05, 1999.

United States Sentencing Commission, "Supplemental Report on the Initial Sentencing Guidelines and Policy Statements 46-47 (1987) ", reprinted in Phylis S. Bamburger, *Practice under the New Federal Sentencing Guidelines*, G54-G55, 1990.

United States Sentencing Commission, "Supplementary Report of the Initial Sentencing Guidelines and Policy Statements", in Thomas W. Hutchinson and David Yellen, *Federal Sentencing Law and Practice*, 200-02 (West, Supp 1989).

后　记

　　2010 年 7 月，我进入了北京师范大学博士后流动站，开展了死刑证据控制的专题研究，对死刑案件定罪与量刑的证明问题有了比较全面与深入的研究心得。针对当时量刑规范化的司法改革热潮，就以"量刑证明研究"为题申报了最高人民检察院的检察理论研究课题，不想第一次申报就中的。从此，开始了我长达 10 年之久的量刑证明研究。2019 年，响应"以审判为中心的诉讼制度改革"，我又以"量刑证明庭审实质化问题研究"为题成功申报了教育部课题立项。正是司法改革的潮流推动，国家及省部级课题的经费支持，支撑起了我的量刑证明研究工作。

　　2013 年 11 月，我受邀去英国牛津大学访学，在妻子彭海青的支持下，直接参与了安德鲁·阿什沃思（Andrew Ashworth）教授《量刑与刑事司法》法学名著的翻译工作。并直接收集查阅了英国、美国有关量刑领域的专著、论文。正是这些访学研究工作，为量刑证明课题的研究提供了域外借鉴资料，形成了有关英、美量刑证明方面的研究论文，并在国内法学类 C 刊发表。通过全面、系统地梳理研究量刑证明的学术成果，形成了有关量刑证明范畴与本质分析以及定罪与量刑证明的逻辑关系的两篇论文，分别在《中国法学》等期刊上发表，从而奠定了量刑证明与定罪证明的基本关系体系，构建了量刑证明的理论体系框架以及量刑证明的基础理论观点。为全面开展基础理论研究，我组建了"量刑证明理论研究"的课题组，带领学生对学界有关量刑证明的理论成果进行了梳理总结，形成了有关量刑证明对象、模式、规则、证明责任、证明标准五大基础理论范畴。十年磨一剑，系统构建了量刑证明理论体系，相信会对我国量刑证明的理论发展有所助益。

　　量刑证明问题的研究，既面对与定罪证明无法实质分开的法律规范现实困境与实务操作难题，又无法形成英国二步式的审判程序，更没有单独的类似"牛顿听审"的量刑程序。因此，司法现实为量刑证明的独立性理论研究带来的学术困惑，影响了学界对量刑证明自身特色的深刻认识。因此，学界会有量刑证明是自由证明、量刑证据资格不严格、量刑证明责任为谁主张谁举证、证明标准依据刑罚的轻重、法定与酌定进行层次性划分的理解。尤其对于量刑证明的对象问题，学界更多的将刑罚适用、量刑情节的法律规范适用作为了证明对象，而没有看到量刑证明也是事实证明的标志。事实与法律的混同认知，导致量刑证明与法律适用论证的混同研究，直接影响了量刑证明的本质特征分析与相关研究的开展。当然，将定罪与量刑证明混同性研究、将量刑证明隐藏在定罪证明的体系中研究的现象尤为常见，这将无法很好地洞悉定罪与量刑证明的关系实质，值得学界进一步的思考。

本书的出版，可以说是量刑证明的理论研究成果的一次集成，但离量刑证明真正的体系独立，程序阶段独立，都还有很远的路要走。这既需要法律规范上的立法推进，更需要量刑证明的理论体系的丰富与发展，只有其理论体系共识性越来越多，才能助推立法与司法实践的更好的发展。因此，量刑证明的理论研究还在路上，学界同人还需继续努力！

仅以此书献给新冠磨难中过世的老父亲，感谢您对我的养育之恩，教导之恩。感谢我的妻子彭海青给予的多方面的学术支持，成就了我的学术成就。感谢国家各科研机构提供的课题经费支持，感谢中国海洋大学的出版资金支持，感谢中国社会科学出版社给予的出版支持。感谢郭如玥编辑细致、耐心的工作。感谢来自法学界、法律界同人的多方面的支持。最后，还要感谢我的课题组成员，感谢我自己，我们的共同专研，才有了今日《量刑证明论》的出版发行，以飨读者！

吕泽华

2023 年 3 月 10 日